目　录

绪　论

一

相关研究成果表明：教育经历了从自在走向自为的过程；自在教育时期的教育活动以口耳相传的形式存在于人类社会群体之中，教育与生产活动密切相关，人们在实际生活中实现知识文化的传承和个体的社会化；能者为师，分散、自发、随机简单等是自在教育的主要特征。据此，我们认为民俗文化传承教育是一种典型的自在教育，具有自在教育的所有特点。

被视作自为教育标志的新兴机构——学校，是随着社会生产力的发展、文字的发明以及印刷术的产生等人类文明的进程而出现的。学校产生后，人类有了专门从事教育活动的场所，学校教育也逐渐演变为一种社会事业，发挥专门的教育职能，承担专门的教育任务。

学校教育在类似八连这样的异文化社区的成效、作用等方面，很早就已经引起了部分研究者、教育工作者及其相关部门的重视。很多热心于少数民族教育的研究者一直在努力探索发展民族教育的途径和探讨民族教育滞后的根源。笔者注意到：持续的调查、思考、比较、探索，已经在学界取得了一些深刻的共识。如，学校教育于生活在西部绝大部分地区的少数民族来说，是一种“外来文化教育”；在很多民族地区，学校教育困境重重，其具体表现在中小学学生辍学率高、学业成就低下等方面。但是，基于以上相关事实的教育改革政策、措施却迟迟不能出台。笔者认为造成这种局面的主要原因是人们在对待少数民族文化和民族教育时，至今仍然坚持数千年来形成的中原文化中心论观点，以及一以贯之的做法——必须对少数民族实施“教化”、同化的指导思想所致。

时至今日，大多数学者仍然热衷于从学校教育的角度考量少数民族教育。贵州山高路险、交通不便，人们用“八山一水一分田”来形容其自然环境的险峻、恶劣。有研究者认为学校教育成绩不佳的贵州少数民族“文化落后”或“没有文化”；有人认为贵州教育、文化落后的主要原因是经济落后；也有人认为因为贫穷，所以教育落后，因为教育成绩不佳、人口素质低下，所以贫穷。

实际上，生活在贵州的少数民族，曾经创造过高度发达的山区农业文明以及与山区农业文明非常匹配的农耕文化。而山区农耕文化并非一无是处，相反，这些文化中蕴含有许多现代社会严重缺失的、具有高度人文关怀的教育文化基因，这种文化因素具有跨越历史和文化的意义和价值。由人类初始衍生、发展起来的民俗文化传承教育至今仍然顽强地保存并服务于少数民族民众的社会生活中，影响甚至支配着民众的生产、生活。弄清其中的积极因素和消极因素、有益成分和有害成分，进而实事求是地肯定、利用其积极因素，使其为发展少数民族教育，为培养现代合格公民，为稳定边疆和促进民族团结，为民族地区社会和谐发展、经济繁荣服务，是新时代研究者的重要职责。

学校教育于类似八连这样的少数民族地区的少年儿童来说是一种“外来文化教育”，在其社会化过程中所起的作用有限。相反，民俗文化传承教育，即使到了21世纪的今天，仍然担负着促使当地少年儿童社会化的主要任务，是当地儿童社会化的重要手段之一。

一个相对独立的地域，或一个拥有独特文化的少数民族的养育后代的风俗和模式，不仅为儿童提供了学习和社会化的场所，而且也表达了该地区（民族）民众如何看待儿童学习及其社会化方式的意识形态和理论。要想弄清其中的奥秘，我们必须研究、透视该地域或该民族世世代代流传下来的、延续了数千年的民俗文化。

民俗文化在少数民族个体社会化进程中的独特、巨大作用，及其持久的生命力，少数民族传统文化、社区文化与学校教育的种种纠葛、关联等诸多问题，必然、也必须引起关心少数民族经济文化发展的教育工作者、政策制定者的高度关注。社会现实以及社会的发展除要求研究者必须展开深入的调查和研究外，还要求他们提出战略性、前瞻性的设想，从而为政策制定者制定出切实可行的对策，促使少数民族教育取得更大、更多的成绩，推动中国社会安定、团结、健康、平稳、快速、和谐地发展提供参考。

我来自西部民族地区贵州，是在“弱势文化”、“支流文化”（与“主流文化”概念对应）的土壤里出生，通过“主要传播主流文化的学校教育”后，“融入主流社会的知识分子”。每当看到许多学者推出关于少数民族教育的各种研究成果时，总会期盼自己有朝一日也能够成为他们中的一员，为少数民族的教育事业、地区经济社会的发展做些工作。我在大学教育战线工作多年，不断积累和发表了一些学术成果，但到目前为止，还没有做到系统、深入地探讨自己出生、成长的民族地区的环境、文化与教育的关系。

和许多其他少数民族地区的少数民族研究状况相比，贵州的少数民族教育研究还是一块有待开垦的处女地，贵州的学者应该尽最大的努力，在关于养育自己成人的民族文化的认识上不能落后。这不仅是对生活在贵州的少数民族负责，也是对国家和其他民族负责。

为了解读好养育自己成长的民族地区文化，为了使各族人民关心和支持贵州少数民族，为了让贵州少数民族更好地融入当下，我期待以自己的努力和付出来践行作为贵州少数民族学者应有的使命，从而为贵州少数民族教育研究，为中国少数民族教育研究，乃至其他学科的研究提供一些新资料、新看法。

二

教育人类学（英文称为“Educational Anthropology”或“Anthropology of Education”，德文为“Padagogische Anthroplogie”）虽然是一门应用人类学的基本原理和研究方法来研究教育现象与教育行为的新兴交叉学科，却有着源远流长的发展历史。现存史料表明，早在数千年前，人们就开始关注并研究人类自身的发展问题，并开始把教育作为人类发展的重要基础，探讨教育与人类发展的关系。但教育人类学作为一门学术性学科，学术界目前公认其发端于 20 世纪前后，在第二次世界大战期间及其之后的经济繁荣中迅速发展，并在 20 世纪 70 年代发生的席卷全球的经济危机的冲击下，得以成熟为具有独立学术地位的新兴学科。

一方面，教育人类学具有人类学的学科特点，接受人类学的研究框架，遵循人类学的研究原则，运用人类学的研究方法开展研究；另一方面，教育人类学主要是研究教育问题，必须运用教育学原理，遵循教育发展规律，解决教育发展中的问题。[①]

简洁地说，教育人类学是一门把人类学的概念、理论和方法

---

① 冯增俊、万明钢：《教育人类学教程》，北京：人民教育出版社，2005 年，第 1 页。

应用到教育研究领域，从宏观和微观、现实和观念等方面描述和解释教育现象、教育事实和教育问题，以揭示教育与人、教育与文化、社会文化与人之间相互影响和相互作用的应用性边缘学科。①

早在19世纪中后期，俄国著名教育学家乌申斯基（1823—1870）为了推行其“发展人的教育”的理念，就曾极力主张“如果教育学希望全面地去教育人，那么它就必须首先全面地去了解人”，并认为教育学是一门以科学为依据的“一切艺术中最广泛、最复杂、最崇高和最必要的一种”；教育学的研究对象应该是人，而不是烦琐空洞的条文和规则。② 基于上述认识，他于1862年—1867年间，撰写了全面阐述其教育思想的代表作《人是教育的对象——教育人类学初探》（两卷本），以表达其对教育问题所进行的人类学思考。乌申斯基因此成为历史上第一个使用“教育人类学”术语的。

作为一门交叉性学科，教育人类学在理论发展之初，就在不同地域分化出不同的理论派别。文化教育人类学主要以欧美以及亚太等国家的学者为代表，注重运用文化人类学原理，从跨文化、跨种族的角度去研究教育与人类发展的问题；哲学教育人类学则以德国、奥地利等欧洲国家的学者为主要代表，注重运用哲学人类学原理，从人的本质与发展的角度研究教育问题。

范德沃克（Vandewalker，N. C.）于1898年发表论文《教育对人类学的若干要求》（Some Demands of Education upon Anthropology）、休伊特（Hewett，E. L.）于1904年发表《人类

---

① 李复新：《西方教育人类学研究的历史透视》，载《华东师范大学学报》（教育科学版），1990年第4期。

② 乌申斯基：《人是教育的对象——教育人类学初探》（上卷），北京：人民教育出版社，1989年，第2页，第17页，第10页。

学与教育》(Anthropology and Education)。① 这两篇论文开以人类学观点和方法审视教育问题之先河，被美国教育理论界公认为是富有预见性的学术论文。而这两位学者把人类学理论和研究方法引入教育学研究领域的目的，是为了解决土著和少数民族族群的教育问题，为制定切实可行且行之有效的教育政策提供科学的决策依据。

意大利教育学家蒙台梭利(Montesson，J. M，1870—1952)则把体质人类学的研究方法应用于学前教育，于1908年出版专著《教育人类学》(意大利文)，此书是有史以来第一本以“教育人类学”作为正式书名的著作。在这部著作中，蒙台梭利积极倡导探讨教育与人类发展的内在关系，认为教育是一种按人的发展来设计和施行的社会行为。② 蒙氏在《教育人类学》一书中，试图建立起教育人类学体系。

随后，马林诺夫斯基(Bronislaw Malinowski，1884—1942)和博厄斯(Franz Boas，1858—1942)用统计学等方法研究儿童的发展与教育和社会的关系，批驳遗传决定论观点。本尼迪克特(Ruth Benedict，1887—1948)在拥有大量资料的基础之上展开研究，指出教育具有传递文化、转变文化或过度文化以及改造文化的功能。米德(Margaret Mead，1901—1978)梳理出文化适应的三种主要形式，用来说明人类进化与教育形式演变的历史趋势，揭露现代社会产生代沟及心理冲突的根源。雷德菲尔德(R. Redfield，1897—1958)的教育整合功能论。克拉克洪(Clyd Kluckhohn)的教育价值论等。他们都力图运用人类学的理论和方法，分析、研究教育问题。

---

① Hewett，E. L. Anthropology and Education. American anthropologist. 1904. Vol. 6：574.

② Montesori，J. M. Pedagogical Anthropology. NewYork，1913.

到了 20 世纪五六十年代，欧洲、美国等地出现了教育人类学研究的一次新高潮。期间，对教育问题感兴趣的人类学家和善以人类学观点和方法思考教育问题的教育学家，发表了大量重要的研究成果。现在，学术界的研究者们普遍认为：1952 年在美国斯坦福大学召开的人类学家与教育学家大会意义重大，是教育学与人类学整合为全新学科的制度化标志。① 会议论文集《教育与人类学》（斯平德勒主编）和罗森斯蒂尔（Rosenstiel，A.）的《教育人类学：文化分析的新途径》被认为是当时极富见地的重要著作。②

20 世纪 60 年代，在“教育人类学”研究领域，在研究教育现象的过程中，部分研究者将被学术界公认为是人类学特有的一种崇尚客观和描述的定性研究方法——人种志研究法应用于对教育问题的研究，从而促成了教育人类学的分支学科——教育人种志研究的出现。在此过程中，一些研究者创造性地将这种方法应用于微观层次，通过与被研究者形成互动关系，从而真正观察到学校中究竟发生了什么。③

这一时期，值得提到的研究者有美国学者埃迪（Eddy，E.）、奇尔科特（Chilcott，J.）、米德（M ead，M.）、斯平德勒（Spindler，G. D.）等人。他们以学校为单位展开研究，把人种志运用到他们的研究和设计中，采用参与观察和整体性研究为主要特征的描述性研究方法收集和分析材料，以探讨教育内部存在的各种问题及其解决方法。

---

① Edd，e. m. Theory，Reseach，and Application in Education Anthropology & Education Quarterly. Vol. 16，1985：85；93.

② Rosenstiel，A. Educational Anthropology：A New Approach of Cultural Analysis. 1955.

③ 李复新：《“隐蔽课程”的教育人类学基础》，载《教育研究》，1990 年第 7 期。

1968 年，史密斯（Smith，L. M.）和杰弗里（Geoffrey，W.）采用微观人种志（M icroethnography）的方法，首次把一项对班级活动过程的研究建立在人类学实地研究之上，由此开始了教育研究中运用“实地研究”的传统。

“芝加哥学派”的社会学家贝克尔（Becker，H. S.）、吉尔（Geer，B.）、休斯（Hughes，E.）和斯特劳斯（Strauss，A.）等人，在对医学院的学生进行社会调查研究时，也尝试着将教育人种志研究中普遍存在的一种以参与观察为主的“实地研究”方法运用到教育研究领域。

1977 年，教育人类学家海默斯（Hymes，D.）当选为美国人类学与教育研究会（Councilon Anthropology and Education）主席。上任之后，他把推动“教育人种学”（即，对实地研究所收集的资料进行综合比较、分析和概括的一种研究方法）的研究作为任期内的主要任务，号召对教育进行定性研究的学者们行动起来，对学校进行定性的人种学研究，并鼓励他们在此基础上建立相关的教学综合理论。在海默斯的倡导下，期间，美国学界教育人种志研究异常活跃，研究成果大量涌现。这其中，威尔逊（Wilson，S.）和勒孔特（LeCompte，M. D.）的研究成果引起了学界极大的关注。1977 年，威尔逊发表论文《教育研究中人种志技术的应用》（The Use of Ethnographic Technique in Educational Research）。在论文中，威尔逊系统地阐述了人种志方法论对教育研究可能做出的贡献，并大力倡导教育研究界采用人种志方法研究教育问题。1978 年，勒孔特发表《学会工作：课堂中的隐性课程》（Learning to Work：The Hidden Curriculum of the Classroom），该文以人种志作为研究方法，试图从微观研究的角度建立学校和班级生活研究的新领域。

此外，一些学者还在教育研究中创新出“批判人种志”（Critical Ethnography）的方法，他们采用人类学定性的、参与观察的方法，依靠源自批判社会学和批判哲学的理论体系来展开各种研究。

中国教育人类学的研究开始于20世纪90年代，主要从三个方面展开：一、翻译、介绍国外相关书籍。从90年代中后期开始，乌申斯基、博尔诺夫、H·罗特、A·福利特纳、斯普兰格、茨达齐尔、M·米德、露丝·本尼迪克特等学者的相关著作被陆续翻译、引荐至国内学界。二、学科理论专著的出版。采用教育人类学研究的理论和方法，以成书的形式系统探讨中国教育发展问题的主要著作有：庄孔韶的《教育人类学》、冯增俊的《教育人类学》、詹栋梁的《教育人类学》、周德祯的《教育人类学——文化观点》、吴天泰等人的《教育人类学》等。三、以学科理论研究为基点进行的相关研究，即采用人类学的理论和方法，不断关注异文化现象，探讨相关教育问题。此类研究成果主要有：《民族教育学通论》、《教育人类学研究丛书》、《教育与人的发展》、《教育文化学》、《文化变迁与教育发展》，等等。

此外，还有一些基于田野工作之上的学术专著与论文，如跨文化心理研究、跨文化教育研究和双语教育研究等。以上成果有的侧重于对人的本质问题及在现代化发展进程中教育作用的探讨；有的则偏重对异文化教育现象的探究；有人热衷于从人类学的角度批判中国目前教育中的不合理因素；还有人认为应该回归原始社会，探讨教育的萌芽问题。①

教育人类学在少数民族文化传承教育方面已有的研究成果，是笔者本项研究的重要基础。

在历史上，关于少数民族文化传承教育只有零星的记载，没有全面、专门的调查及研究。20世纪五六十年代开展的大规模

① 冯跃：《中国"教育人类学"与"民族教育学"学科发展之比较研究》，载《内蒙古师范大学学报》，2003年第1期。

的民族调查，少数民族文化传承教育也没有被作为重点加以展开。

少数民族文化传承教育研究真正开始于20世纪90年代以后，这与国际和国内的研究背景有着直接的关系。

虽然至今笔者没有看到一部以“中国少数民族民俗文化传承教育”为专题的研究成果，但这并不意味着研究者们没有涉及民族文化传承教育方面的内容。早在民族教育研究肇始时期，部分学术成果就已经关照到了其中的一些内容。例如：有关少数民族女童教育、少数民族社会教育以及少数民族教育心理研究方面的论文，都或多或少地论及民族文化传承教育与学校教育的关系问题。

20世纪90年代以后，少数民族教育研究从涉及的内容、研究成果的数量、研究的深度和广度来看，都超过了以往任何时期。

在“学校教育在很多民族地区实质是一种外来文化教育”的事实被一些研究者“发现”并发表出来之后，相当多的研究者随即改变了观察问题和研究、探讨问题的角度和视角。民族教育中存在的一些对学校教育质量产生重大影响的特殊问题，吸引了部分研究者关注少数民族文化传承教育的视线，一些研究者开始深入探讨少数民族学校教育成效与少数民族文化的关系，以及如何在学校教育中利用民族文化传承教育提升学校教育教学质量、提高少数民族学生学业成就等问题。

最先走入学者视野的是少数民族丰富多彩的宗教文化现象与少数民族教育的纠缠不清的关系。研究者首先对普遍存在于少数民族中的少数民族宗教教育产生了兴趣，并尝试着从教育学的角度对少数民族宗教教育以及少数民族宗教对学校教育的影响等方面进行调查和研究。20世纪90年代初期问世的、值得提到的涉及民族教育与少数民族宗教文化关系的研究论著有张诗亚的《祭坛与讲坛——西南民族宗教教育比较研究》（云南教育出版社，1992年10月）。该书通过对西南民族地区宗教教育的起源、演变及其动力机制，宗教教育的内容、制度与方法，以及宗教教育与现代教育的关系等诸方面的系统而深入的探讨，解答了有关民族文化的传承与扬弃、民族现代化进程与民族文化变迁、人类教育史上的教师起源、从情境教育到教育制度的形成等带有普遍性的问题。

随着时间的推移以及研究的不断展开和深入，学者的研究视野和研究范围不断扩大，更多的人从以往专注学校教育的研究，转向少数民族传统教育、少数民族文化传承教育、少数民族家庭教育、少数民族社会教育和少数民族双语教育等方面进行拓展，并出现了许多新的研究亮点和极具理论深度的观点。其中，比较重要的涉及少数民族民间文化传承教育的论著、论文有：曲木铁西的专著《少数民族传统教育》，王军、董艳主编的《民族文化传承教育》、王军主编的《教育民族学》等。

此间，滕星的与少数民族语言文化相关的、在实地调查基础上展开的一系列研究，也是少数民族教育研究领域中，运用教育人类学研究方法取得重要成果的成功范例。

此后，一些研究者开始关注到少数民族中某一传统民俗文化事项对文化持有者的影响（对人的文化化、社会化进程的影响），即对人的具体教育功能，并对此展开探讨，此类论文有：《民间游戏的教育功能》（吴明海）、《云南彝族烟盒舞及其教育传承的特殊价值》（普丽春）、《蒙古族博克的文化性格及其教育功能探析》（白红梅）等等。

此外，研究方法的逐步丰富和更新，也是近年来民族教育研究领域出现的可喜现象之一。研究者们不仅开始从教育科学研究的角度，也尝试着使用人类学、民俗学、民间文化学、语言学、心理学等领域的研究方法和理论对少数民族教育展开研究，表现出了更广阔的学术视野。相关成果有：《贵州省安顺地区屯堡人地戏仪式的道德教化功能研究》（阳贤、张诗亚）、《山歌教育与土家族群经验的成长》（罗章、张诗亚）、《民间文学应用到儿童情商教育中的可行性研究》（汤梅）、《论少数民族传统道德与集体主义教育》（李资源）、《民族文化传承的教育人类学研究》（王军）、《试论宁夏回族谚语的现实寓教作用》（陆阁丽）等等。

随着少数民族教育学学科研究的深入展开，特别是新的研究方法——人类学田野调查等方法被运用到民族教育研究领域之后，人们逐渐改变了过去那种仅从文献、从统计数据，甚至仅从特定人员的描述等直观印象，先形成论点，然后就论点收集材料，东拼西凑论证主观观点的研究方法。可以说因为研究方法的改变，让包括民族教育研究在内的学术研究取得了一些能够发现事实真相及客观规律的具有实质意义的研究成果。

在此过程中，一批少数民族研究人员顺势成长起来了。他们熟知本民族语言、木民族的传统民俗文化，关注本民族的发展，经过多年的学习和探索，撰写出一些别有见地的论著。如彝族学者刘正发的《凉山彝族家支文化传承的教育人类学研究》。该书是一部以特定地区、特定民族的民间文化教育为研究对象的著述。作者的写作显然是建立在彝学研究的基础之上，同时也参考国内外教育人类学及少数民族教育学的研究成果，将现存于凉山彝族民间的家支文化定义为彝族特有的文化，除采用文化人类学研究方法对之进行梳理外，还着重对家支文化对彝族儿童社会化过程的作用做了教育学方面的分析。这种努力体现在该书的不少章节中，如“凉山彝族家支文化传承对人的智力和非智力因素的影响”、“凉山彝族家支文化传承对人的知识的获得的影响””、“家支文化教育模式”，等等。

从上述介绍可知，不论是在教育人类学研究领域还是民俗学研究领域，在少数民族民俗文化教育的研究方面显然存在不足，主要表现在：①成果少。以上所指出的成绩，是对少数民族传统文化教育研究自身做历史比较而言的。如果与其他学科汗牛充栋的研究成果，哪怕是与少数民族学校教育的研究成果相比，少数民族传统文化教育研究领域的成果只能用凤毛麟角一词来形容（统计数据显示：相关文章、论文不足30篇，论著不超过11部）。②范围窄。中国境内的55个少数民族，生活环境不同，文化各具特点，相应的传统文化教育内容、方式等也有很大的区别，而现有的研究成果所涉及的少数民族尚不及全国少数民族总数的四分之一。如果把55个少数民族的“民族教育”比喻为一组象群，研究者们至今所做的研究是明显不充分的：有的文章仅仅描述了象群的生存困境；有的研究只探讨了某种草地与其中几组大象的关系；一些研究探讨了部分大象的某一习性对其生存发展的影响；有的研究则只介绍了象群的组成、组织结构、象群的生存环境；部分文章论证了某一运动对大象某种器官发育的作用，更多的文章则只是介绍了某一头大象的某一局部，如耳朵、鼻子等等器官的病变，提出了一些想象性，或者是推理性的治疗方案……也就是说，研究者已发表的文章多集中在某一传统文化事项对文化持有者的影响方面，缺乏对特定地域的特定民族群体所拥有的文化因素对该文化持有者所发生的多侧面的影响做全面、深入探讨的专著。③缺乏全面、系统、深入、细致的田野调查。即使是备受从事少数民族教育研究同仁关注的《凉山彝族家支文化传承的教育人类学研究》一书，其所长仅仅反映在作者自身是彝族人，会彝语，对彝族家支文化的了解、理解，比其他只有几十天，或者几个月做调查的研究者的解释更接近事实真相等方面。而对彝族民众在日常生活中对孩子所施行的民俗文化传承教育、婴幼儿养育习俗、语言习得习俗、语言使用习俗的传承教育、人际交往习俗与儿童教育等，都未做重点的调查、描述和研究。④对民俗文化传承教育在少数民族文化中存在的模式、功能、变迁等，缺乏深入的调查和研究。

既有的研究成果以及众多的事实昭示人们，民俗文化蕴含着一个民族或某一地域民众的教育理念、教育主张和教育语言；民俗文化是其施行教育的方式和内容；某一民族或某一地域的文化传承和人的社会化据此而得以实现……

在充分考虑、借鉴当代教育理论思潮和少数民族地区教育研究现状的基础上，笔者希望以自己出生、长大的村寨——贵州省都匀市平浪镇平卡村八连村民组的民俗，作为民俗文化传承教育方面的个案展开调查和分析。期望能通过扎实的田野调查，总结民族地区民俗文化传承教育的特点，发现现实中存在的问题并对其展开探讨。

三

从某种意义上看，村寨是民族文化赖以传承的最基本的生活空间，而流传于村寨中的民间习俗则是组成民族文化的基本元素。在中国，除了北方的一些游牧民族之外，其他的少数民族都是以固定的村寨作为主要的生活空间，因此，其文化也主要通过村寨文化而得以体现。作为一个相对独立的、自成体系的文化载体，村寨文化蕴含着独特而鲜明的民族（单一民族，或多民族）传统文化的典型特征。而通过对村寨这种微型社区的研究来透视中国农村乡土社会生活的本质，一直以来都是中国人类学、民族学、社会学研究领域的重要课题之一。

由于中国人类学、民族学和社会学学科发展的历史渊源关系，其研究理论和方法大多学习、借鉴并继承了西方的学术传统，极为注重对微型社区展开实地的调查和研究。20 世纪 30 年代，吴文藻先生率先使用英国功能主义人类学和美国芝加哥学派的社会学理论，提出了“社区研究”方法。随后，英国人类学家拉德克利夫·布朗（A.R. Radcliffe Blown）提出：“在中国研究，最适宜于开始的单位是乡村，因为大部分的中国人都住在乡村里；而且乡村是足够小的社区，可供给一两个调查员在一两年之内完成一种精密研究的机会”。[①] 拉德克利夫的这一主张随即得到了费孝通先生的积极支持和倡导，他认为“为了对人们的生活进行深入细致的研究，研究人员有必要把自己的调查限定在一个小的社会单位内来进行。这是出于实际的考虑。调查者必须容易接近被调查者，以便能够亲自进行密切的观察。另一方面，被研究的社会单位也不宜太小，它应能提供人们社会生活的较完整的切片”。[②] 20 世纪 30 年代末，费孝通先生用实际行动实践自己的主张，以力作《江村经济——中国农民的生活》（以下简称《江村经济》）奠定了中国村落社区研究的基本范式。《江村经济》的问世，使得一种将村落视为中国“社会缩影”，力图通过小社区窥视大社会的研究方法得以确立。

随着时间的不断推移，到了 20 世纪 90 年代，费孝通先生又在对中国城乡经济展开深入调查研究的过程中提出了“模式”概念，他认为“有可能用微型社会学的方法去搜集中国各地农村的类型或模式，而达到接近对中国农村社会文化的全面认识”。1996 年，费孝通先生撰文对“微型社会学”进一步做了全面的反思，指出其在空间、时间和文化层次上所受到的限制，并在研究方法上提出了极具针对性的改进措施。[③]《重读〈江村经济·序言〉》是中国人类学、民族学学科发展中的又一篇里程碑式的

---

① 拉德克利夫·布朗著，夏建中译：《社会人类学方法》，北京：华夏出版社，2002 年。

② 费孝通：《江村经济——中国农民的生活》，北京：商务印书馆，2001 年。

③ 费孝通：《重读〈江村经济·序言〉》，载《江村经济——中国农民的生活》，北京：商务印书馆，2001 年，第 319 页。

方法论研究成果。它不仅为汉学人类学通过社区研究来全面认识中国农村社会文化提供了重要的方法论依据，而且其中所提出并倡导的研究、分析思路，对人们展开少数民族村寨文化研究更具有重要的学术价值和借鉴意义。

我国是由56个民族组成的多民族国家，境内少数民族数量多、分布广，而且社会发展形态差异较大。至20世纪40年代末，虽然大部分少数民族都已经不同程度地进入了奴隶制、封建农奴制、封建制等发展阶段，但仍然有为数不少的民族，如：赫哲、独龙、傈僳、景颇、基诺等民族仍然处在物质生活资料集体共有的原始社会末期。① 新中国建立后，虽然各兄弟民族都相继进入了社会主义发展阶段，但由于其所处的地理位置、生态环境、交通状况、生产方式、文化习俗等方面存在不同，时至今日，不同民族村寨的发展程度仍存在较大的差距。就此而言，微型村寨社区同样不是中国少数民族社会的缩影，任何单一的民族村寨社区研究都不可能代表整个少数民族社会的普遍情况。

诚如费孝通先生在《重读〈江村经济·序言〉》中所解释的那样："以江村来说，它果然不能代表中国所有的农村，但是确有许多中国的农村由于所处条件的相同，在社会结构上和所具文化方式上和江村基本上是相同的，所以江村固然不是中国全部农村'典型'，但不失为许多中国农村所共同的'类型'或'模式'"，即"人文世界里的'整体'必须和数字里的'总数'在概念上区别开来。这是'微型社会学'的基本理论依据"，"在人文

---

① 《赫哲族简史》编写组：《赫哲族简史》，北京：民族出版社，2009年。
《独龙族简史》编写组：《独龙族简史》，北京：民族出版社，2008年。
《傈僳族简史》编写组：《傈僳族简史》，北京：民族出版社，2008年。
《景颇族简史》编写组：《景颇族简史》，北京：民族出版社，2008年。
《塞诺族简史》编写组：《基诺族简史》，北京：民族出版社，2008年。

世界里不必去应用‘典型’这个概念”。[①] 由此可知，任何一个在功能上能够满足社区内大多数成员多种生活需要的村寨，都可以成为微型社区研究的对象。

我国各少数民族都拥有属于自己的生养育儿童、婚丧礼仪、节日祭祀、宗教信仰等习俗。应当承认，这些习俗文化都是由各民族共同体千百年来集体创造、集体传承下来的，其中必然包含了大量的传统的因子。但是，无论当前民族村寨中仍然延续着的传统文化能在多大程度上折射出该民族的历史，它们都“有别于前人在昔日的创造，而现在已失去了功能的遗俗”，因为“这些传下来的东西之所以传下来就因为它们能满足当前人们的生活需要。既然能满足当前人的生活需要，它们也就是当前生活的一部分，它们就还是活着……还发生功能”。[②]

正因为如此，笔者认为选择八连作为研究对象的理由是充分的。

贵州境内的文化类型可大体分为4类：①富有贵州特色的主流文化——以贵州境内的大、中城市文化为代表。属于这类文化圈的文化的特点为：以汉语西南方言作为交际用语；主流文化思维方式占主导地位；主流文化观念引领生活方式等领域。②贵州汉文化——以贵州境内乡镇集市所在地文化以及农村汉族村寨文化为代表。属于这类文化圈的文化的特点是：以汉语西南方言作为交际用语；保留有大量汉族的传统文化观念和习俗。③汉化多民族村寨、汉化单一民族村寨文化。属于这类文化圈的文化的特点为：以汉语西南方言作为交际用语；汉文化、少数民族文化杂

① 费孝通：《重读〈江村经济·序言〉》，载《江村经济——中国农民的生活》，北京：商务印书馆，2001年，第319—321页。

② 费孝通：《重读〈江村经济·序言〉》，载《江村经济——中国农民的生活》，北京：商务印书馆，2001年，第334—335页。

糅并存。④保留有较多少数民族传统文化的村寨文化。属于这类文化圈的文化的特点为：村寨内的交际语言为民族语；民族文化特征鲜明。如，雷山县境内的多数苗族聚居村寨，三都水族自治县境内的多数水族村寨，榕江、从江县境内的大部分侗族村寨，望谟、贞丰县境内的一些布依族村寨，等等。

八连村民组所属平浪镇镇政府所在地平浪场坝及其周边几个村寨的汉族人口所占比例略高，汉文化特征显著。据老年人回忆，这一区域在20世纪20年代时的通用语即为汉语。八连西南面的数个村寨，直到20世纪50年代，家庭及邻里间的通用语仍为布依族语言——但现在仅有几位老人能说简单的布依语，只在葬礼等习俗中还保留有部分布依族文化因子。平浪镇西北面的数个村寨，时至今日，即使是少年儿童，仍能流利地使用布依族语言，村寨内部的交际语言主要为布依语（调查显示，近年来，部分村民，尤其是少年儿童，汉语的使用频率已超过布依语），布依族习俗文化特征仍然比较明显。

汉化多民族村寨、汉化单一民族村寨在贵州境内的少数民族村寨总数中，占有极高的比例。从贵州少数民族以往的历史发展趋势及其文化变迁轨迹来看，这类村寨是至今仍然保留有浓郁少数民族文化特征的少数民族村寨现代化进程发展道路上必然要经历的一段里程。而八连正是这样一个典型的汉化多民族杂居村寨，村民组里生活有布依族、水族、苗族、侗族和彝族等几个贵州主要的少数民族。村民们以汉语方言贵州都匀话做交际语言，他们处在少数民族文化大部分已经消失、已经“汉化”，并逐渐主流化的进程中。在现今的贵州，这样的汉化多民族村寨、汉化单一少数民族村寨比比皆是。生活在类似八连这种多民族村寨里的少数民族人数远远多于生活在大部分仍然保留着少数民族传统文化习俗村寨中的人口数。可以说，八连这类村寨的城市化进程，生活在这些村寨里的人们的“融入主流社会”之路，代表着现今仍然部分保存有少数民族文化，或者基本保存着少数民族文化的贵州境内的少数民族社区未来的发展方向。仅此一点，多民族村寨八连就极具作为“类型”研究的价值。

八连的习俗文化、村民的教育等状况，在贵州境内无疑是一种富于特点的“类型”、“模式”，具有作为一个“微型社会”来解剖的充足理由和众多要素。调查、分析此类村寨村民们的教育状况，不仅可以为发展此类村寨的教育提供可供决策者参考的个案资料，也能够为至今仍保留有较多少数民族文化特征，但已经或者即将“汉化”或“主流化”的少数民族村寨的教育发展提供借鉴。

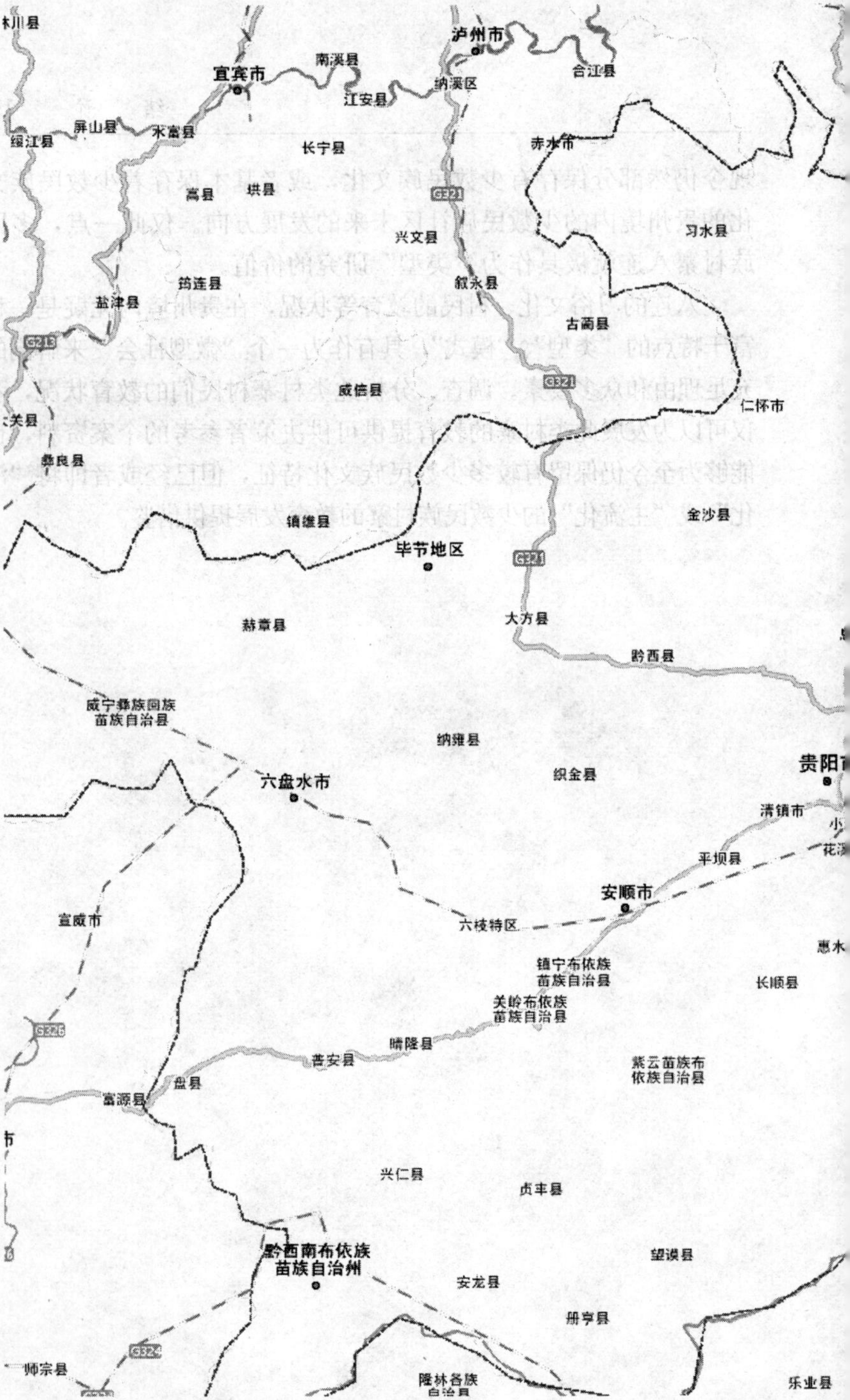

泸州市
宜宾市
南溪县
合江县
纳溪区
江安县
绥江县
屏山县
水富县
长宁县
赤水市
高县
珙县
G321
兴文县
习水县
筠连县
叙永县
盐津县
古蔺县
G213
威信县
仁怀市
彝良县
镇雄县
金沙县
毕节地区
大方县
赫章县
黔西县
威宁彝族回族
苗族自治县
纳雍县
织金县
六盘水市
清镇市
平坝县
安顺市
宣威市
六枝特区
镇宁布依族
苗族自治县
关岭布依族
苗族自治县
长顺县
晴隆县
普安县
紫云苗族布
依族自治县
盘县
富源县
兴仁县
贞丰县
黔西南布依族
苗族自治州
望谟县
安龙县
册亨县
G324
师宗县
隆林各族
自治县
乐业县

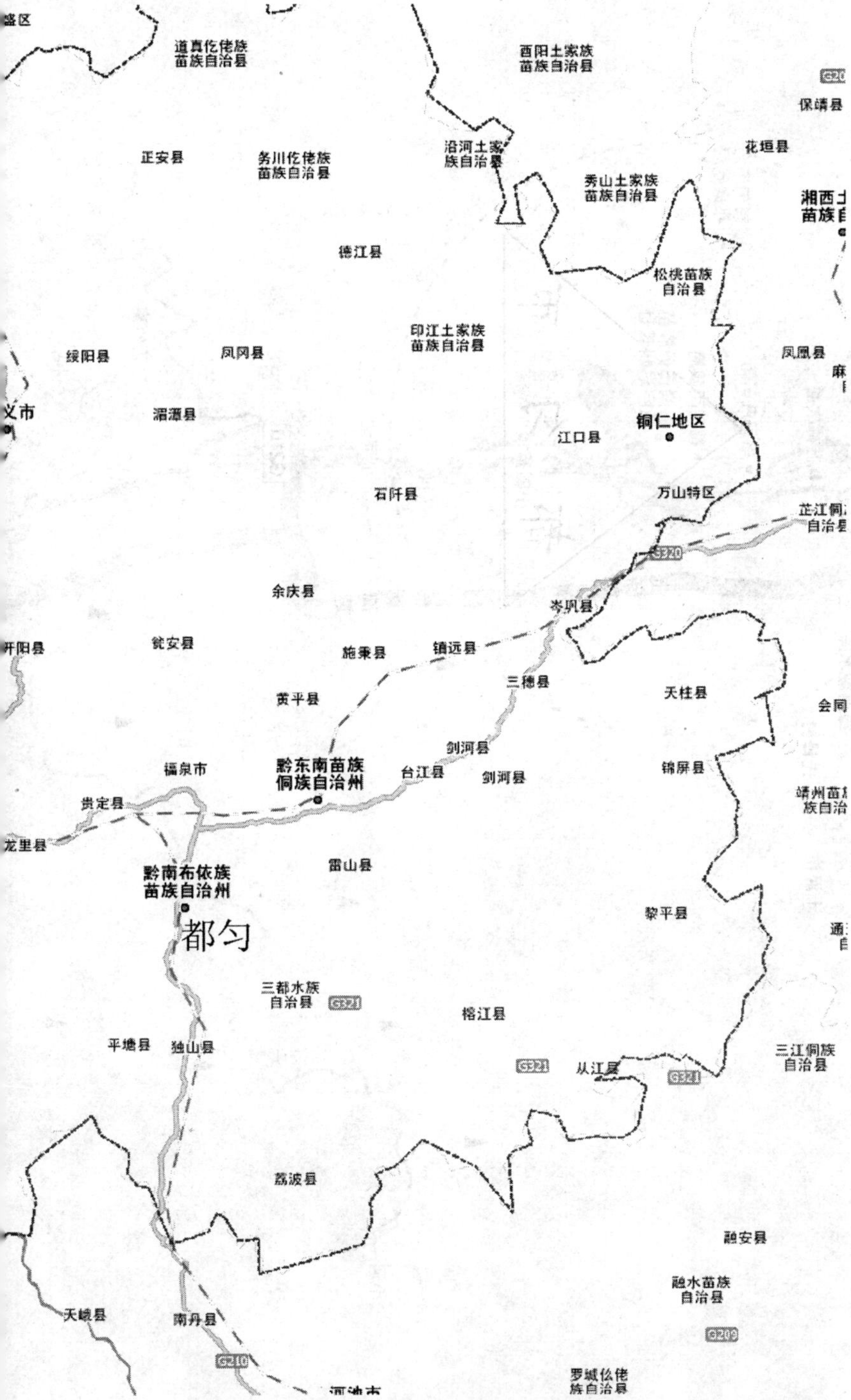

道真仡佬族苗族自治县
酉阳土家族苗族自治县
保靖县
正安县
务川仡佬族苗族自治县
沿河土家族自治县
花垣县
秀山土家族苗族自治县
德江县
松桃苗族自治县
印江土家族苗族自治县
绥阳县
凤冈县
凤凰县
湄潭县
铜仁地区
江口县
石阡县
万山特区
G320
余庆县
岑巩县
开阳县
瓮安县
施秉县
镇远县
三穗县
天柱县
黄平县
剑河县
台江县
剑河县
锦屏县
福泉市
黔东南苗族侗族自治州
贵定县
龙里县
黔南布依族苗族自治州
雷山县
黎平县
都匀
三都水族自治县
G321
榕江县
平塘县
独山县
G321
从江县
G321
三江侗族自治县
荔波县
融安县
融水苗族自治县
天峨县
南丹县
G209
G210
罗城仫佬族自治县

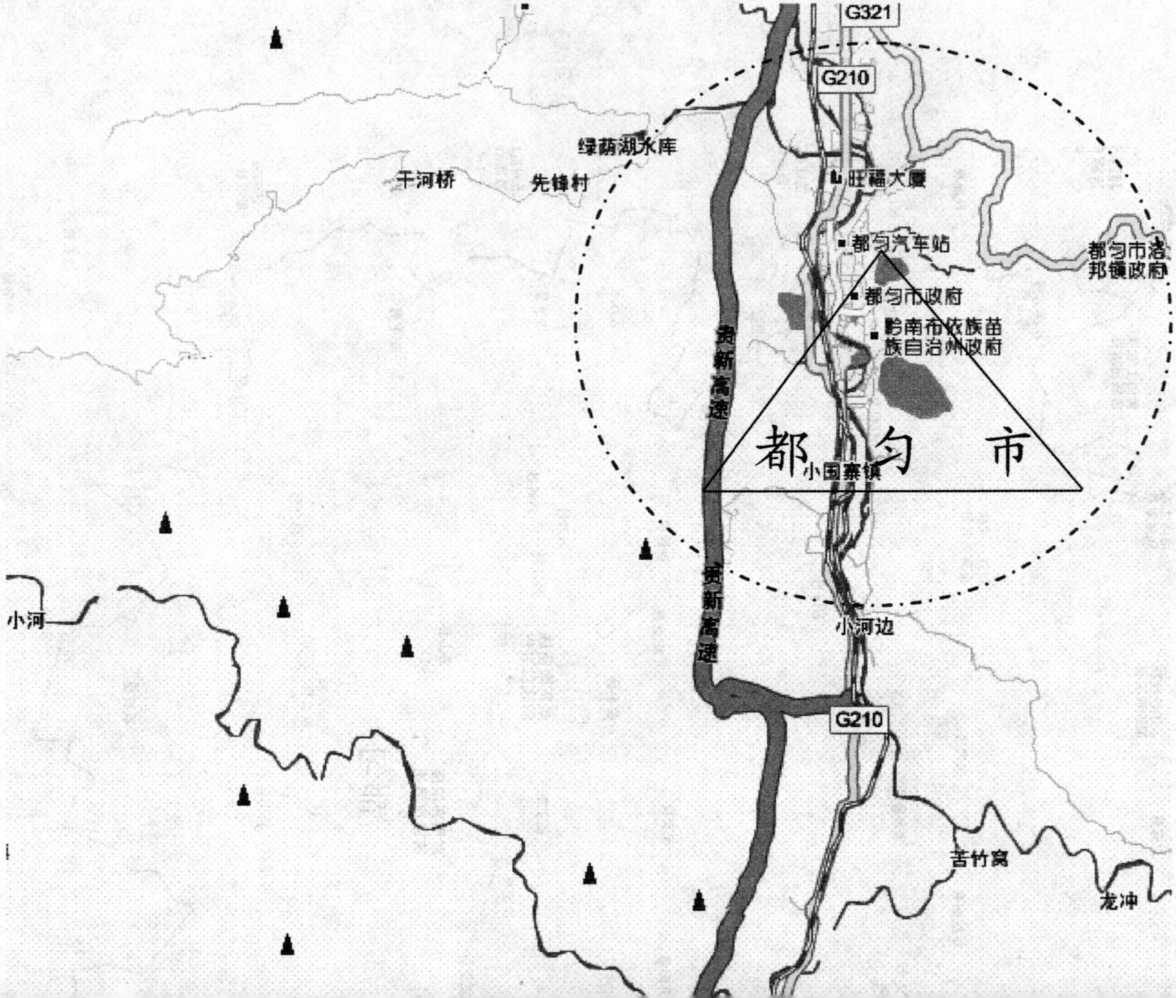
G321
G210
绿荫湖水库
干河桥
先锋村
旺福大厦
都匀汽车站
都匀市洛
邦镇政府
都匀市政府
黔南布依族苗
族自治州政府
贵新高速
都匀市
小围寨镇
贵新高速
小河边
小河
G210
苦竹窝
龙冲

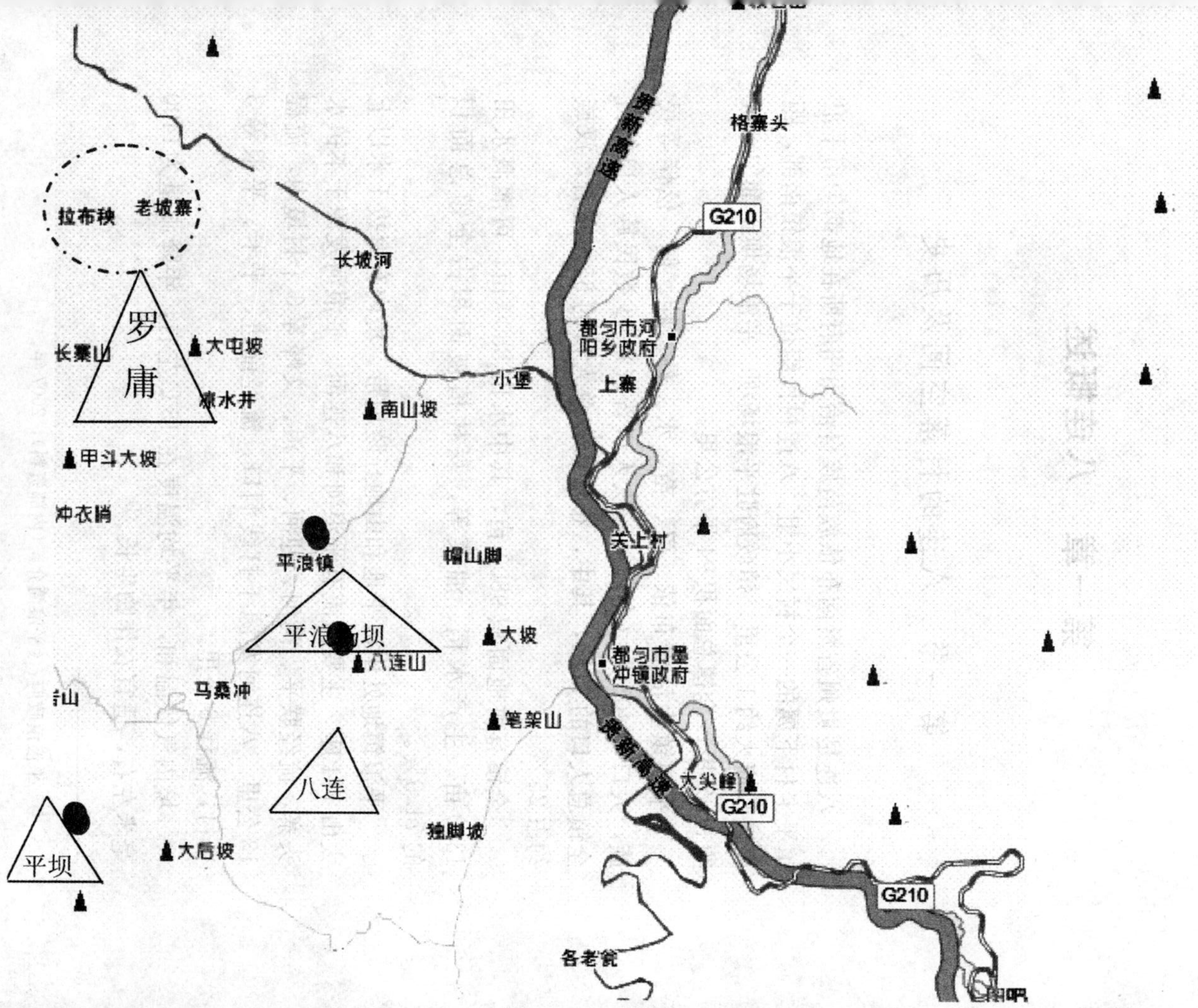
贵新高速
格寨头
G210
拉布秧
老坡寨
长坡河
罗
庯
长寨山
大屯坡
康水井
甲斗大坡
冲衣哨
都匀市河
阳乡政府
上寨
小堡
南山坡
关上村
平浪镇
帽山脚
平浪坝
大坡
八连山
都匀市墨
冲镇政府
马桑冲
笔架山
八连
大尖峰
平坝
大后坡
独脚坡
各老瓮

第一章　八连概述

第一节　八连的村落空间及历史

八连是贵州省黔南布依族苗族自治州州府所在地都匀市平浪镇平卡村下属的一个村民小组。八连村民组位于平浪镇南部，距离镇政府大约 1 公里。镇政府驻平浪场坝。平浪场坝距都匀市区约 50 公里，全镇总面积 94 平方公里。

平浪镇生活着布依、汉、苗、水、彝、壮、侗、仫佬等民族，人口 10408 人（全国第三次人口普查）。少数民族人口约占全镇总人口的 75%，其中，布依族占总人口的 65%左右，汉族约占 25%。

全镇有耕地面积 9800 亩，其中水田 8800 亩，可灌溉水田 1330 亩。主产水稻、油菜等，森林植被面积占全镇总面积的 71.9%。

平浪镇地处山区平地和山地丘陵地带。境内有海拔千米以上大山 114 座。主要河流有平浪河和八连河。平浪河发源于本镇水头寨，流经联平、湾河、迎河、平浪、文峰等 6 个村境内，流程 13 公里。八连河发源于打线洞口，流经前进、平卡、平浪等 3 个村，流程 6 公里。

境内气候温和，年平均温度在 15℃左右，年降雨量为1400 毫米左右，适宜农作物生长。①

---

① 平浪镇政府：《平浪简介》（内部资料），2007 年。

平浪于明洪武十六年（1383）置长官司，清代时改土归流，民国时期建制为南区平浪保，后改为平浪乡。1953 年，该乡被一分为三，成立平浪、平卡、平省 3 个乡；1955 年，平浪、平卡合并为平浪乡；1958 年，平浪、平省两乡联合组建团结公社；1959 年，改设成平浪、平省两个管理区；1962 年，改称平浪公社和平省公社；1964 年，平省并入平浪公社；1993 年，改称平浪镇。①

八连农户曾沿八连河两岸居住，前些年，由于担心山体滑坡，住在八连河东岸的农户，除去不惧危险的两户人家外，已经陆续迁至河西岸的田坝中间居住。八连现有 48 户人家，人口约 200 人。八连农户均为少数民族，民族成分依人口数的多少，其顺序为：布依族、水族、侗族、苗族和彝族。

八连村民组现有耕地 171 亩。农户们主要种植水稻、油菜子、玉米、辣椒和其他蔬菜。大多数人家都饲养猪和鸡，一些农户养鸭子、狗、牛、猫、马等。

村里多数村民至今仍以农业为基本生计；有几对年轻夫妇到独山、平塘、王司等县城或其他乡镇，制做、贩卖米粉、点心面包，或经营日杂用品商店；少数人在都匀市区内跑运输；很多男女青年长期或短期外出到全国各地，特别是东南沿海地区打工谋生。

八连最早的住户是韩姓，祖籍广西，曾经申报为壮族，后改为侗族。迁居八连的具体时间不详，据家谱上的记载推算，可能是在 19 世纪末。据村子里老年人回忆，早在 20 世纪 20 年代，韩姓中的一户，修建了在当时的当地人看来遥不可及的、高大气派、明亮宽敞的一排瓦房，拥有一架水碾，以及大片的水田和旱

---

① 贵州省都匀市史志编纂委员会：《都匀市志》，贵阳：贵州人民出版社，1999 年。

地，绰号“韩半坝”。

布依族伍姓大概是在20世纪10年代期间，从贵州省平塘县金州坝迁至八连的。据伍姓家族在世的最年长者伍兴文（1918—）回忆，最早从平塘逃荒过来的伍氏三兄弟，开始时主要以租种周边富户的水田、坡地为生，至新中国成立前夕，其后人才有了零碎的几块贫瘠的荒地和一些水田（均为开荒所得）。

水族蒙姓是现在八连地界上的第三位迁居户，祖籍三都水族自治县。迁居八连前，曾居住在平浪镇和墨冲镇交界的尤家寨，因其曾祖父从紧邻八连村民组的狮头村民组熊姓人家手里购买到八连冲（地名，“冲”为小山谷的意思）里的全部水田和部分山地而迁居到八连冲。新中国成立后，从八连冲搬迁至八连坡脚居住，实行合作社和人民公社制时，土地及其家人被划归到八连生产队。

吴姓苗族人家是民国三十三年迁居八连的，最早的落脚之处是在八连坡（注：八连坡原称“万人坟”，是周边村寨当时穷人的公共墓地。农业学大寨期间，为破除迷信，开山造田，将山坡上的所有坟墓削平，欲改造、整理为梯级水田，但因为无法保水，后来只能作为旱田使用），以租种狮头村民组熊姓人家的水田和坡地为生。

除此之外，八连的其他住户均是在20世纪40—50年代期间，由本州（黔南州）的其他县市，或本市（都匀市）的其他乡镇迁居而来。

迁居至八连的村民们的第一、第二代，一般都能流利地使用本民族语言；20世纪五六十年代，很多家庭内部的各成员之间，以及村寨内同一民族之间的交际用语仍然使用民族语，不同民族之间的交际用语，使用的是当地汉语方言都匀话；现在，全村能流利使用本民族语言的人已不足10人。

第二节　八连村民的衣食住行等习俗

一、服饰

男性服饰（这里指正式场合穿戴的服装，不包括平时的劳动装）可分为两种类型：老年男性多穿素净的对襟上衣、筒裤；中青年男性和小男孩的穿着与城市同龄人基本一样。

女性服饰变化较大，已经由最早的普遍着民族服饰──→当地农村汉族服饰──→流行装。

现在，年龄段不同的女性，在着装上会有较大的差别：婴幼儿、儿童、青少年女性的服饰紧跟时尚，也就是说，这一年龄段的人，只要自己喜欢，什么样式的服装都有人穿。中老年女性的穿着则仿效生活在城镇中的同龄人。比如，笔者姐姐的同龄人（1945 年前后出生的人），所着服装的款式与她和其他在都匀工作的八连女性的服装样式基本一样；笔者的同伴，所着服装的款式与出嫁在镇上的堂姐（1965 年前后出生的人）等其他女性的服装样式基本相同。

女性头饰也发生了一些变化，直到 20 世纪 80 年代末期，老年女性全部都是挽发；中年女性盘发；年轻人、儿童结发辫。现在，有部分中老年女性将头发剪成了短发，其他女性有的盘发，有的结发辫；年轻人则是城里流行什么就模仿什么，有人烫发，也有人染发等。

二、饮食

新中国成立前，多数人家一日两餐吃不饱；新中国成立后，日子缓慢变好，至 20 世纪 60 年代末期以后，大多数家庭基本能保障一日三餐；从 80 年代初期开始，特别是农村实行联产承包责任制以后，村民们的饮食状况发生了较大的改变。也是从那时开始，几乎所有的家庭都由原来的一日三餐改为一日四餐，即：

“过早”：上午9点以前；

“早饭”：中午12点前后；

“少午”：下午3点左右；

“晚饭”：晚上7、8点钟。

其中，“过早”（早餐）和“少午”比较简单；早饭（午饭）和晚饭是正餐。

主食为大米或大米制品（米粉等）。副食为应季蔬菜和猪肉，偶尔会吃牛肉、狗肉、鱼、田螺等。20世纪80年代以前，每逢过年，大多数人家都要杀猪——俗称“杀年猪”，因为必须上缴给国家一半，村民们不得不精打细算地统筹安排剩下的一丁点儿肉——将其全部熏制成腊肉，作为一家人一年里仅有的肉食来源。现在，部分人家过年仍然杀猪，但大部分猪肉都拿到市场上去出售或作为礼物送人，仅仅制作几十斤腊肉作为特产，因为现在镇上每天都有新鲜的猪肉出售。进食的蔬菜种类也较从前丰富，以往，村里所有的农家所需的蔬菜均靠自产，从不购买蔬菜，有的农家还得节俭着过日子，把地里最好的蔬菜拿到集市上去销售，换钱购买食盐、洗涤用品等生活必需品。现在，每逢赶场天和节日，很多人家都会从集市上买回一些自家没种、家人又想吃的菜类。

糯米及糯米制品是八连人十分喜爱的食物。许多节日庆典都要用糯米制做成特色食品：春节，用糯米制作成糯米粑粑；农历四月八制作花糯米饭——将枫树叶捣碎浸泡出汁液，用汁液浸泡糯米一昼夜后，将糯米放到饭甑里蒸几小时，制成带有些许枫叶香味的黑色糯米饭；用当地人叫做“酸汤果”的一种荆棘的根茎，捣碎后制成的汁液浸泡糯米，做成橘红色的糯米饭……糯米饭除四月八前后几天食用外，还将其中的大部分晒干，以便日后制做糯米稀饭；端午，用糯米制成粽子；九月重阳，打年糕。

现在，很多家庭在平常日子里也会吃糯米饭和糯米稀饭，用糯米制做成“甜酒”（醪糟）、粽子、黄糕粑等。因为农户手里都有了一些积蓄，经济条件和能自由支配的时间都比从前充裕了，家人想吃什么，主妇们一般都会尽量满足。

“三天不吃酸，走路打转转”是当地人饮食习俗的真实反应，有的人家可以说是每餐必有酸食。因此，每家都有至少2个以上的大坛子（每个坛子能盛五六十斤辣椒制成的“酸”），每年夏天都要“腌酸”（制作“酸”）、腌辣糟、腌酸菜。

“酸”用红透的、上好的辣椒制成。制作方法：将辣椒洗净、晾干、剁碎（现在多使用粉碎机粉碎），装入坛子里，放入适量的生姜、高度白酒、醪糟、食盐和凉开水。一般一周后即可食用。

“酸糟辣”的酸度不及“酸”，其制作方法与“酸”的制作方法大体相同，只是不加白酒和凉开水，多放醪糟和食盐。

“酸”是一种调味料，相当于陕西、山西人的醋。当地人烧制饭菜时，都会根据口味轻重放入适量的“酸”。

酸菜也是八连人喜爱的一种腌制品。材料为充分干燥的、切成一寸左右长短的青菜（芥菜）、干辣椒粉、醪糟和食盐。制作时，将以上4种材料搅拌均匀后密封到土坛内即可。

当地还有一种叫“坛酸”的调味料，味酸，奇臭。从前，大多使用办酒席后的剩菜制成，有钱人家则用骨头熬出汤后，放入坛内让其发酵制成。因为这种调味料有怪味，加上有的人家是用剩菜制成的，所以只有部分人喜欢吃、敢吃。

从前，自家喂养的鸡鸭（包括鸡蛋和鸭蛋）、鱼等等，多用来换钱；现在，多数人家可以在“想吃的时候”随意食用。

从前，多数人家只有在过年时才能吃上肉。现在，几乎每家都会在赶集的日子买上一些鲜肉改善生活。虽然小镇上每天都有鲜肉出售，想吃可以前去购买，但还是有几户人家购置了“没有太多用途”的冰箱。

三、建筑与住屋情况

八连的住宅大致可分为三代，即经历了三次大的变化：

第一代——最破旧，也是最古老的一种：荆棘或黄土做围墙、茅草盖顶。

第二代——木壁、瓦顶；石头，或砖石混合墙壁、瓦顶。

第三代——砖混墙壁、平顶；砖混墙壁（瓷砖贴壁）、琉璃瓦顶。

不管制作材料、外观（屋顶）及其内部装饰如何改变，内部格局基本不变，皆为三开间式样。中间一间稍宽，为堂屋。

牲畜圈：有牛圈（马圈）、猪圈和鸡圈，一般建在厨房的前面。比正屋简陋，能遮风避雨、防盗即可。

老式家具现在几乎已成文物，每家都只有可数的几件。年轻夫妇的家里几乎是一件也没有了，取而代之的是和城里人家里一模一样的摆设，只在材质、价格上有所差别。

新中国成立前，八连全村只有韩姓两户、蒙姓一户修建有3相（栋）木结构的瓦房，其他人家均住在用荆棘（或泥土）和茅草搭建成的简陋的房屋里。

至20世纪80年代，除两户人家外，其他人家都将自己的住房改建成了木结构或砖结构的瓦房

90年代初开始，陆续有人家开始修建钢筋水泥结构的二层小楼。现在，村里超过半数的人家都修建起了钢筋水泥结构的楼房；有部分农户的外墙、地上都铺上了瓷砖，卧室铺上了木地板。

沙发、组合柜、电视机、影碟机、洗衣机成了所有中青年夫妇家庭的必备品。

超过三分之二的家庭拥有电话；接近半数的家庭拥有手机；一户家庭购置了台式电脑。

8 户家庭（户主为八连村民者）在八连村以外的地方购置了房产：4 户在都匀市区内购置了商品套房，其中 1 户所购商品房是为孙子一家居住使用（儿媳为镇里的公务员，儿子在村里务农）；有两户的商品房用于出租；另外一户的商品房于 2007 年以接近 20 万元的价格出售，原因是“没人住”，打算用这些钱在一直经营米粉生意的独山县城购置房产。

另外 4 户所购置的房产是城镇居民转让的带宅基地的房产，其中 1 户所购置的房产在都匀市郊，户主（60 年代末出生）已经将村里的田地转包给他人，近年一直在与人合伙做牲畜生意；另一户（70 年代）是在平浪镇镇中心新建的商业街上购置地皮，并修建成二层楼房，户主在都匀市区内开摩的，媳妇在都匀市区内做小生意；第三户（60 年代）在平塘县城区内购置了一栋二层小楼，是经营米粉生意起家的，现在仍然经营米粉生意；第四户（70 年代）为上一位户主的弟弟，也是经营米粉生意，在独山县城区内购置了一栋三层小楼。

以上 8 户人家，除其中 1 户外，在八连都建有属于自己的钢混结构的二层住房。

四、交通

20 世纪 60 年代以前，货物的搬运全靠人力（肩挑）；60 年代末至 70 年代，部分人家备置了两轮人力车；80 年代以后，大多数人家都购置有一辆自行车；90 年代末期开始，人们开始购置摩托车或动力三轮车；现在，已有 8 户人家购置了小型农用车或小型面包车。

五、家庭起居习俗

清早，家里有人起床后，即打开除卧室以外的所有房屋的门，尤其是要打开一家人主要的活动场所——火笼边通向门口（呑口、晒坝）的门。

只要不出远门（包括在附近的田里或菜地里干活），即使家里没有人，屋门一般都不会上锁；如果家里有人，除特别寒冷的几天外，屋门都是敞开着的；即使闭门，也只是合上，很少插门。

村里的人路过家门口，即使没有事，即使没有正面遇见人，也会边走边招呼：×××，在做那样？或者说：×××，吃早饭没？×××，吃少午没？……

如果路过者没有急事，常常会停下来唠上几句，或者会坐上一小会儿。

敞开门生活的生活方式背后，是敞开的心怀。村里人之间几乎没有任何“秘密”可言，收入、收成、婆婆、媳妇、儿子、公公、婆媳关系、姑嫂关系、夫妻关系、舅家姑家，以及其他亲戚朋友家的大事小事，村里的人们，尤其是家庭主妇们，几乎是人人明白清楚，个个心知肚明。

六、节日庆典及其他习俗

三月三、四月八、五月端午、六月六、八月十五、九月重阳等节日的节日气氛逐渐淡化。从前，在这些节日里，人们会举行相应的民俗活动、制作传统食物——三月三祭水田、插秧标，四月八制作花糯米饭，五月端午包粽子，六月六制作酒药，八月十五制作米糕，九月重阳制作年糕等等以示庆贺。现在，部分家庭，尤其是孩子已经长大（家里没有儿童）的人家，很有可能会嫌麻烦而不再制作，或者干脆到城里买回替代食物。

春节、清明、七月半这三个节日依旧被八连全体村民重视。

与从前相比，有更趋隆重的迹象。主要表现为在这几个节日里，会有更多的家族、亲族成员或相互走动，或集聚到一起，共同祭祀先祖。

被视为孩子终身大事的婚礼，依然被父母们当成是对孩子表达爱意的一种方式，倾其所能地操办——出钱购买各种男女当事人喜爱的家居用品：沙发、电视、微波炉、摩托车、洗衣机、冰箱等。

宴请是必不可少的，但在村子里宴请的话，前后至少得办三四天，开销极大而且费时费力。村里已经有人家开始效仿城里人的做法，到城里的饭店请客——只请一餐。

年长者的葬礼，被视为儿女对老人尽孝的重要表现形式之一，有越来越被看重的趋势。每家每户仍然固守老地方（本民族）迁徙地的丧葬风俗，如：只能在自己家的建筑屋里落气；在为亡者梳洗、换装结束后，必须即刻将遗体装入棺材（部分人家则固守必须把尸体和棺材分别抬到墓地之后，才把尸体放进棺材里的习俗）；停丧期间，棺材只能顺梁停放（一些人家则必须脚蹬大门停放）；孝子们丧葬期间必须素食（有的人家则不论）；必须土葬，禁止火葬等等。除请道师做必做的开路、散花解节、提亲点主等仪式外，娱人的活动增多，如，请花灯、乐队、杂技表演队演出；鞭炮是铁炮的替代品，在某些程序里必须燃放，让人不可理喻的是，现在在葬礼上居然流行燃放礼花。

村民们操办葬礼时，希望人多、热闹、不冷清，那样才不会让人感到害怕。热闹也是所有老年人对自己葬礼的期盼，客人多，才会显得热闹。葬礼上的热闹至少可以表明丧家人缘好、朋友多，或者是家大业大、势力大。

只能在自家房子里停止呼吸、只能在自己儿子的家里举办葬礼、抵制火葬等习俗，使得部分青壮年不能离开八连，抛下年迈的父母长期外出务工。

村民生病后，一般都选择先上医院看病，吃药打针治疗。但如果不能迅速恢复健康，或十天半月不见病情好转，多数患者的家人会前去看过阴，请鬼师（过阴、土老师、道师、风水先生）举行仪式，驱凶求吉，即医、鬼两用。

近年来，看过阴的人数、频率有逐年增多的趋势；举行宗教（巫术）仪式的人家，20 世纪 90 年代以后，较之 80 年代之前，也呈逐渐增多的态势。

八连人非常羡慕能到“大地方”（大城市）工作的人，也羡慕“到过大地方”的人，梦想、希望自己也能有机会到处“看地方”（旅游），因此，近年来，不少村民都想方设法、积极主动地外出旅游。截止 2009 年年底，村民省内旅游人次（走亲戚人次不计算在内）接近 20 人次，北京游、海南游、上海游、云南游、香港澳门游等等，已接近 10 人次。

多数时间里，90%以上的青年都短期外出打工，有时，寨子里 90%的青壮年都不在家，谁家有事时，才电话通知回来帮忙。

第三节　八连人的婚姻、家庭

一、八连人的婚姻

20 世纪 50 年代初以前，八连村民的婚姻完全由父母做主，很多年长者回忆说，那年月结婚的很多男女当事人，在举行结婚仪式前都不知道对方长的什么样。

70 年代末，八连人的婚姻仍然由父母包办，通常的做法是，男方家庭看中某位女子，就延请媒人前去提亲，多数家庭都会在征得男女双方当事人的同意后，才举行定亲、结亲等程序。也就是说，结婚仪式前，大多数当事人都“晓得”（远距离见过对方）对方。但多数人在结婚仪式举行之前“都没有和对方说过一句话”，更没有交谈过。有的人甚至没有互相打过招呼，路上遇着时，能绕着走而绝不碰面，“狭路相逢”时，双方都是低头通过。少数女青年会在婚期临近时，在男方家人的邀请、陪同下，与准新郎一同到遇见熟人几率较小的集市上去购置结婚用品；男女双方当事人单独出行的情形极为罕见。

80年代以后成婚的男性村民，除个别比较特殊的情况外，都是通过自由恋爱结婚的。没有太多变化的是，村民中大多数男性青年的婚姻，仍然得走提亲、定亲、结亲的程序（详见本书第四章“八连人的婚姻习俗”），父母最大的心愿是能为儿子举办体面的结婚仪式（即使省去提亲、定亲仪式，也不能不举行结婚仪式）。

八连出生的女性村民的婚姻缔结过程、成婚途径比较复杂多样，尤其是改革开放后。其婚姻缔结形式可分为几类：媒人提亲、本人同意、父母做主；自由恋爱；“熟人”、“亲戚”介绍；被拐卖，等等。

二、八连人的家庭

访谈资料显示，八连村民在20世纪80年代以前，有两个以上儿子的家庭，在儿子全部成婚后，父母通常都会选择和其中的一个儿子一起生活。除个别婆媳关系极度紧张的家庭外，很少有老夫妇二人或一人单独生活的情况。当时，如谁家父母选择单过，儿子儿媳是要遭到舆论谴责的。

20世纪80年代初“分田到户”（实行土地承包责任制）前的家庭，主要有主干型家庭和核心家庭两类。其时的主干型家庭有几类：父母＋一对儿子儿媳＋孙子孙女；父母分别与已婚儿子中的其中一个家庭生活的类型，即：父＋一对儿子儿媳＋孙子孙女，以及母＋一对儿子儿媳＋孙子孙女。当时的主干型家庭，家里的大事小情，多由父母做主，只有当父母体力不支，主动提出移交家庭管理权后，儿子才接替父亲或母亲管理家事；儿媳理家的情况比较少见。

现在，八连村民组共有农户 48 户，其中，核心家庭（一对已婚夫妇 ＋ 儿女）25 户；主干家庭类型一（父母 ＋ 一对已婚夫妇 ＋ 孙子孙女）6 户；主干家庭类型二（父母 ＋ 一对已婚夫妇 ＋ 孙子孙女 ＋ 曾孙子孙女）1 户；夫妻（老年夫妇）二人或一人（丧妻或丧夫的老年人自己一人单过的家庭）家庭 16 户（详见表 1-1：八连村民家庭结构统计表）。

表 1-1：八连村民家庭结构统计表

家庭类型名称		户数
复合型家庭	父母＋ 一对已婚夫妇＋孙子孙女 一对已婚夫妇＋孙子孙女	0
主干家庭Ⅰ类型	父母＋一对儿子儿媳＋孙子孙女	6
主干家庭Ⅱ类型	父母＋一对女儿女婿＋外孙子孙女＋外曾孙子孙女	1
核心家庭	父母＋未婚儿女	38
夫妻家庭	父＋母 2 人；母 1 人；父 1 人	17

生育有多个男孩的家庭（子女中有两个男孩以上者），父母在儿子全部完婚后多选择单过，而且几乎是在儿子婚后 1～3 年内，就主动提出让“年轻人自己做自己的”。随后，在几个有威信的亲戚和寨邻的见证下，将主干型家庭“分家”，组成核心家庭和父母单独生活型家庭。

独子（非独生子，这里指姊妹中只有一个男孩的情况）、入赘（子女中无男孩者）家庭多发展为主干家庭。村里现有的主干家庭基本上是由“独儿子”，或者入赘户发展而来的。而且，现在的主干家庭有别于从前的主干型家庭：

（1）这类家庭的已婚青年夫妇，长期或者一年里的大部分时间都外出打工，在外打工的收入全部由年轻夫妇自由支配。

（2）家里承包的田地主要由父母料理。如果愿意，年轻夫妇一家全年食用的粮食都可以随便从家里拿取；村里、亲戚朋友家的婚嫁丧葬等应酬、礼金由父母代送；田地里的庄稼，变换成现金收入后的绝大部分，父母会替年轻夫妇存到银行——也就是说，这类家庭的主要经济支配权基本属于年轻夫妇。用当地人的话说："父母的，迟早是你的（年轻夫妇的）。他们（父母）不会带进坟里头"。

在村民的记忆力里，八连没有出现过父母与两个以上已婚儿女长期（这里指3年以上）生活的复合型家庭，即：父母＋已婚儿女＋孙子孙女＋已婚儿女＋孙子孙女型家庭。更不用说"四世同堂"的复合型"大家庭"了。

村民们心目中的理想家庭模式是血亲成员能够四代、五代同世，但这里面没有包含希望"同堂共室"过日子的期盼。访谈资料显示，村民们普遍认为大家庭很麻烦，仅以每日三餐为例，能做出符合每个人口味的饭菜都不是件容易的事情，其他，诸如生产劳动安排、任务分配等等就更不知道从何入手了。村民们都普遍认为，组成四世同堂的家庭"连想都不敢想！"

相反，村民们认为"人大分家"就像"树大分杈"一样正常，分家的主要目的是调动年轻人劳动的积极性。同时，分家能促使青年夫妇产生应有的家庭责任感，并担负起相应的责任，有利于青年夫妇更好地成长、成熟。

接受调查的村民都认为，核心家庭是最佳的家庭结构，日子过起来较为轻松、灵活，人际关系也比较单纯，不像大家庭或大家族那样，规范性的习俗繁多且杂，生活显得沉重和呆板，缺乏生气。兄弟姐妹结婚后住在一起，关系很难处理，老人对子女的态度如稍有偏颇就有可能出现家庭纠纷；分为小家庭过日子，生活、生产各为一个单位，谁家有困难大家出来帮忙，反而减少了家庭间的矛盾，关系也更融洽。无数事实已经证明，小家庭能让亲人之间更容易相处，人际关系更和谐、和睦。

调查资料、数据还显示，实行土地家庭承包制之后，随着中国城市化进程的不断深化，八连村民的家庭结构发生了前所未有的变化，核心家庭数增多，随之而来的是核心家庭的功能日渐突显出来。家庭关系、生育、赡养老人及家庭生活周期等都随之发生了不小的变化。

据80岁以上的老年人回忆，在他们年轻的时候，家里的“当家人”多是“家里的老人”。大多数家庭都是由家里最年长的“家长”来支配家庭的一切活动和收支。妇女不但承担养育儿女、饲养家畜、操持家务、砍柴割草、耕种菜园等劳作，有时还得上山采摘野果、野菜等能够食用的瓜果蔬菜作为缺乏食物的补充。很多家庭妇女的劳作时间、劳动量都超过男性，如果某家的男主人被抓去当兵当差，该户人家的妇女就成了家里生活的主要支柱。但是，尽管如此，女性的地位是极其低下的。女性，尤其是青壮年女性，家里的大事小事都是不能发表意见和看法的，更别说拥有决策权什么的了；她们多是“老人让做什么就做什么”，即使家里没有男人，或男人外出不在家，大事也多由家族里的其他男性成员代为做出决定。

现在，八连的妇女延续了老一代妇女的劳作传统，承担着家庭劳动的很大部分。不同的是，中老年人的家庭决策权正在由男性为主向男女协商决定转变，虽然现在仍然是男性主持家庭事务，包括家庭财产管理、家庭收入控制、农业劳动的安排等。这一年龄段的妇女的劳动量远远超过男性，家里的大小事都在操心，但男性一家之主的地位有时仍然根深蒂固，体现在家庭里的“大是大非”的大事上，男性坚持的东西，女性们是无论如何也改变不了的。但在许多年轻人组成的核心家庭中，家庭决策已经由父系决策变成了夫妻共同协商决定。主干家庭中，大的收入多由年轻夫妇管理，大的开支多由“一家人”（父母和年轻夫妇）共同商量决定。也就是说，多数家庭的经济管理权虽然属于丈夫，但大额支配权属于夫妻双方；意见不统一时，多数情况仍然是妻子无奈地顺从丈夫的意愿。

新中国成立前男主外的传统，现在已经变为夫妇间谁有时间、谁方便、谁愿意就由谁做家庭的代表参加活动。可以说，现在的八连妇女已经不仅仅是妻子和母亲，同时也成为了社会的一员。

过去妇女要承担家庭中的所有家务，还要与男子一起下地干活。现在，家务劳动不再由妇女全部承担，男子也会主动分担，孩子也不再全由妻子照管，而是由妻子、父母和丈夫共同照管和教育。

现在，相对来说，在大多数家庭中男女还算平等，家里的事，尤其是比较大的事情，总是夫妻俩商量后再拿主意，很少有不经商量就自作主张、一人说了算的。但一般情况是经济方面或对外事务男方管得多，家庭内部的事女方管得多一些。

抢季节、抢时间的劳动，男女一起完成，如春天的插秧和秋季的收割。但即使是男女一起劳动时，分工也不是十分明显。大多数女人除了不犁田，大多数男人除了不插秧外，女人们能做所有的农活，如运粪、担谷子、砍柴、挖地等重体力活，女人们都能手到擒来、麻利地完成。有的人家，男性除在插秧、收割及收割完成后帮忙犁田、耙田外，其他农活及家务活，皆是女性完成。八连的多数已婚妇女主要“协助”丈夫从事农业，承担种地、家庭养殖、带小孩、做饭洗衣服等家务劳动。男性则在农闲时节，做一些加工业，或外出打短工，额外挣一份收入补贴家用。

当地习俗认为，打人，即使是夫妻之间动手，也是绝对不能容忍的。谁动手，谁没理；谁先动手，谁理亏。舆论谴责打人、损坏财物等暴力行为。一些父母会用暴力制止出手打骂媳妇的儿子。舆论赞赏遇事能冷静处理，遇事能心平气和商量的家庭。村民们相信吵架、打架，不但家人不乐见，就连祖宗也会恼怒的，祖宗们会以不寻常的方式连续发出警告，直至停止纷争为止。

村子里的绝大多数家庭，夫妻关系都比较和谐，有很多夫妻结婚十数年，甚至数十年都不曾发生过争执；一些家庭虽不时有一些小吵小闹，但并不危及婚姻。

婆婆苛刻或儿媳无理，都会遭到寨邻的议论和谴责。村民们开始时都会采用说服教育的方式，开导当事人。一人劝说不改，多人劝说。多人劝说不改，则全村人会采取孤立，甚至羞辱的方式让其痛改前非。当然，寨邻们是宽容、善良的，对改掉了错误的任何人都会另眼相待、重新接纳的。

由家庭赡养老人是中国延续了几千年的传统。八连村民至今仍在按传统履行着赡养老人的义务，且仍然保持着儿子为主要财产继承人和老人的赡养主要由儿子负责的传统；在没有儿子的家庭，女儿和上门女婿才有继承权及赡养老人的责任。村民们至今仍然遵循着"宁古（宁愿）看崽（儿子）的屁股脸，也不愿看女婿的笑脸"的传统，有儿子的人家，如果老人前去姑娘家常住，对儿子儿媳是一种羞辱，儿子儿媳会遭人议论、谴责、鄙视。村民观念里的同姓后代和异姓后代（即孙子和外孙）的界限非常清晰，尽管很多人与女儿女婿关系更为融洽，在情感上更依赖女儿(这从当地村民的口头禅："有儿子是名分，有姑娘是福分"可见一斑)。但所有的人都认为女儿的后代是"外姓人"，只有儿子的后代才是"家头人"，才是自己的"根"。

一般情况下，一个家庭如果有两个（或两个以上）男孩，儿子多会在结婚一两年以后分家单过。房子、存款、菜园、承包的田地等等，均会在分家时就按儿子的人数平分完毕，并口头约定好父母的养老问题。如果父母还能劳动，多会从家庭承包的田地中划出很小的一部分自己耕种；如果父母已不能或不愿劳动，则规定其子每年必须给父母多少斤粮食，等等。

据说从前的老人大都是觉得在哪个儿子家呆得自在就在哪个儿家过，即必须和某位儿子一起生活，否则会被说闲话；现在的老人多喜欢与儿子们分开单过，哪怕是没了老伴独自一人生活的老人也喜欢自己单过；招上门女婿的家庭，很少分家，只有极个别例外。

女儿出嫁时，娘家要陪嫁嫁妆，嫁妆的价值依据娘家的财力，特别是父母的能力而定，父母仍然掌握家庭经济大权并有积蓄的话，可能会陪嫁超出男家彩礼一倍或数倍的财物；有的人家，女青年出嫁时，父母即使没有积蓄，甚至正处在负债的境况里，也会将亲戚们送来的部分“礼信”（被子、床单等等）转送给女儿做嫁妆。除嫁妆外，家里的其他财产，如房子、田、地、菜园、存款等等，女儿是没有继承权的。不但已经婚嫁的女儿没有继承权，分家时，未婚女性也根本不放在考虑范围内，通常不会分给她们什么，即使是分割之前全家人共同拥有的存款，她们也只会得到相当于零花钱的数目。只生育有女儿，且生活条件比较好的人家，通常会让女儿招上门女婿；无子女的人家，多数会考虑优先收养亲戚的孩子，如果亲戚中没有合适的人选，则会选择收养其他无血缘关系的小孩。

儿子结婚分家单过后，父母需要帮助时，要竭尽所能。平时的生活中，有重体力劳动时，要为父母分担或代劳；家里来了客人，要请父母过来一起吃饭；家里做了好吃的，要给父母送去一部分；当父母不能从事生产劳动时，儿子要提供足够的食物等生活资料；要随时关注父母的健康状况，父母生病，要及时求医问药，早晚察看病情、料理父母的生活；父母病危，要安排人终日守候；要为父母送终；要倾全力为父母操办热闹的葬礼。

如果儿女们不按上述规矩办事，会受到社会舆论、家族成员以及其他亲友的指责。

时至今日，村民中的绝大多数家庭都能很好地履行自己的赡养义务，一方面是由于孩子们都能感念父母的养育之恩，另一方面，年轻的夫妇们也深知：自己是在给自己的下一代做榜样，否则会遭“报应”的。

现在，八连的年轻人虽然已经不再像过去那样对老人言听计从，但大多数青年人在很多场合、很多时候，老人说话时还是会洗耳恭听的。只有少数“不懂事的人”，才会当面与老年人争辩、顶嘴。

人们的生育观念仍然比较传统，至今仍普遍希望生育男孩，且希望多生几个孩子。当地人非常“重男轻女”，具体表现在：人们不仅仅是希冀每一个姓氏都必须有男性后代，而且是期望每一对夫妇都必须有亲生的男孩。因为无儿子的人家会被人瞧不起，没有男儿会被认为是断了香火，是绝后。“断子绝孙”是邻里口舌时最恶毒的攻击人的话语。当事人自己及其家庭，也会把没能生育儿子当成自己的短处，在日常生活中抬不起头来。这种观念致使在严格实行计划生育的年代里，许多夫妇仍然选择在能生育时，一个接一个地生下去，直到生出一个男孩为止。

重视男孩、宠爱男孩，并不意味着不爱、不疼女孩。父母，尤其是母亲，会在情感上给予女孩更多，与女孩更亲。而且，在诸如接受教育等事关个人前途等等问题上，则是男女一视同仁，不会因为女儿终究会成为“外头人”而不支持女孩上学，也不会因为要供儿子上学、经济拮据而让女儿辍学。人们称这种现象为“重男不轻女”。

贵州少数民族地区的计划生育政策允许女方为农业户口的夫妇可以生育两胎，但不少村民认为两个孩子偏少，不好养，八连至今没有一对夫妇（夫妻双方均为农业户口的夫妇）选择只生一胎或选择不要孩子的案例。

三、婚姻、家庭与儿童教育

家庭是由血缘关系、婚姻关系或收养关系组成的亲属间的社会生活组织。它既是生育的遗传载体又是生育及养育的经济与文化环境。每一个人都出自特定的父母，来自一定的家庭。家庭是婚姻和血缘关系的延伸。个体不仅从父母身上继承生理遗传基因，使自己在体型、体态、相貌，甚至脾气、秉性上酷似双亲，而且要同所有的血亲和姻亲建立起生活上、经济上以及文化上的联系纽带。其中，血缘纽带是唯一的并且无法消除的人际关系。父辈的种种习惯、观念、思想、意向，甚至技能都会通过这条纽带传承给子辈，从而形成特殊的家庭文化氛围，每日每时地不断强化着家庭成员的思想共识与行动。从这个意义上说，这条纽带就是教育的纽带。

家庭是人生长的摇篮和开始人生历程的第一所学校。婴儿从呱呱坠地之时，便离不开母亲的乳汁、父亲的保护和家里其他人的关爱和呵护。幼年、童年，直至青年、中年、老年，家庭都是个体生命的给养基地、学习做人的课堂、汲取力量的源泉和遮风避雨的暖巢。而某一特定地域的风俗习惯、生活和生产方式，主要是靠家庭世世代代地传递。所以，我们可以认为：没有家庭，就没有文化的传承、发展和延续。

家庭，以及在家庭中展开的生、养育活动，拓展了教育的空间，使家庭成为民俗文化和乡土知识传承的主要场所、社会经验习得的重要时空。家庭为教育提供了独特的教育内容和教育手段，具有其他任何教育机构都无法提供的、独到的、重要的教育功能。

家庭是民俗文化传承的重要场所。由于在很多民族地区，学校教育对于少数民族少年儿童来说是“一种异文化”教育，少数民族学生学习成绩不够突出是长期存在的一个事实，这与绝大多数家长送孩子上学的初衷——学会简单的计算和认识一定数量的汉字基本吻合。基于学校教育的现实困境，少数民族少年儿童的教育大多是在学校以外的其他时空，特别是家庭中进行的。事实上，不仅八连如此，“在西南地区，民族的文化传统诸方面及其生活方式等的传承主要借助于民族宗教教育、民族家庭教育等方面的教育实践活动来完成的”。[①] 家庭“不仅是生命繁衍、经济生活的基本单位，同时也是文化传递的基本单位”[②]，还“是社会文化的载体，家庭教育的实质在于传递社会文化”。[③] 因此，与“引入的、外发的，而非其民族传统文化所固有的、内发的”、“还不具备完善的传承其民族文化模式及其生活方式的功能”[④]的现代学校教育制度相比，家庭教育是少数民族村寨等特定社区成员自愿的、为适应本地社会生活环境、习得当地的生存技能而进行的一种传承民间习俗文化的内部力量。从这种意义上看，家庭教育具有传承民俗文化的功能优势。

家庭具有独特的社会化教育功能。社会化是人类学、社会学以及心理学研究领域出现频率较高的一个词。美国人类学家恩伯夫妇认为，社会化是“使儿童适应文化所期望的行为模式的发展过程。社会化可以是直接的也可以是间接的。父母以及其他人常常通过对某种行为给予奖励而对另一些行为不加理睬或进行惩罚

---

① 关颖：《社会学视野中的家庭教育》，天津：天津社会科学出版社，2001 年，第 31 页。

② 哈经雄、滕星：《民族教育学通论》，北京：教育科学出版社，2001 年，第 124 页。

③ 关颖：《社会学视野中的家庭教育》，天津：天津社会科学出版社，2001 年，第 31 页。

④ 张诗亚：《祭坛与讲坛——西南民族宗教教育比较研究》，昆明：云南民族出版社，1992 年，第 7 页。

来直接使儿童社会化。”[①] 美国的另一些人类学家则认为：“社会化是一个人需要他/她在社会中的某种技艺，需要那些在社会中得到理解和接受的行为的知识，需要使态度和价值观与社会规则和个人意义相一致的，甚至是满意的过程”。[②] 人出生时只是一个生物学意义上的人、自然人，还不是社会人。人的社会化就是要使人类生命个体的原始需要和生物本能依照一定的规范形成固定的条件反射，即个体的行为要遵从社会现行的行为规范和道德准则，并将这些规范和准则内化为自己的需要。人的社会化是个复杂的过程，由于各民族的生存环境、历史发展、思维方式等不同，不同族群的社会在使其成员遵从本民族文化规范的具体过程中表现出较大的差异性。但对所有的民族来说，个体的社会化都开始于婴幼儿时期。而且，生、养育方式又是其儿童社会化的重要手段这一事实却是毋庸置疑的。

社会化是指个体学习某一群体或社会的规范和行为方式，从而促使自己获得在该群体中的社会生活资格并发挥作用的过程。这个过程是通过一系列的有形活动和无形氛围来完成的，如个人的命名、喂养、角色训练，个人对生存环境的心理感受等，使自然人逐渐向社会人过渡。因此，社会化是人们获得人格、学习社会和群体行为方式的社会互动过程。[③]

儿童的社会化始于家庭。在家庭里，儿童学会感知和认识自己是谁，知道自己能够和应该期望在生活中得到什么，应该怎样对待他人，等等。在许多方面，家庭都是承担社会化任务的理想

---

① C·恩伯、M·恩伯著，杜杉杉译：《文化的变异——现代文化人类学通论》，沈阳：辽宁人民出版社，1983 年，第 442 页。

② F·普落格、D·G·贝茨著，吴爱明、邓勇译：《文化演进与人类行为》，沈阳：辽宁人民出版社，1988 年，第 351 页。

③ 波普诺著，李强等译：《社会学》，北京：中国人民大学出版社，2002 年，第 169 页。

场所。家庭成员是一个小群体，在家庭里，各成员间享有很多面对面接触的机会。孩子的身心发育情况能够得到成年人密切的关注，其各种行为和表现能够得到家人及时的指导和必要的调整。家长们通常会不由自主地把孩子看作是自己生物体和社会体的延伸，有很强的动力和愿望去养育和教育自己的后代。[①] 在这里，养育和教育中知识的传承，不仅传递了家长自身对自然及社会的认识，而且还传递了一种他们认识和思维事物，继而处理事物的方式。前者被称作“显性教育”，后者被称作“隐性教育”。

人种学研究的结果表明，社会化意味着个体不仅适应着社会及其文化，而且这种适应过程本身亦受到社会文化的影响。家庭中社会化教育的另一个内容是儿童社会角色的塑造。人类社会由男女两性组成，并依据个体不同的特点与社会需要，扮演不同的社会角色。人类的社会角色，从其属性来看，大致可以区分为两种基本类型：一是归属性角色，即人们依据自身的生理属性、先天状况而非自主地自然归依的角色，如：配偶、辈分、排行等；另一类是获得性角色，即人们通过自我设计、自我选择和自我实现而争取到的角色，如各种职业、职务、地位等。不论那一类社会角色，它们都是在社会文化规范的强制性惯例和非强制性惯例下形成的。[②] 既然人们的社会角色是在社会文化规范下形成的，那么，社会文化对个体的社会角色就会产生某种期望，并进而对个体进行角色塑造。父亲、母亲、儿子、女儿等角色是依其生物属性决定的。与生俱来的性别差异同时还潜隐着社会文化对性别角色的不同期望与塑造，如在个体社会化过程中，生活目标的选

① 波普诺著，李强等译：《社会学》，北京：中国人民大学出版社，2002 年，第 389 页。

② 王亚南：《女性角色与生育健康——一个呼唤女权的话题》，载《云南学术探索》，1995 年第 3 期。

定、知识与技能的获取、言行举止的规范等，在许多社会中就渗透着性别角色的期望与塑造。社会文化的这种固有期待与塑造，形成了两性社会角色的分野和不同人格的行为模式。比如，在很多文化中，男性是顶天立地的，具有勇猛刚烈、充满自信和力量的气质，他们执掌社会大权，是家庭的支柱；女性则充满柔情、温文尔雅、富于同情心，相夫教子是其生活目标的首要选择。在这种观念的指导下，社会文化对两性角色的不同期待贯穿于他们的一生，而对其社会角色的塑造则从襁褓时期，甚至从其出生的即刻就已经开始了。

家庭的另一个重要功能就是为其成员提供爱和亲情。爱和亲情对孩子如同学习一样重要，而且在其整个一生中都始终如此。有足够多的事实证明，缺乏亲情的孩子，尤其是从小缺乏父母关爱的孩子，其身体、智力、情感的生长发育，以及其他社会性能力的发展，都会受到不同程度的损害。博尔诺夫认为，人总是处在某一个位置上，这个位置就称为点，人与世界发生关系离不开这个点；在人出生的时候，这个立足点不是任由自己选择的，而是被人置于一个任意的位置上；他观察世界、与世界交涉，总是从这一立足点出发；人都有一个持久的立足点，那就是他的家，人利用其在自然界和社会中能找到的资源建成房屋，组成一个围护结构，形成一个不同于外界自然环境的微小气候，这个围护结构——家，让人产生安全感，家也由此具有深刻的内涵；一般而言，人一生中的大多数时间将在家中度过，人从家出发，又返回家中；家是人扎根的地方，是决定其他各点的中心。人从出生开始，必然先落在家这个立足点中，然后再向外界发展，直到走向遥远的陌生地。为了保护自己，为了防止外部世界的侵扰，人类把家建在房屋之中，房屋便是家的基本形式。博氏因此这样定义他心目中的“家”——“法国哲学家巴彻拉德强调指出，房屋‘是一种抵抗宇宙的工具’，‘使人顶住一切天空和人生中的狂风暴雨’。这不是过去‘小市民’生命哲学的糟粕，而是可以在人的固定本质中找到根据的。因此这对教育也具有重要意义”。[①]博尔诺夫的这一席话语，精确地概括且清楚明白地道出了作为家的“房屋”对于人类的重要性，尤其是“家”能给人带来安全及安全感的重要性。

八连人婚姻家庭的稳定性，以及父辈与晚辈相邻而居，且相互关照、和睦相处的生活环境，对生长于其中的儿童安全感的获得和形成，具有十分突出且重要的保障作用和价值。所以，尽管八连人物质生活并不是十分富足，一些家庭在某段特殊的时期甚至达到极端清贫的境地，要承受贫穷之苦，但值得欣慰的是孩子们都过得非常快乐，且心理健康、心地善良。

① O·F·博尔诺夫著，李其龙译：《教育人类学》，上海：华东师范大学出版社，1999年，第22页。

第二章　乡土知识的习得

由于人类各族群的生存环境不同，社会历史发展道路各异，因而也就形成了各具特色的文化习俗。不同的社会文化习俗环境造就出不同类型的人——这也正是社会文化所期待的。而养育和教育实践，以及一切其他培养个人适应社会的社会互动形式是由社会文化习俗决定的，个体要在某一特定的社会环境中生存下去，首先得学会并理解该社会的文化，如：道德规范、价值观、信仰，以及此种文化下许可的谋生技能等。已有的相关研究成果表明，习得所处社会的社会文化习俗及其社会规范与延续生命的物质需要同等重要。八连人的生产、生活方式和生活习惯，以及生育观念、生育及养育习俗等要素有着同样重要的教育内涵，其将教育空间拓展至人们日常生活的每一个角落中，拓展到生命的孕育及诞生的全过程中，拓展到对人的生命成长及生命价值的关注上。因此，本章着重讨论的是八连人如何利用当地的各种习俗文化培养儿童的人格，以及如何通过各种习俗文化让儿童获得精神和物质世界的各种知识。

第一节　生、养育习俗与性别角色的形成

一、性别以及性别角色的形成

在一般人的眼中，儿童自出生之日起，就可以根据其与生俱来的生理特征被分别归类到社会群体按其习惯思维早已划分好的两个性别范畴之内：男性、女性。其实，这种现在已经被大多数

人认为从来就是这样的、理所当然的根据个体的生理特征划分的性别，只是个体的性角色（sex）。真正的性别角色（gender）是指随着儿童年龄的增长，在社会中学会的适应男性或女性的言行举止、情绪反应、态度和个性等等，从而产生的具有社会文化认同的心理性别。

这里，我们一定要清楚地区分“性”与“性别”是两个完全不同的概念。英国社会学家德拉梅特曾对这两个概念做过这样的界定：“性，这一概念准确的含义应该是指男性与女性之间的生物特征，而性别这一概念的准确含义是指男性与女性之间的一切非生物方面的差异，诸如在衣着、兴趣、态度、行为、才能等方面存在着的差异。”即，性是先天的，是由生物的染色体决定的生理特征；性别是后天的，是由社会文化塑造的心理特征，两者之间存在着很大的差异。当一个人被称为男人时，不仅意味着这个人的躯体是男人的，还表示这个人的行为、意志等方面也是男人的，女人也是如此。也就是说，只有性与性别统一在一个人的身上时，这个人才可以被称为真正的男人或女人。

相关研究成果表明，性别角色的形成是一个长期的社会化过程。在很多社会文化环境中，儿童一出生就会因为其先天的生理特征不同而受到了不同的对待；在随后的婴幼儿时期，绝大部分儿童会逐渐对自己的性别形成正确的认识，而他们对性别的正确区分能为其性别角色的进一步社会化提供保证。

20 世纪初至 20 世纪 40 年代，奥地利精神分析学大师、心理学家弗洛伊德（Freud）曾对儿童的性别角色形成及其差异进行过深入的研究。弗洛伊德的精神分析理论认为，在人的性心理萌生并发展的头两个阶段，即口腔阶段和肛门阶段，男孩和女孩的发展方式是相同的，他们都以母亲为爱的对象，直到生殖期阶段（大约在 4～6 岁），性别分化才开始出现；男孩在这一阶段的重要发展是产生了恋母情结（Oedipalcomplex），发现了两性之间的差异，为了满足社会性别角色的要求，开始将父亲以及其他男性年长者视为模仿的对象，并逐渐获得性别认同。

弗洛伊德还认为男女两性所具有的不同的生理解剖结构决定了两性具有不同的心理成熟过程；认为女性人格具有三个基本特征，即：被动性、受虐性和自恋性，而且这些特征于她们会终生如影随形。此种观点一经提出，就引起了极大的关注和热烈的讨论，也因此遭到了猛烈的抨击。西蒙·波伏娃随即在她的《第二性》中驳斥道："女人不是天生的，而是被造成的"。她坚持认为：虽然男女的差异首先体现在生理构造上，但这并不是男女差异的主要原因；性别角色主要是由社会文化决定的；在各种因素，尤其是社会因素的影响下，男孩和女孩在许多方面表现出不同的成长轨迹。

社会学习理论则认为，直接强化法、模仿和观察性学习是男女儿童获得性别定型性行为的基础。首先是社会群体中的成员对男孩和女孩的行为进行有区别的强化、奖赏和惩罚。比如，当女孩做出"女性行为"时，成人会给予积极的强化、奖赏，而当她做出"男性行为"时，会遭到阻止、禁止或批评，即受到消极的强化。如此一来，男孩女孩的行为表现受到了不同的对待，儿童便由此开始产生并形成了最初的性别刻板印象。其次是儿童的模仿行为。持此种观点的研究者认为，儿童往往模仿与自己同性的父亲或母亲，以及其他成人，同性模仿模式使性别刻板印象进一步深化。此外，儿童还通过观察学习同性成人的行为来获取一定的性别定型模式。由此可知，社会学习理论更强调性别角色发展中的社会和文化因素在塑造性别定型性行为中的重要作用。

认知发生理论认为，性别角色学习在本质上是认知发展的一个方面，儿童是通过学习一套男女行为准则来获得性别恒常性概念，以此规行矩步，并逐渐实现对性别定型性行为的塑造的。该理论认为，儿童对性别的认知开始于两岁左右，在此之前，儿童对自我与客体世界是不能做出明确的区分的。两岁以后，随着其运动、思维以及语言能力的提高和发展，儿童逐渐明白自己是男孩还是女孩，但这种认识是非常表面的。从四五岁开始，儿童不仅能认识自己的性别，还能区分其他人的性别，并且在游戏时开始喜欢参与同性别群体的游戏，同时，他们认为性别是随着服装、行为的变化而改变的；直到 7 岁左右，儿童才开始获得性别恒常的概念，即完全认识到性别不会随外在因素的改变而改变；儿童进入学龄期后，生活的重心开始从家庭转移到社会，学校、家庭中的性别差异影响会逐渐被儿童接受，并在一定程度上被儿童内化，最终影响儿童对性别角色行为的采纳。①

20 世纪 70 年代，女性学研究者提出了社会性别理论，系统地对传统的性别先天形成理论进行了彻底的否定和批判。其核心观点是：人的性别可分为生理性别和社会性别，前者指男女天生的生理差异，后者则是指由社会性别制度和代表它的社会性别文化后天建构成的男女之间在群体特征、行为方式、职业分工和社会地位等方面的社会差异或不平等，如，男刚女柔、男优女劣、男尊女卑、男强女弱、男外女内、男主女从等等；性是与生俱来、恒定不变的；性别则是社会的，是可以构建的。女性主义的心理学则认为，人的自我发展中包括了性别角色的社会化，“性别角色的发展是人们凭据自己的性特征获得特定文化中的性别角色特征的过程，它构成了人的社会化过程中一个十分重要并延续终身的内容。”②

1981 年，马丁和哈文森提出的性别图式理论则指出：儿童

① 刘金花：《儿童发展心理学》，上海：华东师范大学出版社，2001 年，第 342 页。

② 周晓虹：《现代社会心理学——多维视野中的社会行为研究》，上海：上海人民出版社，1997 年，第 154 页。

在建立了基本的性别统一性这个目标之后，就开始获得了性别图式。性别图式是系统化的一套关于男性和女性的观点和期望，它会影响儿童的信息加工模式。例如，一个获得基本性别统一性的女性，会参加一些安静、稳重的活动，因为她是女孩，其行为应该与她的自我概念相符，那么，安静的活动就成为自身性别图式的一部分。性别图式理论与女性学习理论类似，旗帜鲜明地强调社会性因素在性别差异形成中的重要作用。

二、八连的生、养育习俗与性别角色教育

八连人的生、养育习俗寄托了特定家庭对子女的期望，表现出较明显的性别角色期待，是一种潜移默化的性向教育，有利于儿童的社会性别角色塑造。这种性别角色承载着八连村民所认同的关于男性、女性的性别角色特征，而这种性别角色的实现就是将一个自然人培养为当地社会共同体所认同的社会人的重要内容。

事实上，民俗文化正是通过生育和养育习俗、少儿交往习俗、游戏、人生礼仪等习俗，促使儿童逐渐产生并形成自己的社会性别意识，并在儿童的成长过程中，通过一系列的习俗规范教育，巩固和强化已经形成的社会性别观念的。而基于性别的劳动分工教育，又促使他（她）们在获得谋求生存知识、技能的同时，接受并内化了传统的社会性别角色分工意识和观念。由此，社会性别制度便在家庭领域经过初级社会化，通过家庭教育和社区教育这一形式，不断地向后代灌输和巩固着传统的社会性别意识。

家庭性别教育是在家庭生活中，由家长，即家里的长者（在民族地区，主要是指父母和祖父母）对其子女形成性别角色所实施的教育和影响。①

① 邓佐君：《家庭教育学》，福州：福建教育出版社，1995年，第7页。

性别角色的形成是个体社会化的重要组成部分，对其人格的全面发展具有重要意义。

在八连这样的多民族村寨，家庭是个体最初接触到的社会团体，家庭教育比学校教育具有更广阔的教育范围和丰富的教育内容。教会儿童如何成为“男孩”或“女孩”的性别教育至今仍然是当地家庭教育的重要内容。而且，这些教育内容对个体早期性别角色的形成具有重要的影响。

个体性别角色的形成往往要经历一个漫长而复杂的过程。发展心理学的大量研究成果表明，个体在幼年时期就开始分别向“男性化”或“女性化”方面分化，并在幼儿时期就表现出了性别定向的趋势；而性别定向是个体性别角色形成的重要前提条件，它关系到个体性别角色发展的方向。在学术界，虽然关于个体性别角色形成的各种理论在某些方面还存在分歧，但他们都认为个体的性别定向不是先天具有的，而是后大学习的结果。并且确信无疑地指出，在这一学习过程中，父母起着不容忽视的重要作用。因为家长本身的男、女性别角色的扮演就是影响个体性别角色形成的活教材。①

由于男女的社会分工不同，社会对男女性别角色的规定与期望也不同。八连人对男女性别角色的规定和期望，充分体现在他们的儿童养育方式上，以及当地的生、养育习俗中。八连村民对胎盘的处置习俗就是其中典型的一例。

在医学上，对胎盘是这样定义的：胎盘是由母体组织及胎盘组织共同构成，由胎盘的绒毛膜和子宫底蜕膜所构成的胎儿与母体间联系的通道。胎盘与子宫壁的血窦紧贴，通过渗透作用使母体与胎儿间进行物质交换，以维持胎儿在母体内的正常生长发

---

①　陈兰萍：《幼儿性别角色的形成与早期家庭教育的关系》，载《渭南师专学报》（社会科学版），1997 年，第 2 期。

育。其主要功能有：代谢功能——从母体血液循环中吸取并供给胎儿各种营养物质，进行气体交换，排除胎儿的代谢产物；防御功能——胎盘构成一道天然屏障，使某些种类的细菌、原虫、大分子的药物等等对胎儿发育不利的有害物质，不能从母体通过胎盘进入胎儿体内；内分泌功能——胎盘能分泌各种激素，合成对胎儿生长发育起重要作用的特殊的酶，参与胎儿和母体内的各种代谢活动。

当胎儿在母体内日趋成熟，胎盘也就逐渐完成了它的使命，其供养功能逐渐减弱，不能再供给胎儿足够的营养和氧气。如果过期妊娠，在胎盘的功能严重衰退的情况下，胎儿则有可能会在子宫内窒息死亡。

从以上介绍可知，胎盘就是母体内胎儿的保护神。正常的情形是，当胎儿从母体内娩出后，胎盘即从子宫脱落，从阴户排出。

八连人对胎盘的认识则是从感觉出发，并根据经验性和联想性的推断来解释胎盘与婴儿的关系的。村民们认为胎盘是胎儿的一部分，虽然与胎儿分离了，但仍然有看不见、摸不着的联系。换一种说法，即人们认为婴儿的胎盘是富有灵性的东西，所以不能乱扔，更不能让人或野兽吃掉。在当地，即便是耕牛的胎盘也要挂到高高的树上（村民们相信只有这样做了，小牛才能顺利长大；成长过程中才会少生病，才不会发上意外；耕牛长大后，脾气才温顺、好使唤），更何况是自家婴儿的胎盘。因此，在处理婴儿的胎盘时就有了许多的讲究：掩埋时，先要在挖出来的小坑内垫些纸、布之类的东西之后，再将胎盘放入坑内；胎盘口必须朝上（否则，孩子容易溢奶）；为防止小虫糟蹋胎盘，每天要往泥土中倒入两三次开水，直到婴儿满月为止。婴儿的性别不同，掩埋胎盘的地点也不同。男孩的胎盘掩埋在室内堂屋里的中柱脚附近；女孩的胎盘则埋在产妇卧室外的侧柱脚近旁；死婴的胎盘必须拿到菜园里或山坡上去埋葬。

从对胎盘的处置方式可以感知和发现，在八连，孩子从出生的那一刻起，社区习俗文化，特别是当地的生、养育习俗，就开始对他们“男女有别”地“区别对待了”。男女婴胎盘的不同掩埋地点有深刻而丰富的含义：中柱脚和侧柱下——有明显的主、次秩序之分；屋里屋外——其含义更是直白明了，即男孩是“家头人”、女孩是“外头人”（村民们的解释是：男孩大了守家，所以把男孩的胎盘埋于中柱旁；女孩长大后要嫁人，因此女孩的胎盘要埋在屋子外面）。而所有这些，是从孩子出生的那一刻起就被当地的习俗文化规定好了的。

事实上，人们对胎盘处置方式的寓意十分明白：一方面是希望男孩长大以后，能够成为家里的顶梁柱；另一方面，房屋的中柱不仅是一根顶梁柱，而且是一根神柱，因为它同时支撑着产妇的卧室和供奉祖宗的堂屋。把男孩的胎盘埋在中柱脚下，就是希望他长大成人后能接掌门户、延续香火，为父母们养老送终。将女孩的胎盘埋于屋外，是因为正常情况下，女孩要出嫁到别人家去生活（有人认为这是重男轻女观念作祟的结果，笔者不认同这种观点，认为这只不过是一种希冀、一种祝福，因为女孩能够顺利出嫁，被别的家族接纳，拥有自己的家庭、拥有自己的生活，是一种常态，是一种幸福，反之，则是一种不正常的情况，是一种不幸）。

从这个意义上看，胎盘处置方式具有明显的性别角色期望倾向，是一种社会性别角色意识的教育，以及两性社会化内容的教育。

八连人的这些行为在人类学家看来是一种宗教观念的具体体现。弗雷泽的《金枝》中就有大量的篇幅论述脐带的宗教寓意。他写道：“除了头发、牙齿之外，脐带和胞衣也普遍被认为在割断与人身的联系后，仍保留它与人身之间的交感联系。”① 他同时还列举了很多例子来解释这一论点。如，切罗基人的习俗是，为了使生下来的女婴长大后能成为一个制作玉米面包的行家里手，就将她的胎盘埋在一个玉米臼底下；为了让一个男孩长大后能成为武艺高强的猎手，便将他的胎盘挂到森林中的一棵树上。又如，在古代墨西哥的土著人那里，人们要把男孩的脐带（胎盘组织的一部分）交给士兵，托付他把脐带埋到战地，希望这种行为能促使这个男孩因此获得战斗的激情；女孩的胎盘则必须埋在炉灶的旁边，据信这样一来就可以激励她热爱家庭和善于烹调。这些习俗表明，世界上有很多民族的民众相信胎盘与人的未来生活会有必然的联系。八连人对胎盘的处置方式也体现出这种交感意识，它表达出八连人希望通过对孩子胎盘的精心处置，能促使孩子健康成长、人生顺利的良好愿望。同时，难以否认的一点是：生育习俗中包含着潜在的性向教育内容——“守家”的男孩和要“外嫁”的女孩是有区别的。

村民们询问新生婴儿性别时的用语为：“是读书的”（男孩）还是“掏猪菜的（女孩）”。

到孩子开始学习认识东西时，人们会教他们了解男女衣着的区别：“姑娘穿花椏椏，崽崽不穿花椏椏，崽崽要穿解放军的衣裳。”（女孩穿花衣服，男孩不穿花衣服，男孩要穿和军人一样的服装）。

待孩子走稳、能跑，参加做游戏时，女孩子们被禁止做骑马游戏（骑马游戏有两种：一人四肢着地，在地上爬动，另一人骑在背上；胯下拖着一根 1 米左右长的棍子跑跳的游戏）。如果有不懂事的小女孩模仿男孩做骑马游戏，会即刻被禁止、遭训斥

① 詹·乔·弗雷泽著，徐育新等译：《金枝》（上），北京：中国民间文艺出版社，1987 年，第 60 页。

道："姑娘！姑娘！哪准去做那个?!"（即：女孩子，绝对不允许做这样的游戏!）。

背着腰箩抓鱼摸虾，是春夏季节里男孩子们的最爱，如果有女孩跟着去，也会被制止或被男孩子们哄笑（女孩们可以结伴单独行动）。

在树上爬上跳下，也是男孩子们的专利，如果女孩跟着爬树登高，会被认为是"疯叉叉的"、"没有姑娘样"、"不成体统"……

村民们期望将女孩培养成善良能干、阳光开朗、善解人意、善于与人合作，能入乡随俗（因为女孩最终要出嫁），能与姑嫂妯娌、左邻右舍、婆家所属村寨的"寨头人"（寨子里的所有人）和睦相处的女性。因此，鼓励孩子多交朋友，并以实际行动支持孩子间的同伴（仅限于同性同伴）交往行为：在节日庆典和农闲时节，真诚、热情地欢迎孩子的朋友到家里来玩耍，也鼓励孩子到同伴家里去玩耍；同伴们可以在对方家里逗留数日，但不允许只顾玩耍不做事情，最好是一边玩耍一边帮对方家庭做力所能及的家务活或农活。村里人还鼓励孩子"认姨妈姊妹"和"打伙计"（密友交往的一种方式，两个人关系非常融洽、亲密，希望永久保持这种关系，便相互认作"姨妈"或"伙计"。在各种礼俗上，"姨妈"、"伙计"间会有与一般朋友不一样的交往表现，以显示两人或两家人特殊的亲密关系）。在村民们的观念里，孩子朋友多，是孩子性情好、性格随和的结果。而且，他们认为这些素质是孩子成人后与人交往、独立支撑家庭的基础素质。

八连村民对孩子性别形成的期待也充分体现在当地的不少谚语中——"子孙出外家"（其意为：母亲的素质决定孩子的素质；孩子将来是否能干，看看孩子的外公外婆、舅舅姨妈就能够做出大致的推断）、"单（父亲）衰衰一个，娘衰衰一窝"（即：母亲的素质决定孩子的素质；父亲不能干的话，孩子中可能会有一两个不是很能干；如果母亲不能干的话，家中的所有孩子都有不能干的可能)。

分工制度是性别制度的具体表现，它是对不同社会性别的成员在生产和家务劳动上的安排。现在，八连的很多家庭仍然是男主外、女主内的性别分工模式（“外”在这里指的是公共领域，“内”指的是私有领域)，因此，在八连，如果男孩子愿意，他们可以学习做诸如煮饭、洗衣服等等家务劳动，但不是必须；而女孩子则必须学会做所有家务：掏菜（到菜地里选摘蔬菜)、洗菜、切菜、炒菜、煮饭、掏猪菜（即，打猪菜——从菜地里选摘或到山上采摘)、砍猪菜（剁猪菜)、煮猪菜、喂猪、扫地、擦桌子、洗衣服、归置屋子、种地（种植杂粮、蔬菜，以及一些经济类植物)，等等。村民们常常用开玩笑的口气“要挟”女孩儿道：姑娘家，不学会做这些，以后会嫁不出去的。

以上活计，对于女孩来说，不仅要求会做，而且强调必须麻利、干练，即快速高效地完成。因为每个家庭每天都有如此之多的家务、农活需要完成，如果不学会诸如一边做饭，一边兼做其他——如扫地、擦桌子、归置屋子、洗衣服等等的话，就将会出现因为“劳动效率”低下而事事落在其他人后面的尴尬局面。因此，当地习俗要求女孩儿必须学会熟练、干净、利索，即高效率、高质量地完成女人们“应该会做”的活计。不仅如此，习俗还要求女孩儿要尽可能多地、熟练地掌握男孩儿必须学会做的杂活，如上山要柴（砍柴)、花柴（劈柴)、割草等重活。

祖辈传下来的规矩、习俗整合和规范着社会全体成员的行为，也无声地传递着传统的社会性别观念。这具体表现在日常生活中，对女性有着更多的规范和要求。如妇女和晚辈不能随便从老人面前走过；家里来了客人，家庭主妇要一边吃饭一边为客人添饭、加菜；女性在火笼边、灶门口劳作需要蹲下或坐着时，要双膝并拢，侧对火塘和灶门，等等。

在八连，通过诸如此类的习俗教育和习俗学习，孩子们逐渐学会了类别行为准则（很明显，这些准则和标准因性别的不同而异）；通过习俗文化的传承教育，孩子们对自己基于不同性别的角色分配有了一定的认识；而按照传统性别分工的生产、生活习俗教育，又使得他（她）们在真正意义上获得了传统的社会性别角色。也就是说，在八连这样的社区里，从孩子诞生之时起，直至在孩子成长的整个过程中，种种习俗会将不同性别角色的文化信息不断地传递给成长中的男女两性，促使他（她）们在自觉或不自觉中逐渐学会接受社会性别对两性角色的安排。

三、八连的生育习俗与女性教育

八连人重视子嗣，认为怀孕是一件喜事，俗称“害喜了”。已婚妇女如果出现困倦、疲乏、恶心等症状，寨子里的妇女们会根据经验（通过询问月经周期和观察面容等）给予判断。如被断定为怀孕了，习俗要求夫妻应即刻分室而居，直至孩子出生满月后方可同房。另外，在从事高强度劳动方面，以及休息、饮食、卫生等方面，都有特别需要注意的事项。家人也会在日常生活上给予适当的优待和关怀。

妇女在怀孕期间，除被提醒不能挑抬、背负重物，不能做繁重的体力活外，还得“忌脚、忌口”。

“忌脚”：即不能去自己平时就感到害怕、不敢出入的地方；除非万不得已，不要出远门；村子里有红白喜事时，可以前去参加，但忌讳触摸新娘的嫁妆、忌讳观看新娘进门或出门、不能当送亲（不能把新娘由娘家送到新郎家）；可以到办丧事的人家去帮忙，但要求远离寿衣、尸体、棺材，不能送葬；不能跨越拴牛马的绳子，等等。

“忌口”：不能吃生姜、猪蹄子、鸡爪子、母猪肉、羊肉，不能喝酒。

总之，凡事都得特别谨慎、小心，以防流产，或生下死胎、怪胎（畸形儿）。

八连的习俗是妇女只能在自己家中，而且只能在自己的卧室里生产，只有在出现难产症状时，才不得不将产妇送去医院。村里没有专门的接生婆，通常只由婆婆、妯娌或者村里两三位有经验的妇女前往产妇家进行助产。生产通常都是悄悄进行的，除产妇的丈夫外，妇女们基本上不会告诉任何男人某位妇女临盆的事，男人们该干什么就去干什么，即使知道了，也应装着不知道的样子，不能随便探问产妇的情况，更不能在知情的情况下随意走进产妇家里。产妇的丈夫可以留在家里帮忙，但不能出入产房，更不允许守候在产妇身边。

婴儿生下来后，前来助产的妇女们会协助产妇使用经过大火烧烤消过毒的剪刀或竹片割断脐带（生产时，如果没有其他人在场，则由产妇自己割断脐带），用烧开后放至温度适宜的温水将婴儿洗干净，用母亲的旧内衣将其包好，再用早已准备好的长宽约一米的四四方方的“毛片”裹上，用小布条轻轻捆扎好，放在母亲身边。

婴儿出生剪断脐带后，要在住屋内挖洞将胎盘掩埋。埋胎盘十分讲究，先要在洞中垫些纸、布之类的东西，再将胎盘放入洞中，要求胎盘口必须朝上（否则，孩子容易溢奶），盖上泥土。为防止小虫糟蹋胎盘，每天要往泥土中倒入两三次开水，直到婴儿满月为止。婴儿的性别不同，埋置胎盘的地点也不同。男孩的胎盘埋在室内堂屋里的中柱脚附近，女孩的胎盘则埋在产妇卧室外的侧柱脚附近，死婴的胎盘只能埋到自家菜园里的某个角落。

孩子降生后，第一个进屋的人（除去自己家里的人）叫“踩生”。产妇家人要请“踩生”吃饭，否则，以后孩子总是见到吃的就想吃，总是“吃不饱”。

孩子出生后的第三天叫“喜三”（“洗三”）。一般情况下，产妇的母亲会前来参加。这天，要用“百草药”（主要是艾叶，外加一些野菜、野草）熬水给孩子洗澡，象征性地剪掉孩子的一些头发和眉毛（扔到火里烧掉），给孩子穿上衣裤。里层的上衣一定得是哥哥姐姐或其他孩子穿过的旧衣物，不能是新的。村民们对这种习俗的解释是：这样做的目的是为避免孩子长大后“贪心”（“贪心”在当地汉语里的意思是指不守规则地占别人便宜的行为）。当地人认为如果第一次穿衣服时，第一层穿的是新衣服的话，孩子长大后会非常“贪新”（贪心）。

另外，“洗三”这一天必须做（不能不做）的一件事情是给孩子“包手”（把孩子的胳膊给“包”起来），即把孩子的胳膊弄直后，用布片包裹好，不让孩子把手臂随意放到布片的外面。村民们认为只有这样做了，孩子长大后才有自控力，才不会总是不在意他人的意愿、情绪、好恶，随便触碰别人的东西，做不该做的事，或做让人讨厌的事。当地有句骂喜爱随便触碰、损坏他人物品的孩子的话是：“月子里，你妈没给你包手！”这句话的深层含义其实是：你是个“缺少家教的野种！”。

产妇的母亲洗三这天要用四角篮装着鸡蛋、醪糟等礼物前来探望女儿，盛礼物的竹篮里要放置一只鲜红的干辣椒和用红纸条拴着的几根小葱。

孩子出生后一个月内，产妇被要求尽量只在自己卧室及卧室外的一间屋里单独活动、休息。家里的男性——公公、夫兄、夫弟，特别是村里的男人们，应尽量避免与产妇照面；当地习俗不允许丈夫以外的男人随便进入产妇的活动空间（卧室及卧室外的那间屋子）。妇女和小孩则不受任何限制，可以随便进出母婴卧室等母婴活动的空间。

不论是炎热的夏季，还是寒冷的隆冬，产妇都被要求用一匹花毛巾捆扎在头上，村民们相信这样做可以避免患“头风”病（头痛病）。

产妇与家人分开饮食，其饮食由产妇自己单独制作，要求忌辛辣，要清淡、酥软。

月子里，产妇的衣物及婴儿的衣裤、尿布，不能拿到村里人平常洗涤衣物的地方或其上游去洗涤，尤其不能拿到水井边接近出水口的地方去洗涤，因为那样做会得罪龙王爷的。村民们认为“被得罪的龙王爷生气后”会让水井干枯，或让山洪暴发，或引发泥石流，或者让产妇、婴儿生病，等等。

孩子出生后的一个月内，不管是产妇还是孩子，都不能进出别人家房屋。

婴儿出生满月时，外婆家要邀约亲戚、寨邻前去庆贺，即办满月酒，第一个孩子要大办，亲戚朋友多的人家可能要办几十桌。娘家，以及娘家一边的亲戚朋友多送背带、毛片、披风、衣物、床单、被子、婴儿车、童车等等；男方一边的亲戚、寨邻多送大米和人民币。

孩子满月后数日内，产妇必须背孩子到外婆家去走一趟，返回夫家时，外婆家要（必须）送“花”（两小束塑料花和一捆36支用红纸做的“花束”）。回家后，两束塑料花要插到神龛上，那捆36枝的花束则插到母子（女）两人睡觉的床头。外婆家还要送给孩子煮熟、染红的鸡蛋；要用颜料将孩子的脸蛋染红，在孩子的脑门上抹一点黑色的灶灰，说一些祝福孩子健康、平安、快快长大之类的话。

孩子满月前，由产妇一人喂养、照顾，奶奶、外婆、相好的邻里妇女们提供指导（从前的习俗是月子里夫妻分室而居；丈夫既不负责照顾产妇，也不分担照顾孩子的责任）；丈夫不会因为妻子生产而改变自己的劳作日程，体贴的丈夫会在妻子生产后的头几天帮忙料理一些家务——做饭、喂猪、喂牛，扫地等等，但不做洗尿布、洗衣物之类的事情。妇女生产后至满月前，不做挑水等重活；但产妇得一边照顾孩子，一边完成家里的轻体力劳动；孩子满月前，除了喂食、换尿布时抱着哄哄外，其他时间都放在床上睡觉；不能背、抱满月前的孩子出门；产妇外出洗衣物时，可将孩子搁在床上，托人帮忙照应，但更多的时候是速去速回，自己照看，不麻烦其他人。

孩子满月后，产妇即可以像其他妇女那样参加生产活动，像正常人那样不受禁忌约束地生活；可以将孩子用背带背在背上后从事各种劳作（未满月的孩子只能抱着）。

满月后的养育，必须按祖辈传下的规矩：让孩子始终处在有监护能力的人的视线或听觉能及的范围内。为此，白天的多数时间里，多用背带将孩子背在身后；喂食时，抱着说一会儿话；在家劳作时，孩子睡着了，可将其放到床上或“坐车”（为孩子特制的能坐、能靠、能站、能放置简单玩具和食物的养育工具——一种没有轮子的童车）里睡一会儿；添加辅食前，大多数时候由母亲带着，母亲做重体力活时，由奶奶等人帮忙照顾。

从满月那天起直到孩子长到六七个月能坐立这段期间，也就是说，六七个月以前的孩子，一般都是从母亲起床时开始，直至晚上上床休息为止的白天的所有时间里，几乎都是被母亲或其他人背在背上。只有在夏天很热的时候，在孩子睡着时，在家里有大人的情况下，才将孩子放在床上睡上一会儿。

孩子能够坐立后，白天，在家里有人的情况下，在孩子熟睡或醒着的时间里，只要孩子不是很吵闹，通常都会被放到“坐车”里。这样的情况一直要持续到孩子学会走路为止。

母乳喂养时间的长短没有固定的标准，一般是直至产妇不再产乳为止。添加辅食的时间有早有晚，基本原则是母乳量不足时，就开始添加辅食。极个别的孩子生下来没有几天就开始进食辅食。

当地最为流行的基本辅助食品是大米制品。三个月以前的孩子的辅助食品是将大米浸泡数小时后，完全捣碎成浆，熬制成米浆或米糊糊，加白糖喂养；四五个月到七八个月大小的孩子，主要吃熬得很烂的稀饭；九十个月至牙齿出全前的孩子，用煮得很软、容易嚼碎的米饭和蔬菜喂养；牙齿出全后的孩子，饮食与大人相同。

婴幼儿期的主要任务是要让孩子学会说话（语言教育）和学会走路。

有奶奶的人家，孩子断奶后，晚上一般就开始和奶奶睡在一起。男孩一般在五六岁时与奶奶分床而睡，女孩则到八九岁，有的十一二岁还和奶奶同住一屋同睡一床。

看护婴幼儿的时间（这里指多数家庭的一般情况）：

0岁—断奶前。晚上，和母亲同睡在一张床上；白天，看护婴幼儿时间多少的顺序依次为：母亲、奶奶、姐姐（如果有姐姐的话）、爷爷、父亲、其他人。

断奶后—二三岁期间。晚上，一般跟奶奶住在一起（少数跟爷爷同住）；白天，与婴幼儿相处时间多少的顺序依次为：奶奶、姐姐（如果有姐姐的话）、母亲、爷爷、父亲、其他人。

二三岁—六七岁期间。晚上，一般跟奶奶住在一起（少数跟爷爷同住）；白天，与孩子相处时间多少的顺序依次为：姐姐（如果有姐姐的话）、同龄人、奶奶、母亲、爷爷、父亲、其他人。

六七岁—十六七岁期间。晚上，自己单独居住，少数女孩跟奶奶住在一起；白天，与孩子相处时间多少的顺序依次为：同学、奶奶、母亲、爷爷、父亲、其他人。

八连人的这些生、养育习俗包含着充分的教育内涵，其中最主要的内容是针对女性的——如何做母亲，如何学习做母亲的本领等等，习俗都给予了全面完整的展示。

八连人的生育及养育习俗，将教育空间拓展至生命的孕育及诞生的全过程中，拓展到对人的生命成长及生命价值的关注上，并且提供给教育有关生命价值取向的独特资源。使这一部分的教育与孩子生命成长的初始阶段紧密相连。同时，生、养育习俗中的教育将教育与生、养育礼俗融为一体，提供给教育独特的教育内容和教育形式。

众所周知，刚出生的婴幼儿缺乏自我进食、自我服务的能力，其生存所需的一切条件，包括每日必须的营养物质，都得由负责养育的成年人来提供。什么时候喂食、喂什么、喂多少，均由抚育人根据具体情况做出安排，而且多是遵循成年人所处的社会文化规范来安排。

八连人对于刚出生的婴儿所普遍采取的喂养方式是完全的母乳喂养。儿童母乳喂养率达到100%。母乳喂养除了能为婴儿健康的生理发育提供良好的物质来源外，对于推动婴儿的社会化过程和促进其健康的心理发展也颇有益处。

相关研究成果表明，婴幼儿期是儿童个体心理素质、社会情感，以及社会技能萌芽的重要阶段，这一时期的抚育方式，以及婴幼儿所处的生存和生活环境，对其性格的形成，及其一生的发展有着重大的影响。这个时期，由于婴幼儿的身体素质、躯体机能所具有的特点，其活动内容基本上只是局限在睡眠、吃喝、排泄、抓握、爬行、站立等方面。通过这些生理活动，婴幼儿对听到、看见、触摸到、感觉到的环境产生了初步的心理反应，如好奇、安全感、信任等。成年人则通过喂养、看护等活动，培养、训练他们的基本生活技能、认识周围的人和物，培养他们形成良好的心理素质，即，成人依据社会环境和社会规范对婴幼儿的原始需要与生物本能加以有目的的干预，以避免使他们形成妨碍他人和社会的行为习惯。而母乳喂养在这方面有其独特的优越性，它不仅为婴儿的身体发育和身体健康提供了有利、有力的保障——这是婴儿开始社会化的最基本的前提，而且为母婴互动创造了极为有利的条件。这种互动是婴儿出生后最初的情感交流，它不仅包括母婴身体的接触、物质的给予，而且还包含着亲情的传递和表达以及技能教化等等，具有丰富的心理和社会文化内涵。所有这一切唯母婴间独有的天然联系，以及母亲作为婴儿当时与未来重要他人的独特性结合，使得母乳喂养对婴儿社会化具有十分重要的意义。

国外最新的研究成果显示，母乳喂养时间超过一年的孩子，其在观察力、辨别能力、阅读能力、理解、数学等能力方面都比吃母乳时间短的孩子强。少吃母乳的婴儿，智能和动作发展都较为逊色。

总之，母乳喂养对于婴儿智力的发展，以及培养婴儿积极的社会情感、初步的社会意识与能力、基本的生存和生活技能、良好的人格等方面都具有极其重要的积极作用。

与生育有关的禁忌，婚礼上的“要花”、“添喜”仪式、婚后较长时间内不孕不育时的“做桥”促生，以及其他用语言、唱词、用象征生育的物品和行为祈求子嗣等习俗，都具有相同的目的——求子护生。这些习俗同时也反映出人们对生育现象的主观认识，即人们相信在生育的背后存在着超自然的主宰人类生育的神秘力量。“要花”、“添喜”、“做桥”等等习俗是以积极的态度对待神秘力量，行为主体的作用是希望通过一定的仪式化不利为有利。如果婚后多年不育，或多胎不生男孩，就意味着“花根”，或者“男花根”还在娘家，需要通过“做桥”仪式请花婆（生育神）将象征生育能力或寓意生育男孩能力的“花”护送到男方家来。因为人们相信类似生育的行为可以导致生育的结果，所以就做一些模拟生育的巫术。尽管这些行为中含有对神秘力量的绝对信任感和依赖感，仪式的基础都是建立在“极端感觉论”，以及直观推论的虚妄观念之上，但行为主体的积极态度却是显而易见和不能忽视的。

生育禁忌的心理基础是对未知的担忧和恐惧，这类禁忌的本质特征是用约束自己、限制自己的行为方式达到使神秘力量满意，即使用“消极”的行为方式达到减轻、化解或消除忧虑和恐惧感。虽然随着现代医疗技术的发达和医学观念的传播，已经有越来越多的人逐渐相信医学，但是，医学发展的局限性以及许多或许是人为因素导致的不确定性，等等，仍然让人难以完全消除心中的某些担忧和恐惧，致使生育禁忌同其他一些宗教信仰一样，至今仍具有存在的深厚土壤和特殊价值。

禁止孕妇回娘家分娩。他们认为出嫁的闺女已经属于夫家的人，再到娘家分娩，不合情理，还会因分娩的血污、秽气给娘家带来“血光之灾”。禁止把孩子生在别人家的建筑里。人们认为把孩子生在外姓人家里，不仅会把该人家的福气冲走，而且还会给这家人带来一个接一个的灾难。如果万一来不及赶回丈夫家里生产，只能选择到集体共有的山上、河沟边生产（别人家的菜地、园子，甚至责任田等有户主的地方，也禁止生产）。如果不慎将孩子生在夫家以外的其他人家的建筑里，则要由夫家破费数千元，甚至上万元购买各种材料，请巫师为该户人家举行“扫家”仪式，否则，将会无法结束因此而引起的口舌和纷争。这些禁忌的起源或许可以追溯到至晚奴隶社会的初期，即人们把人口当成一种财富，当成创造剩余价值工具的时代。

围产期禁忌的主要功能是为了保护母婴健康，减少人口的死亡。八连人的生育习俗中的一些禁忌具有科学性和积极意义。孕期里的禁忌，如禁止夫妇同房，禁止孕妇跨越拴牛马的绳索，禁止观看新娘出门、进门，禁止触碰“老衣”（寿衣），禁止观看出殡仪式，禁止孕妇出远门，禁止孕妇当送亲等。之所以这样，是为了避免孕妇触景生情，影响情绪，为了保障孕妇情绪平稳、心态平和和保全婴儿不流产、不早产，从而达到孕育健康、健全婴儿的目的。

八连妇女产后（包括新生儿）的一个月里，其活动空间被习俗限定在一定的范围内，如月子里不允许产妇上别人家，不准将婴儿抱出屋子、抱到别人家里，以及不允许产妇吃辣椒等辛辣食品，不允许吃口味很重（放盐很多）的食品和烟熏、腌制食品等等禁忌和习俗，与现代妇幼保健知识的理念基本一致，是一种科学合理的妇幼保健知识。因为刚生完孩子的妇女身体相对虚弱，对各种疾病的抵抗力较常人低下，而新生儿幼小、稚嫩，抗病能力最弱，最容易受到病菌的感染和攻击。此间的各种禁规、禁忌，对产妇、婴儿具有保护作用，能减少疾病的感染，有利于产妇恢复健康，有利于婴儿的健康成长。

禁规、禁忌是一种神圣化了的习惯法，它有时被赋予了超自然的神秘力量，具有不可违抗性。生育禁忌贯穿于八连妇女的一生，如：女人、甚至女孩，不能同时坐在两条凳子或两把椅子的交界处，如果触犯，将会招致孕产双胞胎的嫌疑（当地人认为生育双胞胎是不正常的事情，应竭力避免孕育双胞胎）。虽然许多禁忌具有明显非科学的象征性、联想性，但它的不可违抗性，使得当地人在维护母婴健康方面，有了习惯法的根本保证。这或许就是生育禁规、禁忌的真正价值所在。

在宗教教育中，如果说崇敬和崇拜的感情是在于唤起人们的追求、欲望、信任，是让人“在自己身上发现一种肯定力量，一种不是禁止而是激励和追求的力量”[①]，那么，禁忌则恰好相反，它不是要求人们积极地模仿，而是消极地服从——这类似于一种盲目的、强迫的纪律教育。尽管如此，禁忌对生活共同体成员的共同观念以及道德行为规范的形成，具有不可忽视的积极

① 恩斯特·卡西尔著，甘阳译：《人论》，上海：上海译文出版社，1985年，第135页。

意义。[①]

"事实上，那些东西在某种意义上并不是危险的，把它们看作危险物的信仰是不合理的。然而，如果那时不存在那种信仰，那么也就没有现在的道德，从而也没有文明……这种信仰确是一种谬误……但是，这种谬误仍是一个护套，包藏并保护着一个就要开花并结出无价之果的胚胎——社会契约的胚胎。"杰文斯在《宗教史引论》中的这段关于禁忌的言辞，概括地指出了禁忌这种独特的教育形式对促进社会稳定、社会和谐和发展的重要意义。

生育禁忌这种独特的教育形式的主要特点在于它是以神圣的威慑力来迫使人们遵从某些古老的习俗，从教育人类学的角度来看，生育禁忌可谓一种独具特色的教材。

总之，八连人关于性别知识、妇女的责任和义务的习俗，是以社区成员的价值观念为中心形成的一套群体的行为准则和规范的一部分。这些准则和规范一经形成，就会对其成员产生一种制约力，影响该群体内部各成员的社会态度，促使其中的个体必须按照群体规范中蕴含的价值标准调整自己的思想和行为。以民俗文化的形式呈现出来的准则和规范这种以民俗文化体现出来的制约力主要体现为一种心理压力，某个成员一旦偏离群体准则和规范，就会受到群体中大多数成员的疏远和孤立，使之处于无所归属、无所依附的失落状态。由于这种原因，在村寨中形成的行为规范可以在很高的程度上起到制约该群体成员行为的作用，从而决定该群体成员的社会态度和行为习惯。村民内部的这种制约力，集中地表现在人们的积极性和责任感两个方面。而且，这种制约作用通常超过学校正式教育所提倡的榜样教育作用和主流文

① 张诗亚：《西南民族教育文化溯源》，上海：上海教育出版社，1994年，第152页。

化所推崇的价值观念。

第二节　八连的语言教育习俗

一、语言习得

关于人类脑功能的科学研究表明：脑神经细胞之间的连接，是由一种被学术界称为“突触”的物质承担的。新生儿离开母体之初，突触较少；但婴儿 6 个月大时，突触的数量会增加 7 倍多；孩子长到 2 岁左右时，其突触的数量达到最高峰值；儿童体内的每个神经细胞中平均拥有 15000 个突触，是成年人突触总数的一倍半左右，这种状况一般会持续到十一二岁。人脑的神经细胞在其生长的过程中始终遵循“用进废退”的基本原则，如果外部环境给予大脑的信息量过少、刺激不足，突触的数量就会逐渐由多变少，大脑的发育成长就会受到影响，人的记忆、思维、推理等智力水平的发展就会受到限制。3 岁前的儿童的大脑处在突触生长的顶峰期，此间是儿童习得语言的最佳时期，而且语言的学习过程反过来又能有效地刺激神经突触的发育和生长。

早在 20 世纪 60 年代，英国学者戴维·林伯尔就研究发现了人脑“关键期”现象，提出了人脑发育“关键期”学说。戴维的研究认为：人脑的发育存在着不同功能迅速成长的一段特别时期，即特别重要、需要特别重视的“关键期”；如果错过了这一时期，人脑的某种功能的组建和相关能力的发展就会受到影响；0—5 岁是人类大脑生长发育的关键期，这一时期，来自父辈的遗传基因，以及儿童所生活的环境的相互作用，能促使大脑功能模块的构建过程渐趋完善。①

著名学者蒙特梭利也在其论著《生命重要的前三年》中指出：人类母体内的胎儿，在其6—7个月左右时，两只耳朵就已经完全发育成熟，可以听到母亲的心跳以及来自母体外的声响了。因此，刚出生的婴儿大多都能分辨出母亲的声音，而且，婴儿从出生的第一天起，就能对声响、语言信号等做出反应，就开始了语言的学习。人脑细胞是通过生长环境中的所闻、所见的刺激来重复刻画印象的，其发育生长也是依赖这些刺激而获得的，而且，外部刺激直接影响到人类语言的发展，尤其是儿童语言能力的发展。在儿童智力发展所接受的外部刺激中，语言信号占据的比例最高。

相关研究成果还表明，儿童的语言发展要经历这样几个过程：第一阶段——学习发音、学会发声；第二阶段——理解语言，即明白话语的含义；第三阶段为语言表达阶段，即学会说话。因此，一些学者主张婴儿离开母体后（有的研究者甚至主张从怀孕后期开始），就应该不断地对孩子说话，和孩子交流，把语言信息留在孩子的大脑里；要尽可能多地给予婴幼儿丰富的语言刺激，并要耐心地鼓励、训练、引导婴幼儿学习发音，因为对于已经会说话的人来说，轻易就能脱口而出的简单的词、短语、句子，都是儿童获得和发展语言能力的基石。更为重要的是，这样做能够建立、巩固和加深孩子与家长之间的感情基础。

八连的婴幼儿养育习俗中，看护者初期（即孩子会行走之前，一般是在一岁半之前）的一些做法，如月子里就“教”孩子和来串门的寨邻“对话”，经常和孩子说话等做法非常符合科学原理，并且切合一些教育学家倡导的语言教育应该从孩子的出生

---

① 刘云艳、张大均：《脑科学、心理学与幼儿素质教育》，载《中国教育学刊》，2003年第7期。

之日开始的做法。

又如，八连的家长教婴幼儿说话或与婴幼儿交谈时，很少迎合他们的说话方式使用“孩儿体”，如把吃饭说成“饭饭”，把喝水说成“水水”，而是教给孩子完整的句子（简单句）。众多的调查研究结论认为，这种做法能极大地促进儿童智力的正常发展。尽管婴幼儿在习得语言时必须经历一个使用“孩儿体”的片断语阶段，但养育者与之交谈时刻意的模仿行为会延长儿童使用片断语的时间，会使儿童处于幼稚期的思维停滞不前，导致儿童智力发展迟缓。

但当孩子学会行走以后，八连的家长们的教育就远远地跟不上了。

会走后的孩子，一天中绝大多数的时间都是和同伴在一起，或者自己玩耍，和成年人的语言交流突然减少，接受成年人较丰富语言刺激和指导的机会变少。笔者认为这是导致当地不少孩子3岁左右才会使用完整的句子表达自己需求和情感的主要原因。

另外，在八连，现在电视机的家庭拥有率已经接近100%，孩子们从很小的时候开始就能够通过媒体接受到普通话教育，笔者的调查也证实了这样一点：虽然几乎所有的孩子都听得懂普通话，但是很少有孩子会使用普通话。当笔者用普通话与之交谈时，孩子们都是用当地话回答问题，在被要求使用普通话回答提问时，他们多是未开口说话就先害羞，不少孩子甚至为了避免使用普通话回答问题而迅速避开。这和八连人固守当地话，反对、排斥使用其他语言的习俗有极其密切的关系。

其实，学习普通话、使用普通话是一个必然的趋势。而且，现如今的普通话教育并不要求养育者也必须会说一口流利的普通话不可，而只是仅仅需要养育者们创造一个学习普通话的环境，即对孩子学说普通话的行为进行适当的鼓励和引导即可。模仿能力极强的孩子足可以通过电视、广播、收音机等媒介自己学习，自己进行比对和矫正。这种做法不但能节约教育成本和时间，对全国范围内普通话的推广起到积极的促进作用，更为重要的是，这种做法有利于孩子将来的发展。

影响一个人前途和竞争力的重要因素是教育，推动人类社会进步发展的也是教育，教育的成败不仅仅是个人问题，更是关系一个民族、一个国家，甚至人类社会发展的重大问题。21世纪，谁重视教育、关注教育，谁就能拥有未来。教育是一件关系民族兴衰、国家强盛与否的大事。成功的早期教育将会为国家的教育事业节约大量的资源，加快整个民族的发展进程。

适应现代主流社会的教育不是等到孩子上学后才由教师在学校开始，而应该从孩子出生后在家庭中由养育者开始。研究表明，婴幼儿时期不仅是儿童身体生长发育的关键期，更是儿童习得语言、发展认知思维等能力的重要时期，这一时期的教育重任主要由个体家庭成员，即孩子的父母、爷爷奶奶等养育者承担。但令人担忧是，承担如此重要角色的八连的大多数养育者们至今仍对自己的责任和重要性一无所知，他们中的绝大多数人都将这种现代社会必须的素质教育寄托在孩子6岁以后的学校教育上，我们认为这种做法注定会影响孩子未来的发展。

婴幼儿教育的关键因素之一在于提高孩子的父母等养育人的素质。因此，学术研究成果必须走出教育学科领域，要将在研究领域所取得的共识应用到实际中去，为提高国民素质及其竞争力服务。

美国在婴幼儿教育方面同样走在了世界的前列，并取得了突出的成绩和可贵的经验，为其他国家和地区做出了榜样，值得我们效仿和借鉴。如20世纪80年代初期，在密苏里州教育主管部门创办的“父母作为老师”的项目中，政府出资培训“父母辅导者”，之后派遣他们深入到有儿童的家庭中去进行育儿指导。实践已经证明该项目成效显著。英国学界、政界随后也在早期教育的重要性方面取得了共识，并将这种共识落实到实际行动中，仅仅在1997年就投入85亿英镑的巨额资金积极推动学前教育改革。[①] 笔者认为在中国经济实力逐渐增强——已经成为世界第二大经济体的今天，政府各相关部门应该采取相应的措施来帮助年青的养育者们，尤其是经济欠发达的民族地区的妈妈、奶奶们以及未来的父母们，为使他们能成功地扮演早期教育者的角色提供培训和指导。

婴幼儿期，除了要重视孩子的身体发育，注意喂养方式，保证孩子的身体健康外，养育人还必须让孩子学会说话和走路。

在八连，村民们从孩子离开母体来到世间的那一刻起，就开始用言语、拥抱、抚摸和孩子交流。

月子里，听见孩子的哭声，母亲会即刻并且反复大声说："妈来了"、"我来了"。

走近孩子，抱起孩子后会一边说："哭哪样？肚包饿了？涡尿了？涡便了？想抱了？想妈了？"……一边查看孩子是不是（想）大小便了，如果不是因为大小便的原因而哭，就给哺乳。哺乳时，会一边摸摸孩子的小脸，捏捏孩子的耳朵，或将一个手指头让孩子握着，一边和孩子说话。

孩子满月后，绝大多数妇女只有在孩子睡熟，而且只有在家里有人时才会把孩子放到床上睡觉。更多的时候即使是孩子睡觉时也背在背上劳作。

孩子哭闹时、醒着时，看护人都会尽己所能地用语言、动作与孩子交流，让孩子安静、愉悦。

照看孩子的人，尤其是祖母、母亲、姐姐、祖父等，自己在做什么，就对孩子说什么。说自己为什么要做、做的感受，告诉

---

① 刘炎：《英国学前教育的现行国家政策与改革》，载《比较教育研究》，2003年第9期。

孩子这种时候、这种场合，孩子要怎么做才是好孩子，并告诉孩子表现好了、坏了会有什么结果……

看护人从孩子出世后，便开始对孩子一遍又一遍地重复着自己对事、对人的理解和看法，重复着自己的喜怒哀乐，重复着做人做事的道理。因时、因境地教给孩子看护人所知道的——孩子必须知道的乡土知识。

起初，孩子们肯定是百分之百地听不懂大人所说的内容，但人们亲切、柔和的声音能让孩子感到安全、愉悦，等孩子长到一定年龄的时候，便会开始跟着咿咿呀呀地学说话。

等到孩子表现出想学说话的时候，吃饭喝水时，反复教孩子说“吃饭、吃蕿（mang）、吃水，我要吃饭，我要吃水……”大小便时，教孩子说“涡尿、涡便、邋遢、抹屁股……”孩子想睡觉时，教孩子学说“谨（nuo）去、我想谨了……”等简单的词组或句子。

遇见人时，教孩子学习招呼用语，如：单（爸爸）、耶（爸爸）、妈（妈妈）、爹（爷爷）、奶（奶奶）、大哥、大姐、伯妈、娘（婶婶）、孃（姑姑）、伯爷、耶（叔叔）、妹、姑婆、姨婆、舅婆、婆太、老太、老祖太……

教孩子学习屋里屋外常见物品和动物的名称，如：桌子、椅子、板凳、筷子、瓢（勺子）、缸（水杯）、鸡、鸭、猪、狗、猫、牛……

孩子能发出双音节词后，家长会反复教孩子和遇见的人打招呼，如：

“奶，去哪点？”（奶奶，您干什么去呀？）

“××，来旁。”（××，请来这里坐一会儿再走。）

“××，来我家唠刚倒。”（××，请到我家来坐一会儿再走。）

“老太，吃没？”（祖奶奶，吃了吗？）

大人还教孩子招待客人，如教孩子："××，来旁（请坐!)"、"××，吃茶!"；教育孩子接受他人礼物时要学会表示感谢，教孩子说："多谢"；还教孩子说自己的姓名、年龄、属相，家人和亲戚的姓名、年龄、属相、居住地，等等。

父母、爷爷奶奶等养育人，通常是教给孩子自己能流利使用的，家里尤其是村寨里通用的语言。

调查显示：八连村民强调、坚持八连人（长期生活在八连的孩子）要能流利地讲"八连话"（"八连话"在一些词的发音上与都匀话有细微差别，与贵阳话有较大差别）；村民们对长期生活在村里的人的语言使用尤其在意，不仅通过言语（句子、词汇使用的准确度），更常常通过说话时的语调，甚至是某一个词的发音的变化来对一个人做评价。如果某人说话时，在发音、用词等方面偏离"八连话"，比如，模仿贵阳话或普通话的发音、语调的话，就会被村民们讥讽为"假"（"假"的含义是"自认为了不起、出风头、张扬"）、"贵州骡子学马叫"、"放洋屁"，等等。

村民们对"八连话"的认同，使得出生在外地的打工族的孩子们，在回到八连不久后便很快学会流利地使用"八连话"。笔者的表侄孙，2003 年 3 月出生在北京，4 岁零几个月时回到八连，在回到村里不到半年的时间里就学会了地道的"八连话"，普通话反而生疏了许多。

调查还显示：村民们对短期逗留八连的"八连人"（户口落在八连的人）的语言使用态度是比较宽容的；有的村民会在外地出生、在外地生活的孩子们回村探亲逗留时，用"广话"（当地普通话）与之交流，不要求他们一定会说"八连话"，也不会讽刺他们不会说"八连话"。这或许和村民们一直拥有的"多元文化"观念——要求嫁到八连的媳妇或出嫁到外村、外地的女人们要"入乡随俗"的主张有很大的关系，因为他们始终认为是"一方水土养一方人"，所有的人都应该尽量做到"入乡随俗"，即

“到哪茔坡，唱哪首歌”。

八连人的语言态度或许正是距离八连不远的同镇罗庸片区的布依族村寨至今仍保留有布依语（居住在那些村寨的布依族人，新中国成立前就已经是双语人，既会布依语，也会当地汉语都匀话），并且布依语至今仍是家庭以及村寨内主要交际用语的重要原因之一。

在贵州这样交通不便，比较闭塞、传统的少数民族地区，在使用少数民族语言作为村寨交际语言的地方，父母一般都是先教会孩子村寨内部通行的少数民族语言；双语村寨，一般同时教给孩子两种语言；使用单一语言汉语的村寨，孩子最先学会的是当地的汉语方言。

只会民族语，或者会双语，或是只会汉语方言的孩子，在入学后的学习上，尤其是学习语文时，都会遇到极大的麻烦，因为当地汉语方言不仅在发音、词义，甚至句式等等方面，都与普通话有很大的差异。

八连的家长对孩子语言发展的关注点是希望孩子“会说话”，也就是说他们比较关注孩子的语言表达能力。他们经常教孩子学习关于人际关系和周围事物的词汇，这对要生活在人际关系复杂且又相互紧密依存的农村社会状态中的孩子来说不仅是必要的，还且是必须的。

八连人认为能够用恰当的称谓来表示对长辈和邻居的尊敬和礼貌，是做人最基本的常识。否则，会被认为是“无知无识”、“轻浮”、“浅薄”，遭人嘲笑、议论。村民们通过日常生活，通过让孩子看照片等手段，教孩子学发音；教孩子认识自己和家里的其他亲戚的名称和关系，如舅舅、姑妈、姨妈、表哥、表姐，等等；教孩子认识和学说身边实物的名称，如动植物、家庭用品和工具名称；部分家长还重视让孩子学习韵语，口授孩子童谣等。教的方式是家长示范，孩子模仿，说错了，家长纠正，孩子再模仿，直到正确为止。

个别孩子喜欢看书，但孩子们看的书多为旧的书报、课本，极少有家庭为孩子购置儿童图书。在购置图书的问题上，一些家长说因为孩子认不得字，不需要；或者说孩子不会看，不爱惜、爱撕书；更多的家长认为图书实在太贵，消费不起。家长很少教孩子图书上的东西，因为他们自己本身就不能完全看懂，怕露怯，没有自信。

在平时的语言交往中，家长能经常、主动地和孩子聊天，当孩子向家长提问或讲述一件事时，家长会一边干活，一边专心、耐心地听孩子说话，经常会就孩子发起的话题尽量和孩子交谈，如果太忙，或者不会回答、不好回答，就会让孩子去请教家里的其他人，或者到寨邻家去请教。甚至告诉孩子，只有某一位不经常见到的人才有可能回答孩子的某个问题，让孩子记着以后见面时，别忘了请教。

家长一般都重视教孩子在不同的场合、对不同的人，该怎么问候、怎么请教问题、怎么请求帮助等。孩子“表演”或者“完成任务”归来之后，家长一般会询问孩子离开后遇到的各种情景、现场的情况以及孩子遇到的问题等。随后，家长们会根据孩子的表现对孩子进行褒扬、纠正或指导。

八连的家长非常重视利用日常语言交流的机会，教孩子说话；教育孩子要用“说”（语言）的方式去达到交流、获取物品、解决矛盾等所有想要达到的目的；不支持、反对、讨厌孩子用哭闹的方式以求达到目的的做法；认为已经“会讲话”的孩子使用哭、闹的方式以求达到自己的目的，很“羞人”，让外人，尤其是同伴知道了，会被笑话；同伴们都厌恶爱哭、爱闹的孩子，不愿意和爱哭、爱闹的孩子玩耍；鼓励孩子用语言表达自己的意愿、想法，如果孩子变哭闹为使用语言表达自己的情感、想法或愿望，家长会及时表扬，恰当反馈，教给孩子更多、更好、更有效的表述方法，促使孩子逐渐学会用语言表达自己的欲望，用语言更准确地表达自己的需求。而且，家长在儿童语言的教养方面，还非常强调要让孩子学会倾听和理解别人的想法。家长们会使用语言和体态语（脸部表情）要求孩子仔细地听完自己（或者其他人）讲话，如果孩子不服从，家长会装着生气的样子说："你不听别人讲话，我也学你的样子，不听你讲！"以此迫使孩子学会倾听，有的时候，甚至常常让孩子复述自己刚刚讲过的话，如果孩子做得好，家长会及时满足孩子的某个要求，或者表扬孩子，或者奖励孩子。

二、语言使用习俗的传承教育

语言在人们的社会生活中作用重大，常常发挥着或正面或负面的举足轻重的作用。语言作为人类重要的交际工具，在表达自己、了解他人，甚至是"以言行事"等方面无一例外地发挥着其他任何工具都不能替代的重要作用。而且，很多时候、许多场合，语言的作用是其他任何交际手段都无法企及的。

语言的巨大作用在人称为"语言精华"的谚语、俗语中有不少表述。

描述语言积极作用的俗语、谚语有："灯不挑不明，理不辩不清"、"有理不讲为懦，有话不讲为错"、"一言重九鼎"、"一言可以兴邦，一言可以丧邦"、"打倒不如说倒"、"花香要风吹，好事要人传"，等等。

强调语言消极作用的俗语、谚语也有很多，如"长舌害死人"、"恶言恶语伤人骨，冷言冷语伤人心"、"身上伤痛能治好，言语中伤治不了"、"棒棒伤肉，恶语伤心"等等，都从某个侧面道出了语言的消极作用。

此外，"病从口入，祸从口出"、"谣言脚短"、"闻音知鸟，听声知人"、"救人的药不多，害人的话一句"、"十个说客，不抵一个戳客”、“狗（蛇）咬人有药治，人咬人无药医”、“张嘴别乱讲，乱讲害自身”、“针尖好缝衣，嘴尖坏事情”、“打人不打脸，诀人（骂人）不揭短”、“讲情不讲私情，诀人（骂人）不用毒话”、“不听老人言，吃亏在眼前”，等等与语言使用相关的俗语、谚语，则从不同的角度阐述了“话语”内容以及“话语”表述方式的重要性。

八连村民对语言在生活中所起的积极和消极作用有清醒、深刻的认识，所以十分重视对孩子进行语言使用和语用观等方面的教育，即十分重视“教”孩子“学讲话”。因此而形成的语言使用习俗可以用丰富多彩、面面俱到来形容。

从孩子尚不会走路、还需要由大人抱着或背着时开始，遇见人，便教孩子称呼人、问候人。比如，路上遇见一个小女孩，要教孩子问：“姐，你去哪点？去做哪样？”；有人从自家门口经过，对孩子道：“喊×××来旁（坐），讲‘×××，来我家坐刚倒！’（招呼×××来家坐，这样招呼‘×××，请到我家来坐一会儿再走吧’）”；带孩子从别人家门前经过，让孩子问候道：“×××，你在做哪样？”、“×××，你家饭熟没？”、“×××，吃早饭（过早、少午、晚饭）没？”。

孩子会走路后，经常鼓励孩子“帮忙”：故意让孩子到邻居家去问邻居“饭做好没有？”去看邻居家猪为什么叫、去看邻居家公鸡下蛋没有……故意让孩子去借东西——“去伯妈家借一个公鸡蛋来煮来做饭吃”……让孩子去请教问题，等等。去之前，家里人会教孩子到了邻居家要怎么做、怎么问话。孩子回来后，会询问结果，如果孩子圆满地“完成”了任务，会表扬孩子；如果孩子没能达成目的，会让孩子将经过叙述出来，在指出并校正孩子的言行后，又一次“请”孩子前去“帮忙”。通常情况下，只要孩子有兴致，家人会让孩子“帮完”一件事，接着让孩子再“帮做”另一件事，直到孩子对“帮忙”失去兴趣或兴趣转移到其他事情上为此。

孩子稍大些后，会从玩伴那里听到一些事情，回家后会转述给家人，这时候，长辈们会给孩子分析孩子所转述事情的真伪，并告诉孩子自己所知道的事情的真相。而且会告诫孩子，他们听到的哪些事情可以在外人面前再提起，什么事情“今后不能再乱讲”，还告诉孩子如果有人问到某件事情时该怎样回答，等等。

八连村民普遍认为“不学做事事难成，不会讲话得罪人”，所以，每户人家都十分注重从孩子幼小的时候就开始教孩子“学讲话”——不仅要教给孩子“讲话”、“听话”（倾听）的方法、技巧，更要让孩子牢记“讲话”的原则。

首先，要让孩子知道、牢记：什么话可以说，什么话不能说；哪些话只能对什么人说；哪些话只能在什么地方说；在什么场合，什么话题可以说，什么话题不能说；什么话题可以随便说，什么话题绝对不能提及，等等。简单地说，就是要明白、要牢记讲话时“什么话当讲，什么话不能讲”。

不能讲的话有下列几大类：

（1）夹生话（没有经过认真思考的话）不能讲，即“夹生饭吃得，夹生话讲不得”；

（2）冷言冷语不能讲，因为“冷饭冷茶好吃，冷言冷语伤人”；

（3）别人的短处、痛处不能讲。切记“遇到和尚不说光，遇到癞子不提疮”；

（4）已经“过去的事情”（已经过去的不愉快的事情）不要提及，要牢记“旧瓶可装新酒，新人不提旧话”；

（5）大话、空话不能讲，因为“腰磨不用人推，壳子不能乱吹”，虽然“吹牛不犯罪”，但难逃“王婆卖瓜，自卖自夸”之嫌；

（6）假话不能乱讲，要明白“假人不讲真言，真人不讲假话”的道理；

(7) 挑拨离间的话绝对不能讲，人们相信“劝人终有益，调唆害无穷”、“人怕挑，火怕消”，村民们的处世准则是：“不恨割肉恨割油，不恨起事人恨挑拨者”；

(8) 禁止使用恶言恶语，因为“好话一句三冬暖，恶语伤人六月寒”、“恶语伤人人难忘，冷水进田田减收”、“利刀割口伤易好，恶语钻心怨难消”；

(9) 绝对不能两面三刀——当面说好话，背后说坏话。因为所有的人都痛恨“嘴似两块肉，翻进又翻出”的恶人；

(10) 忌讳“花口花嘴”（甜言蜜语；用好话、假话糊弄人，不落实到行动上；不讲信用；只说不做）。村民们深信实际行动胜过空话、大话和好听的话，力求做人要做到“话要少讲，活要多干”、“多做强过多讲”。实际上，这是重视实效、内涵，鄙视空谈、形式的求实、务实的农耕文化对人们言语交际的影响，这一显著特点，明显有别于一些民族侧重于形式、技巧，崇尚华丽的语用观。

与此同时，村民们还要求孩子，尤其是青年人必须学会“得体”地讲话。

所谓“得体”，指的是运用语言和理解语言都合乎特定的语言环境，能够达到最佳的交际效果，“得体”体现在语言使用的各个方面。

“得体”要求人们对语言的理解和运用必须适合语言环境。语言交际的环境是由多个要素构成的，一般而言，言者、听者、话题、场合等构成了语言环境。对言者而言，“得体”的言语必须能够协调这个由诸多因素构成的整体，使之处于和谐状态。

八连村民非常重视语言的运用，强调不管是大人还是孩子，说话必须“得体”，要把握好说话的“量”和“度”。具体来说，就是“说话”时应该牢记并坚持以下原则：

（1）有话（有意见、建议、疑问、疑惑，甚至牢骚、不满，等等）当面说，即要做到“有肉当面割，有话当面说”、“愿打当面鼓，不敲背后锣”。

（2）说话前要思考，想好以后再说，要出言谨慎。要求孩子、家人“吃饭先尝，说话先想”。村民们认为语言是在时间中展开的事物，如时间一样具有不可逆性，即“过去的时光难返，说出来的话难收”、“出笼的鸟难找回，出口的话难追回”。语言所具有的这些特点要求说话人说话时不得不谨慎，因为“走错路能掉头，说错话难收回”、“救人的药不多，害人的话一句”，所以要牢记“张口别乱讲，乱讲害自身”。

另外，做人要讲究“言必信，行必果”，要求说话者应该对自己说出的话负责，不能反复，不能反悔。

（3）注意把握好说话的“量”，话不能不说，但不能说得太多；要少言、精言，否则，会过犹不及。村民们要求孩子一辈子都要记住：“话讲多了难收，衣破多了难补”、“抓痒皮破，话多招祸”、“话多是水，养不到嘴”、“多讲话，多是非；少讲话，少是非”、“话多伤人，吃多伤身”、“言多必失”、“话多人不信，雨大涝了田”这样一些常识和道理。

（4）把握好说话的“度”（话的深浅），注意说话的分寸。要恪守并牢记“过头话少说，过头事少做”、“讲玩讲笑要有礼，没高没低不规矩”等规诫。

（5）言事、说话要真心、诚心。八连村民教育孩子讲话、做事要从“善”和“诚”出发，要从为了解决问题，把事情办好，为大家好的目的去言语、去行事。因为人只有在善良、真诚的基础之上，说出来的话才有可能真实地反映客观事实，才能取信于人。

（6）最重要的一点——言者所说的话必须真实，必须如实地反映物理世界即客观事实，不能歪曲事实。反复教导孩子“谎话讲不得，庄稼荒不得”、“明人不做暗事，真人不讲假话”。对于言者而言，如实地反映客观事实是必须的，只有如此，才能让听者清楚地解读言者，言者才能达到交际的目的。更为重要的是，村民们认为：人最珍贵的品质是善良，从善的角度、从为大家好的角度考虑，人必须、而且只能讲真话；作为一个生活在现实社会中的人，要明白真话大多很不顺耳，但真话是“苦口良药”这样浅显的道理；反感真话，为别人的真话生气、动怒的人往往被村民们认为是不懂事理、小心眼，通常会被村寨里的大多数群体排斥、鄙视、讽刺、挖苦。

但村民们也真切地知道，并非只要话语真实就能开口就说，人都是有自尊心的，即“人要脸，树要皮”。同一件事，在有外人的场合和只有至亲的场合、在有很多人的场合和只有言者和听者两个人的场合说出来，用责难的口气或用不带感情色彩的平铺直叙的口吻说出来，效果是有极大的区别的。

因此，讲真话、说真事时必须考虑对方的心境（接受程度）；做比较重要的事情之前，要反复斟酌，全面考虑这样一些问题：必须说的话、必须挑明的事，由谁去说、去什么地方、在什么场合说，以及怎么说等说话艺术。总之，要注意讲话的场合、讲话的方式、讲话的语气等方面。

“出门看天色，讲话看脸色”、“送饭给饥人，讲话给知人”、“当着真人，不讲假话”、“逢到癞子不说疮，遇到秃头不说光”、“嘴是扁的，话是圆的”等一些村民们时常挂在嘴上的俗语、谚语，都是用来教育人说话要切合语境、不可离开语境胡言乱语，以及说话必须选择适当的方式方法的有关语用观教育的重要内容。

另外，村民们也非常重视教育孩子要明白：“听话听音，打鼓听声”、“鸡有鸡的话，鸭有鸭的嘴”、“树老根多，人老话多”、“吃饭品滋味，听话听后音”、“不听老人言，吃亏在眼前”等简单的道理，目的在于教育孩子在“听”他人说话时，在理解他人话语的含义时，要结合实际的语境，对语言做出合理的解释，不可断章取义。

反复强调“说话人轻，过话人重”，即要知晓在特定场合说的话，被人转述后，意义或深浅程度会发生改变这种可能性的存在。告诫家人、孩子在听到“过话”（他人转述的事情）时，要在完全弄清楚话语者讲话的情景后再做出是非判断，不可轻信“过话人”，更不可以贸然将不满、轻蔑、愤怒等情绪即刻表现到言行举止中，这样才能避免引起更多的误会、误解或冲突。

最后，讲话时要切记：多说别人的长处，少揭别人的短处。因为“即使是肚量无边的菩萨，也只喜欢听人讲好话”。

总而言之，八连村民十分清醒话语在生活中所起的重要作用，拥有自己独到的语用观，其语用观要求人们在使用语言时要注意：①在言语的生成过程中，必须“心诚”；②在言语的“量”方面，强调“精言”；③在说话的“度”上，讲究轻重，即注重“适度”，即说话既不能过重，也不能太轻；④在言语的运用过程中，强调要注重情境，即场合；⑤在理解语言时，强调“言”“境”一体化，即强调要把话语放到特定的情境中去理解，要站在说话者当时的语境去理解语言。

第三节　道德行为观念的养成教育

一、道德观念的形成教育

八连村民非常强调“小的”要尊重“大的”（年龄小的要尊重年龄大的）、“大的”要包容“小的”、爱护“小的”；晚辈要尊重、孝敬长辈，听从长辈、年长者，以及“过来人”的教诲，谚语“不听老人言，吃亏在眼前”不仅常常被年长者用来提醒青年人，更多的时候是被“吃了亏”（做事失败后的）的年轻人拿来自嘲自讽。

八连民俗要求年轻夫妇在家里有特别食品（买来的、别人送的，或自己家人平常很少食用，即偶尔才制作一次的食物）时，必须送给老人一些。在节日宴会或重要的宴席上，要先让年长者们入席。吃饭时，只有在年长且辈分高的人先品尝并讲祝福的话后，其他人才能动筷吃饭。

老人说话时，不能当着外人的面反驳（其他人讲话时，不能随意打断）。

家庭内部有重要事情要处理时，须事先征求老人的意见，尽量争取他们的同意、理解和支持。

八连村民非常重视团结、协作、互助等传统，认为帮助别人是一种美德，经常挂在嘴上的一句话是“帮别人是在帮自己”。

善良、乐群、朴实、踏实、诚实、认真、实干、内敛、稳重、自尊自重、自强、宽容、礼貌、谦让，也是长辈经常教育晚辈的重要内容，是需要从小就要养成的行为习惯。当年轻人外出谋生时，父母或其他长辈会反复强调以上这些为人处世的原则和理念。

在八连，偷、抢、骗等行为历来被人耻笑和看不起。父母常常把有这种行为的人作为反面教材，教育自己的孩子绝对不能做那样的坏人、坏事。同时又以某某人的勤劳肯干、踏实真诚、守纪守法等作为正面教材，教育自己的子女要向好人学习。在一好一坏的对比教育中，让子女逐步懂得什么是真、善、美，什么是假、恶、丑。

服从长者、尊者的道德观念，对于维护八连村民间的团结和社会的稳定起着很大的作用。在这种道德观念的影响下，绝大多数村民都能重人情、亲故里、团结友爱、尊老敬长、吃苦耐劳。即使在今天，村民们这种在长期的生活中形成的美德仍然深深地影响着青年一代，构成了新一代村民随和、忍让、宽容的性格和积极向上、不折不挠的精神，以及能与人亲密团结、互助互济的集体主义道德情操。

村民们反复叮嘱孩子，教育孩子应该做到：

1. 对父母：要知道感恩

父母与子女是血缘关系最近、关系最密切的家庭成员，父母与子女之间的天伦之爱乃是人类发自本能的感情。这种感情像一条无形的纽带，把二者紧紧地拴在一起，相互之间产生了一种互为依靠的精神寄托，而父母与子女之间互为依靠的关系，是决定家庭稳定和延续的重要因素。

父母对子女的爱表现在应该担负养育年幼子女的义务与责任方面。养育子女就是指抚养和教育子女。八连人认为，在子女的成长过程中，作为父母有重大的责任和义务，因为“养不教，父母之过”，所以，父母对子女必须尽之以责，教之以法，并要做到以身作则。

父母对子女的爱表现为：父母生育并抚养子女，为子女的成长终日操劳，子女们在父爱和母爱的温暖中成长。父母对儿女的爱是最纯粹、最无私的，为了孩子，父母可以牺牲一切。

虽然父母养育子女是天经地义的，父母的爱是很厚重的，然而，没有相关的解释，没有相关的教育，孩子是不会知道、不可能体悟的。

在八连，关于知恩、感恩的教育一般是由祖父母等年长者担任的。还在孩子幼小的时候，留在家里的孩子哭闹着找父母时，祖父母会告诉孩子：爸爸妈妈干活去了，不干活就不会有好吃的东西，就会缺少穿的、用的；干活很辛苦、很累，作为孩子要懂事、要表现好、要乖、不要哭，有什么事情要用言语好好地说出来，不允许用哭闹的方式表达；待在家里多好，不被太阳晒、不被雨淋、不被冷风吹，困了有睡的地方，饿了有吃的，还能和同伴在凉快的地方玩……

当父母不能满足（或暂时不愿意满足）孩子的需求，孩子闹情绪不愉快时，祖父母们会就具体情况向孩子做相应的解释。如年幼的孩子希望与父母，尤其是希望与母亲多待一会儿，父母匆匆离家外出干农活，孩子哭闹时，祖父母会告诉孩子，父母很忙，以及孩子的父母在忙什么，不尽快前去会有什么后果，等等。

孩子被父母拒绝、训斥后，祖父母会帮孩子分析被拒绝、被训斥的原因，告诉孩子应该怎么做、怎么表现才能避免被父母训斥。如：父母很累的时候，要学会克制、忍耐自己的欲求，不仅不能去烦他们，还必须要学会体贴他们，为父母做一些力所能及的事情，类似给他们倒杯水，搬一个凳子让他们坐下来休息一会儿，或帮他们盛一碗饭，等等；要用恰当的方式，尤其不能用哭闹、要赖的方式向父母提要求；有什么事情、什么要求，只能在父母不忙的时候跟他们说，等等。

一般的家庭，祖父母们只有在儿子儿媳非常粗暴地对待孩子（如，因为很小的一件事情，随意就伸手打孩子；使用不当的暴力手段惩罚孩子；使用有可能造成严重伤害的工具打孩子；打了孩子不该打的部位等情况）时，才会对他们的教育方式当面提出质疑、批评。通常情况下，祖父母都是在配合儿辈对孙辈展开的教育。否则，祖父母会被舆论批评为：溺爱孙子孙女、不会做老的。

父母养育了子女，子女长大之后要报答父母的养育之恩。具体地讲，就是要“孝顺”，即顺从父母的教导、续香火、给父母养老送终，等等。

子女应该了解父母把自己拉扯大是非常不容易的，做子女的应当报答父母，要服侍照顾父母直到终老；子女成年后必须替父母劳动、赡养父母、孝敬父母，不得打骂虐待父母，否则会“遭雷劈”的。

2. 孝敬、照顾祖父母（外祖父母）

对祖父母的孝敬，父母们通常的做法是让儿女们参与其中。平时，家里有了好吃的，或是让孩子们给祖父母送去，或是让孩子去“喊”祖父母过来一起吃；逢年过节、家里来了客人，要请祖父母来一起吃饭；儿辈、孙辈要尽量承担祖父母家里的重体力活；祖父母生病了，要让孩子尽早知道，让他们给祖父母送（做、买）他们想吃的东西，让他们提醒祖父母按时服药，找机会安慰祖父母，并叮嘱孩子要尽量留意祖父母的行动，随时把祖父母的情况反馈给自己（因为孩子们在家的时间、与祖父母接触的时间远远超过忙碌着的孩子的父母们）。

3. 尊敬哥哥姐姐

通常情况下，先出生的孩子（哥哥或姐姐）都会像家里的其他人一样，对家里的新生命——弟弟或妹妹的到来感到由衷的高兴。但有时他们也会因为弟弟或妹妹的出生，家人注意力、关注点的转移而感到些许的不安、烦躁，甚至恼火。八连民众的处理方式是对大孩子做反复的解释：“因为弟弟（妹妹）小，所以，我们就这么样或那么地对待他（她），你小的时候，我们也是这样待你的；你现在长大了，当哥哥（姐姐）了！哥哥（姐姐）要有哥哥（姐姐）的样儿，否则，被别人看见了，要被笑话的。”并举寨子里的孩子做榜样：“×××有弟弟（妹妹），他（她）是个称职的哥哥（称职的姐姐），特别有哥哥（姐姐）的样儿，他（她）不仅不会因为弟弟（妹妹）得到特殊的关照而表现出不高兴，相反，他（她）还会帮助爸爸妈妈照顾弟弟妹妹；因为有了弟弟（妹妹），你们就有伴了；等弟弟（妹妹）长大了，还会和你一起玩、一起上学；等你们长大了，谁有困难的时候，才会有互相帮忙、相互商量的人；等爸爸妈妈老了，你们才有亲密来往的亲戚……”

对家里先出生的孩子，一贯的教育方法是：强调作为“大的”（哥哥或姐姐）要有责任感，具有照顾弟弟妹妹的不可推卸的义务；要求他们对“不懂事”的弟弟或妹妹要亲切、友好、忍让、有耐心，有些时候，甚至要迁就他们；要“好好地教”弟弟妹妹，态度绝对不能粗鲁，更不能对弟弟妹妹动手；制止不了弟弟或妹妹的执拗时，要请求大人帮忙……

对于“小的”，要求他们学会尊重哥哥或姐姐、感谢哥哥姐姐对自己的照顾，感谢他们陪自己玩，感谢他们教自己学做各种事情；要求他们学会与人合作、学会服从、学会分享，不能以“小”为由耍赖；要求“小的”要像哥哥姐姐学习，遵守各种习俗规范，尤其要学会“不管对谁，都不能动手打人”、“不管做什么，都要讲理”，等等。

二、行为习惯的养成

1.“嘴勤”——勤问候、勤招呼（语言习惯）

在培养孩子“嘴勤”方面，八连村民的做法是：从孩子离开母体来到人世间几天后开始，凡有外人进屋，就开始“教”孩子学习问候。月子里，村里的妇人、孩子前来探望、串门，家人（产妇、奶奶等）会冲着孩子说：×××来看妹了，来喜欢妹了，看见×××没见？喊×××嘛，喊×××旁（“×××来看你了，来对你的出生表示祝贺了，叫×××，请×××坐”）……

前来探望的人离去时，会对孩子说：××去家了！讲：××，慢走了！多谢了！得空了来唠喏！来望妹仔喏！（“宝宝，××回家了。对××说：谢谢您来看我，欢迎有时间过来聊天！来和我玩耍！××慢走！”）

孩子满月后，只要有人（不管是熟人还是陌生人）从自家门前经过，或是家人背着、抱着孩子从别人家屋前房后经过，或者是在别的什么地方（路上、河边、沟边、田里、地里、山坡上等等）遇见什么人，只要孩子是醒着的，大人都会“教”孩子学习问候：

“×××，去哪点？来我家唠刚倒！”（×××，您去哪里？请到家里来坐一会儿再走！）

“×××，去哪点？来家吃滂再去！”（×××，您去哪里？请到家里来吃了饭再走！）

“×××，您在做喃？您在忙喃？”（×××，您在做什么？在忙什么？）

“×××，吃滂没？”（×××，吃了没？）

……

（以上问话仅为问候语，不是字面所表述的实际意义。要真正表示字面意义时，必须有相应的形体语言，如，有长时间的、执著的说服，甚至拉拽，等等。）

在八连，所有人的面孔都是熟悉的，乡村生活的节奏又是张弛有度的。因此，人与人之间微妙的关系变化，都能通过见面时双方的各种状态，以及肢体语言体现出来。见面是否问候，说话的语气、语调，问候时的形体语言，尤其是面部表情等细节，都能传达出极为丰富的信息：相互间近期的满意或不满程度；对方的身体、心情状况……因此，人们养成了非常重视见面时问候的习惯；甚至养成了通过“问候”这一细节来评判一个人的性格、教养、为人处世等方面的思维方式。

见面时，不主动问候或对别人的问候应答得不符合当地习俗、不得体的人，通常会被村民们评价为“股”、“股头股脑”（不懂礼节；不随和、不合群）、“假”、“翘”（自以为是、高傲、瞧不起人、缺乏教养）、“虾”（ha）、“縗”（shuai）（笨、不聪敏；不懂礼俗；情商低等）。

2. 勤劳——手勤、腿勤、身体勤（行为习惯之一）

手勤、腿勤、身体勤，即勤劳，是八连民众希望孩子必须养成的行为习惯。

孩子能听懂只言片语后，在不是很忙的时候，会训练孩子“帮”大人的忙：“帮”传递东西。比如，吃饭时，让孩子将筷子递送给家中的年长者（托着孩子的手，或是让孩子扶着物件递送出去）。通常的做法是一边言语指教——教孩子怎么做，一边协助孩子完成正确的行为动作；在孩子“帮忙”完后，会用言语肯定孩子的“助人”行为。

又比如，姐姐背着（或带着）弟弟去买东西，一路上，姐姐会告诉弟弟：我们帮妈妈买东西去，妈妈在家做活路（做饭、喂猪、剁猪菜、洗衣服等等），很忙，没有时间上街买东西，家里没有哪些东西了，只能由我们去买回来才有用的……等孩子们回来后，家里人会用言语肯定孩子们的行为，并会在之后相当长的一段时间内，数次提及孩子们“帮忙”的事情，让孩子回忆起“帮忙”的过程，体会助人的愉悦，强化孩子助人的意识，激发孩子“帮忙”助人的兴趣和热情。

孩子能走会跑后，家人，甚至寨邻们会随时请孩子“帮”做更多的事情——“帮忙”从厨房把扫帚拿去（来）给谁、“帮忙”烧火做饭、“帮忙”扫地、“帮忙”搬凳子、“帮忙”守鸡守鸭（不让鸡鸭吃晾晒着的粮食）、“帮忙”守牛（不让牛吃猪食）、“帮忙”借东西、还东西等等。总之，他们会让孩子像做游戏一样愉快地帮着做各种各样力所能及的事情，以此促使孩子在不自觉中学会做简单的家务劳动。

八连村民主要以行为习惯，辅以一定的言语解说教育晚辈要学会勤劳和勤俭持家。

在一家一户为一个物质生活资料生产单位的农业经济时代，除食盐等必需品外，村民们基本上处在自给自足的生活状态中，为此，人们尤其信奉“勤是摇钱树，俭是聚宝盆”、“勤快勤快，有吃有卖；懒惰懒惰，受冷挨饿”、“坐吃山会空，人勤不会穷”、

“井水舀不干，力气用不完”等俗语、谚语所蕴含的生活哲理及其理念。

古人云：民以食为天。无论是古代社会还是现代社会，对于个体从业者来说，最重要的莫过于劳动谋生。以农业为主体的传统社会，土地不但是最重要的生产资料，也是劳动群众的衣食之源。劳动群众所表达出的对土地的眷恋，与其说是寄希望于土地生财，不如说反映了劳动群众勤劳谋生的劳动观。因为对劳动者来说，只有通过自身的辛勤劳动，才有可能满足家庭温饱之需。

对勤劳谋生的重视，不仅使八连村民养成了不误农时的生产观念，而且也养成了尊重自然规律、重视劳动经验的积累和传承等传统。农令时节不避风雨霜冻忙耕种，早出晚归、起早贪黑，早已成为村民们自觉的劳作行为。对于八连村民而言，春种秋收，辛勤劳作，不仅是他们的生产方式与生存之道，也体现了他们辛勤劳作，自食其力的劳动观。

八连的所有“当家人”（已婚夫妇），除了生病爬不起来的日子外，几乎每天都是天没亮就出门了。很多时候，他们从山上担回一百余斤的柴、草或猪草回到家里时，孩子们都还没有起床或者刚刚起床，正吃着长辈们出门前为他们做好的食物，准备出门去玩或去上学。

简单地吃完孩子们吃剩下的东西后，他们要完成喂猪、喂牛、喂鸡等家务，随后又出门到田里或地头接着劳作；临近中午，急急忙忙赶回来给孩子们准备午饭、给牲畜喂食，之后又出门劳作，直至太阳下山……

在孩子们的眼里，除了吃饭那会儿功夫，父母很少有坐着的时候。有的父母甚至连吃饭时也停不下来，一边吃，一边做着其他杂活，尤其是妇女们，即便是在农闲季节里，在有时间坐下来的时候，或者家里来了客人，或者有邻居来串门、聊天不得不坐下来“陪客人”的时候，或者不得不出门应酬，去“吃酒”做客的时候，手里也不会闲着——或纳鞋底、鞋垫，或织毛衣，或缝补衣裤，等等。

即使是生病期间，只要能站、能坐、能走，他们都会根据不同的情况做力所能及的事情。对邻里的问候、劝说停止劳作好好休息的建议，患病的人总是说：季节不等人。家里那么多事，躺下哪能睡得着?!

村里的多数孩子，都是在父母的行为影响下自觉学会“勤劳”的。因为孩子每天看见的都是父母们忙碌的身影；在很多人的记忆里，父母的形象都是负重、汗流满面、自已舍不得吃穿、不知道休息……所有这些，使得很多孩子从小就知道心疼父母，从很小的时候就开始自觉地为父母分担部分力所能及的劳动。

除此之外，村里人还常常使用众多的谚语、俗语来说明勤劳的重要性和必要性，如“力气是个怪，今天用了明天来”、“人越闲越懒，嘴越吃越馋”、“不怕家里穷，只怕是懒虫”、“早睡早起，陈谷烂米”、“一勤天下无难事”、“夫勤得好吃，妇勤得好穿”、“忙进财，闲添病”、“人穷怪不勤，田瘦怪无粪”、“勤耕苦做样样有，好吃懒做样样无”、“只有冷死的蚊子（苍蝇），没有累死的蜂娘（蜜蜂)”、“勤快逗人爱，奸馋讨人嫌”、“只怕懒汉不耕，不怕泥巴不生”、“理家千条计，勤俭是第一”、“男也勤，女也勤，有吃有穿不求人”、“男勤、女勤，三餐茶饭不求人”等等。

八连村民不仅在日常生活中培养孩子“勤快”的习惯，且在实际生活中也总是在身体力行地这样做；他们不仅要求孩子对“个人家的事”、自己的事要“勤快做”，对寨邻家、亲戚朋友家的事，以及“其他人”的事也要“勤”、要快。而且，有的时候，自家的事、自己的事，甚至可以往后搁一搁，偷偷懒，但别人家需要帮忙出力的时候，则必须立刻提供帮助。

在八连的寨内寨外，这样的事情天天都在重复着。无论在什么地方（山路上、田边地头、赶场的路上等等)，年轻人遇见老年人，身体强壮者遇见体弱者，甚至是年轻人遇见年轻人，老年人遇见老年人，只要看见有一方负重，遇见的人就会主动分担。人们的共识是：一百斤重的担子，由一个人来挑会很吃力；由两个人来分担，就会变得轻松许多；由三个人以上分担，就会变得“像做玩意”（像在做游戏）一样轻松、愉快。

八连的村民们根本不懂太多太深奥的教育理论，教育孩子时使用的方法也只是自己父母教育自己时所使用的方法的翻版。他们只不过认为孩子终将要“自己做吃”（独立生活），从小开始学做力所能及的事情是理所当然的；别人需要帮忙时，无论是谁，提供力所能及的帮助是应该的、必须的；小时候不学做事情，不养成勤劳的习惯，长大后就不可能勤劳，民间谚语“人大难教，树大难弯”说的就是这个道理；俗语“井水抬不干，力气用不完”、“力气去了去了又来”是八连人对体力耗费的理解——干活累了，休息一会儿之后体力又会很快恢复；他们深信帮助他人并“不会用完力气”，何况，活在世上的人，都得“人靠人”、“人帮人”、“你不帮别人，别人怎么会帮你?!”“你不帮别人，咋好意思要别人帮你?!”

“助人”行为能使孩子们在“帮助”他人的“游戏”过程中获得存在感、满足感，在和谐的人际关系中产生安全感，在互帮互助的环境中滋生愉悦感、幸福感、成就感，是一种非常有利于孩子人格形成的活动。这样的活动同时也培养了孩子“手勤、腿勤、身体勤”的习惯，达到了村民们希望孩子“勤快”（勤劳）、肯干、实干的教育目的。

3. 节俭（行为习惯之二）

对于八连村民来说，即使整日劳作，亦不免生活拮据，因此，节俭过日子自在情理之中。其实，对他们而言，富而俭只是生活的奢望，穷而俭则是必须恪守的生活理念。

节俭的生活必须以辛勤的劳动作为前提，对村民们而言，更值得称道的不是他们节俭的生活方式，而是他们以节俭为乐的生活观念。毕竟，奢侈只是个体农业劳动者的奢望。

对于八连村民来说，节俭过日子可以预防贫穷的侵袭，节俭的生活，不仅是他们的真实生活场景，也是他们日常生活的理念。

通常情况下，物件家什，一直使用到不能再用之时。比如，哥哥姐姐的衣物，弟弟妹妹会接着穿，待破旧到不能再穿的时候，裁剪成布块、布条，用魔芋制成的糨糊将其一层接一层地粘贴成“布壳”，再用“布壳”制成布鞋、鞋垫等等。

村民们中间流传有许多关于节约、有计划的谚语和俗语，他们会不失时机地用通俗易懂的谚语、俗语教育孩子要学会过节俭、有计划的日子。相关的谚语、俗语有：

“日积一文，到老不贫”、“细水长流，吃穿不愁”、“忍嘴不背债”、“滴水变成河，粒米凑成箩”、“精打细算，一世不穷”、“一顿省一口，一年省几斗”、“增产不节约，好比无底锅”、“人无计算，少衣缺饭”、“看菜吃饭，量体裁衣”、“吃不穷，穿不穷，不会算计一世穷”、“闲时找来急时用，晴天砍柴雨天烧”、“会吃吃千顿，不会吃吃一顿”、“有粮不乱吃，有柴不乱烧”、“闲时制起忙时用，忙时制来不中用”……

勤劳和俭朴是生存和发展的根本。不知勤劳和节俭的家庭，日子会过得很紧，甚至连温饱都无法解决。因此，当儿子要成家的时候，父亲就会叮嘱他要做一个既要勤奋劳作，又要懂得精打细算、节俭过日的家庭主人；当女儿要出嫁的时候，母亲就会教导她如何孝顺公婆、谦让丈夫，同时还会特别强调勤俭持家的重要性。

4. 熟知生活中的禁规、禁忌（行为习惯之三）

生活在村落里的人，对当地的禁规、禁忌，不仅必须做到耳熟能详，而且必须严格遵守。因为人们相信，在现实生活中，触犯禁规、禁忌，重则会给自己和家人带来麻烦、灾难，或会引发纠纷；轻则会被认为“无知无识”（缺少做人的常识），或会有不能顺利成事之嫌。

因此，村民们非常重视对孩子实施与禁规、禁忌有关的随境式教育，并深信相关教育开展得越早越好。这种教育可以说是从孩子会说话、会走动时就开始了，而且总是反复叮嘱，尤其是当孩子要去别人家玩或者外出去办什么事情的时候，一般离家前，家里人都会把所有能想到的需要忌讳的事情重复多遍，直到当事人牢牢记住为止。

作为八连人，必须记住的禁忌、禁规有以下几类：

（1）平常日子里的禁规、禁忌

火塘被认为是神圣的，不能跨越，尤其禁止孩子往里面尿尿，扔垃圾等；女性不能对着火塘、灶门张开双腿，必须双腿并拢，侧对火塘和灶门；不能用脚踏踩灶台；在火塘里烧火时，要顺着一个方向添加柴火，不能相向搁放柴块，即忌讳“架对头柴”。

未婚男青年不能吃猪蹄儿；小孩不能吃鸡爪子；年轻人、小孩均不能吃自死在鸡圈内的鸡鸭，不能吃软壳蛋，不能吃鸡、鸭肚子内的蛋；忌讳傍晚梳头、照镜子；脱落的头发忌讳被乌鸦叼去当成筑巢的材料，否则，头发拥有者就会出现面黄肌瘦、四肢无力的症状；父母健在者，忌戴白帕子、白帽子。

公公忌进儿子儿媳卧室；女婿和女儿在娘家期间不能住同一屋子，否则，“娘家要败”；夫妻不能在别人家建筑物内同房。

年轻人与年长者同席时忌坐上座；敬酒敬茶时的顺序是先老后幼；晚辈不能在有年长者的场合，或年长者出现时跷腿；与老人同行忌走在前面；忌不打招呼从长辈面前经过；老人在楼下时，儿媳忌讳上楼。

家中的神龛，是祭供祖宗最庄重的位置，神龛上或神龛两侧，不能搁、挂任何物件。

不能随意坐在门槛上，“坐门槛”即“堵财路”，尤其是赶场天更是忌讳坐门槛。

不许挑空桶、扛锄头进屋。进门前，必须把至少一只桶从扁担上取下来提着，必须把锄头从肩上放下来拿着或提着。在家里或山上，不能吹口哨。

不能在满周岁前的小孩面前吹口哨；不能在婴幼儿面前击掌；不能将孩子站到或坐到桌子上；也不能将孩子的背带、衣物等物品放在桌子上。

母猪、母牛下幼崽时，要在圈门和正屋进出使用率最高的门框上方插上绿色小枝条（枝条上拴红布条），以警示外姓人不能随便进家，尤其是不能走进喂养牲畜的圈房。如无意中走进家里，要在知道情况后，立即道歉、快速退出，并要立即给主人家送去一小碗大豆，主人家则必须尽快用这些大豆做成豆浆，喂给母猪或母牛，以防其生气，导致不出奶，或拒绝给小猪小牛喂奶，甚至发生杀死小崽等等不好的后果。

制作醪糟、米酒等甜品时，在拌入酒药或其他发酵药物，等待发酵的时候，要将制作材料平整归置整齐，并在最顶部做出一个小圆坑，坑内放进一块完全燃烧着的木炭和一根红辣椒。

经过“土地菩萨”近旁时，不能谈论与其有关的事，不能在其周围便溺、吐痰，不能随便触摸或移动“土地公公”。

路遇年长者、负重者，要主动、快速地让路。尤其是骑马出门时，路遇年长者一定得下马让路。

看见山崩、树木断裂时，不能咋呼，不能呼喊，也不能言及；开山取石时忌讳吹口哨、呼喊；禁止打“吗呼”。

看见两条蛇缠在一起时，禁止呼喊他人，甚至连人的名字也不许提及。要立刻这样说道：“对门那棵树，快点来看噢!”。或者说：“对门那棵电线杆（对门那块石头），快点来看噢!”，等等。村民们相信谁看见蛇缠在一起，谁必定要遭到不测。看见此情景时，第一个被呼唤到（或者是第一个被提及姓名）的人，将自然会成为当事人转移厄运的对象。为避免祸及他人、避免因此而产生的纠纷，遇见这种情况时，要将不测转移给树木、电线杆等。人们还相信，被转嫁灾祸的树不久就会死掉，电线杆也会倒掉、烂掉，或断掉。

（2）特别时日、特殊场合的禁规、禁忌

已婚妇女不能回娘家过年（吃年饭）；正月初一至初三，忌扫地，忌往屋外倒垃圾，忌借钱、借物，不能动刀、不煮生米，不准动土，不能向大门外倒水，倒了洪水要冲庄稼；不能用嘴吹火，吹了房屋要被大风刮坏；不能扫地，扫了跳蚤多；不能开柜子，开了遭盗贼；不准做针线，不准做有声响的活计，要求安静；正月十五以前，不能在门前晒衣物、被子等物品，否则，来年会遭风灾。

七不出门、八不归家，即，农历每个月的初七不能出门，初八不能返回家里。

春天，第一次打雷日，忌讳浸泡谷种、开秧门。

入殓、掩棺、出殡时孕妇要回避；结婚时，孕妇不准做送亲；新媳妇进家时四眼人（孕妇）不能在场，否则新人会命运不佳。老人的寿衣和新媳妇的嫁妆，忌讳被四眼人（孕妇）触摸，摸了会发生不顺或意外。

孕妇不能观看猪、牛下崽以及母鸡孵蛋。

妇女生育后一个月之内，要在房门上挂布帘子作标志，忌讳成年男性进入出生未满月母婴共同使用的房间；陌生人、男性应尽量避免与产妇照面。民间的解释是产妇怕“怂样”，即避免产妇难堪、害羞。未满月的产妇忌进出外姓人家的屋子，不能抱未满月的婴儿出屋子，更不能抱到别人家里去；不能背出生未满一个月的婴儿；取名时，忌讳“踩名”，即不能与同家族内的其他人“重名”——使用发音相同的“名字”（特指名字中的最后一个字，哪怕是同音不同字也忌讳使用）；妇女不能回娘家生孩子，也不能在别人家屋里或院内生子。

老人去世时，逢“不好”的日子，不准儿媳、姑娘大声哭泣；为至亲佩戴的孝帕，只能用来制作被套或衣服，不能制成鞋子或袜子；老人过世后的第一个春节，不能贴红春联，只能贴黄春联，第二年春节贴绿春联，第三年春节才能贴红春联；禁止冷尸进家。

忌跨越、踩踏建新房用的大梁等。

第四节　生活知识及技能的习得和培养

一、劳动习俗与生活自理能力的培养

近些年来，大学生不会洗衣服、不会扫地、不会整理床铺，中学生不会削水果、不会洗碗，小学生不会剥鸡蛋壳等简单劳动、缺乏基本自我服务能力的文字报道频频见诸报端。一些研究者的调查显示：在一些青少年眼里，做家务这种体力劳动已经成为了地位卑贱的代名词。“不劳动者不得食”、“劳动无贵贱”、“劳动光荣”的观念在实际生活和教育领域中受到极大的挑战。

其实，学会做简单、基本的家务，哪怕是在当今科技高度发达、家务劳动社会化程度极高的发达国家，也被当做是孩子必须习得的自我服务能力来要求。孩子不可能永远呆在父母身边，父母也不可能为孩子提供永久的“家政服务”。对于好动、好奇、喜欢模仿的孩子来说，学做家务其实就是一种“游戏”，只要家长引导有方，孩子就会逐渐习得最基本的自我服务的“技能”。

鼓励孩子参加家务劳动，不但有助于从小培养孩子助人（帮

助家人）、关心他人（关心父母、祖父母）等品德，还能促使孩子感知父母日复一日操持家庭的不易，让孩子体味父母的养育之恩，提升孩子对家务劳动的理性认识——为父母（或他人）分担劳动，是对他人感恩或者爱的一种表示。

通过学做家务，还可以促使孩子学会统筹安排时间和合理利用时间，让孩子认识并体会到：做家务可以不用花费太多的时间；做家务对学习不会造成必然的耽误，处理得当的话，反而有利于提高学习效率。

家务劳动对孩子是一种锻炼，从小开始学做家务，可以让孩子把做家务当成一种习惯。而孩子从小养成的习惯，会对孩子终身有益。

生活自理能力是个人素质的组成部分，从小培养孩子的自我服务能力，家长有着不可推卸的责任。

在培养孩子的劳动观念和劳动能力方面，八连村民的做法为普通家庭提供了一个不错的范例。

八连村民对孩子在劳动方面的要求非常严格，从孩子很小的时候就开始培养孩子的劳动习惯、劳动观念和劳动技能。

在八连，简单的家务劳动包括：扫地、擦桌子、做饭（煮饭、洗菜、切菜、炒菜）、喂牲口（打猪草、剁猪草、煮猪草、喂食）、清洗餐具、洗衣服、制作醪糟、做豆腐、砍柴、割草、制做节日食品，等等。

出生在八连的孩子，从自己能够自由地、平稳地走路开始，便开始学习“做活路”——跟在家人后面“帮忙”，做力所能及的事情。家人做饭时，“帮忙”烧火——往灶坑里添加柴火，“帮”扫地、擦桌子、洗菜……大多数时候，这样的“帮忙”实际上是在“捣乱”、添乱。但村民们普遍能够容忍这样的捣乱，只要不是有急事、不是太忙，他们总是乐意让孩子“帮忙”，而且鼓励、指导孩子“帮忙”。孩子们因此能够得到学习、实践的机会，能够看见大人做什么，就学着做什么。

村民们一般是先示范，孩子实际做时，再一遍接一遍地纠正、指导。

赏识孩子在劳动方面的好学、勤快、上进；用夸奖孩子的同伴勤快、能干的方法，促使孩子努力、尽力干活；让外人知道自家孩子爱劳动的各种表现以激励孩子，是村民们最常用的方法。在这样的氛围里，村里一些只有六七岁大的孩子，在家人非常繁忙的时候，已经基本能够独立完成做饭、喂牲口等简单的家务劳动。

无论男孩，还是女孩，尤其是女孩，学会简单的家务劳动被八连人当成理所当然的事情，是最基本的生存技能之一。

年长者总是这样告诫孩子们："你可以学会了不做，但是不能不会。"对于六七岁以上的孩子，上学和完成作业是最主要的事情，做家务不是每天必须的功课，但在家人做家务时，在完成作业的情况下，不论是谁，只要不是生病了，都不能闲着，更不能坐在或站在一边旁观，习俗要求必须参与其中，必须搭把手。尤其是饭前饭后，无论多小的孩子，都要做一些力所能及的事情，如：摆椅子、凳子，拿碗筷，盛饭；归置桌凳，擦桌子，清扫垃圾等等。无论是在自己家还是在别人家，除年长者外，习俗禁止饭前饭后坐着不动身。除了这些，孩子还必须习得并掌握以下知识和技能：

1. 学会识别山菜、野果

孩子们多在还没有机会上山之前，就开始学习辨认大人从山上采摘回来的山菜、野果，等长到一定岁数后，就会被允许同伙伴、家人等一起上山去采摘。

首先，要学会辨别、区分人畜都能食用的野菜有哪些，要知道哪些野菜好吃、哪些味道不好。哪些野菜猪爱吃，哪些野菜味道苦涩，猪不爱吃。什么种类的野蘑菇能吃，什么种类的蘑菇有毒——不能吃，甚至不能触碰，什么种类的蘑菇长在什么地方……

其次，要知道什么野果可以大量吃，什么野果只能吃一两个，什么野果连尝都不能尝，什么野果能止痒、消炎，什么野果能治疗创伤、腹泻或消化不良等等。

同时，村民们还要求孩子必须掌握一些必要的生存常识。如：多数蛇只要你不攻击它，它们一般不会咬人，有的蛇则富有攻击性；乌梢蛇、五步蛇等有剧毒，而且喜欢攻击人；要避免到有乌梢蛇、五步蛇经常出没的地方去，不得不经过那些地方时，要带上一米多长、拇指般大小的竹条子，以备在被攻击时自卫；不小心被毒蛇咬伤时，为防止毒液扩散，要立即将衣服或裤子撕成布条子，在接近被咬伤处（这里仅指手伤或脚伤）一定距离的地方用力将布条捆绑上；要迅速用嘴将毒液尽量吸出；要迅速找到有解毒功能的草药服用和外用等等。

如果蛇没有攻击人的倾向，尽量不要去伤害它们；如果你追打了它，并将其伤害得很重的话，一定要将其致死，并且要用石头、砍柴刀等坚硬的东西将其整个脑袋全部捣烂成糊状，否则，会遭到被伤害未死的毒蛇及其毒蛇家族的报复。

2. 猪、牛、鸡、鱼等的养殖

调查显示，从新中国成立前开始，八连农户一直有家家户户养猪、养鸡的习惯，实行家庭土地承包责任制之前，曾经有一段时间禁止农户或个体商户出售和贩卖猪肉。那段时间，农户养猪主要是用来自家食用和上交国家。近年来，养猪已经变成一种重要的经济来源，不少农户开始尝试着饲养1—2头母猪，靠出售仔猪以获取更多的收入。

肉猪的饲养技术较母猪的饲养技术简单，因为不是规模或大量饲养，基本不做传染病预防接种。只需在仔猪长到二十余斤时对其做干净利落的阉割术，平时一日三餐给足足量的食物。五六个月，最多七八个月，仔猪就可以长到接近二百斤左右。

村民们养牛的主要目的是耕田和制造肥料。在相当长的一段时间里，基本上是一户饲养有一头壮牛。秋收结束至第二年水稻栽种结束期间，主要采取集中放牧，轮班值日的方式放养，其余时间多为圈养。农户们在夏天会给耕牛提供足够的青草，其他季节则用干燥的秸秆和水稻草等做饲料。

从前，每个家庭所养的为数不多的鸡、鸭、鱼等等，都是用来作为“换钱买盐巴用”的商品，很少有人家食用得起。现在，鸡、鸭、鱼的养殖，在八连仍然不是规模养殖或专业养殖，但多数人家可以在家里来了客人需要食用，或家里有人想吃鸡鸭鱼肉时，随时宰杀。只有“剩下来的”才会拿到集市上去出售，“能卖多少算多少”。

鸡鸭的饲养为散养，每日分早、晚两次投喂给一定量的自家产的品相不好的玉米粒、水稻谷子或者剩饭、米糠等。

多数农户会在插秧结束后一两个月内，买来（或从别的农户家里找来）鱼苗数十或数百尾，投放到自家保水较好的水稻田里饲养。除了注意保水，一般不给鱼苗投料，不做特殊管理。

3. 蔬菜种植

蔬菜（包括玉米、红薯）种植的主要目的是为家人食用和为猪、牛提供饲料。直至目前，村里只有几户人家经常拿一些自家种植的蔬菜到集市上去出售。

村民们种植的主要蔬菜有：大白菜、小白菜、圆白菜、土豆、辣椒、西红柿、黄瓜、南瓜、茄子、大蒜、牛皮菜、苋菜、芥菜，等等。

村民家中的自留地是有限的，每户都要根据家人的需要、喜爱，选择蔬菜的种植种类和播种面积，即家里人喜欢吃什么蔬菜，就多种植什么蔬菜。

时至今日，虽然蔬菜生产的主要目的是“自给自足”，但村民们对蔬菜种植经验的重视也像对待种植水稻那样重视——尽管某种蔬菜种植失败了，可以用其他蔬菜的重新种植来代替。

蔬菜种植时间具有较大的随意性，不像种植水稻那样，在插秧、收割时必须抓紧时间。一般情况下，早几天或晚十来天下种，都不会影响收成。只要愿意，无论多大的孩子，随时都可以跟着家人或者是自己单独到菜地里去。节假日、周末，甚至放学后的时间，孩子都可能有机会到菜地里去“帮忙”。村里的很多孩子，都是在帮忙的过程中记住了蔬菜的种植方法的。对于村民来说，即便是尝试着种植新品种，也可以在下种前或下种之后，前去请教会种植的人。因为谁擅长种植什么，长在地里的东西就是一种说明。所以，村民们通常是看见谁家地里的什么蔬菜长得好，就去向谁请教这种蔬菜的种植技术。

玉米种植主要采取套种和间种法（即玉米和红薯、玉米和辣椒、玉米和黄豆、红豆或绿豆，或者是玉米和小白菜等等套种）。鲜玉米（老玉米）可以制作成村民们喜爱食用的“包谷粑”；干玉米可以制作白酒，酒糟是喂猪的很好的饲料；玉米秸秆是牛最爱的食物；玉米粉碎加工后，可以用来喂猪或牛。对村民们来说，玉米全身都是宝，只要套种时搭配得当，间距处理恰当，下种、除草、施肥及时，玉米种植就不会影响其他蔬菜的生长，反而能达到双丰收的效果。因此，到了春天，村里农户家中所有的旱地几乎都会套种上玉米。

红薯种植的主要目的是为猪提供饲料，红薯容易成活，生长快。其藤蔓被割掉后，能在很短的时间内又长出更多更长的藤蔓，是夏天喂猪的最主要的饲料。红薯的根茎则主要用作秋天及冬天生猪的饲料。自留地里出产的土豆、南瓜，大多也被村民们当成猪饲料。

因为村民们一日三餐都离不开辣椒，所以特别重视辣椒的种植和栽培。每家每户每年都要自产数十斤甚至上百斤的辣椒。村民们对辣椒的培植特别上心，每户家中位置最好、最肥沃的自留地一定用来种植辣椒。圈肥、化肥等肥料也是优先为辣椒地预留出来之后，才会平均使用到种植其他植物的菜地里。

4. 习得基本的草药知识

新中国成立前，八连所属平浪镇没有一所医院，生病了或受了外伤，全靠“整体”——捶、揪、刮痧，或使用草药医治。即使到了 21 世纪的今天，村民们仍然是非大病不去医院。一般的小病或轻微的外伤，都是由自家人或找村里（或找邻村的）懂草药的村民帮助医治和处理，只有病情、伤情比较严重时，才送医院治疗。

村里的大多数村民都能处理简单的感冒、拉肚子、消化不良等小病。

村民们治疗大人感冒的方法有：用盐水或生姜熬制成的烫水浸泡、搓洗腿脚；捶背；用生姜或铜钱（硬币）沾白酒刮痧（全身）；“掐痧”——用唾液湿润食指和中指后用力夹捏身上特定部位的皮肤，使其发红排毒；用玻璃“残痧”（用锋利的玻璃扎割舌头背面的血管，排除少量血液），等等。

治疗婴幼儿感冒的方法有：用艾叶熬水泡洗手脚；用捣碎的生姜包裹在脚心处。

拉肚子时：食用一种被当地人称作“黑果”的野果止泻。

消化不良时：捶背、揪食筋（大人用），抹肚子、吃酒药（大人、孩子通用）。

另外，村里或外村有懂草药的“土医生”。他们有的擅长为人治病，有的擅长为动物治病；有的擅长治内伤，有的擅长治外伤，但多数为一专多能。土医生的绝活一般不传外人，只传嫡系子孙，没有师徒传承的形式。通常，“草医”上山采药时，都是自己一个人外出，或是带着自己的一个儿子（或女儿）一起去，教他辨认草药的生长环境，熟记药名，了解哪些植物能治什么病，以花为药还是以根茎或果实为药，什么时候采摘效果最佳等等。在治疗过程中，以子女为副手配合治疗，或者讲明注意事项后，让其子女亲自操作。

二、其他技能的习得

在八连，手工制作有明显的角色分工，男性多从事与生产生活密切相关的手工工具的制作，女性的手工制作则表现为实用和观赏相结合，做工稍显复杂而精细。

1. 以男性为对象的手工艺知识的传授

（1）*木匠知识*。在八连，木匠活曾经是不少男性村民除去耕田种地以外的重要经济收入来源之一。八连脚（地名，八连河下游河谷东面的山坡低处）的蒙姓是木匠世家，其曾祖父、祖父，以及其第三代五个儿子中的一个，都曾是村里有名的木匠。村里的很多男性都是在给他们做辅助性杂活时，学会了改板（锯木头）和制作门窗，打制桌子、凳子、柜子等等普通家庭用品的制作方法的。直到现在，农闲时节，村里的很多男性都会结伴到附近村寨揽活，为村民们制作一些简单的生活用具、用品，挣“一份盐巴钱”。

（2）*篾匠知识*。简单的篾编技术没有严格的传承形式，村里也没有人以此为职业谋生，只要愿意学习，普通的篾具制作手艺很容易就能学到手——不用传授，一看就会。因此，村里的大多数男性村民都会制作简单的生产、生活用篾质工具。如，村民日常生产、生活中使用频率极高的各种类型的篾箩——粪箩（运送圈肥等使用）、马草箩（割草等使用）、猪笼、鸡笼、撮箕，等等。家里没有人会编制的农户，则可以备好材料（竹子），请寨里其他会编制的人到家里来帮忙即可。一般情况下都是只给帮忙者提供丰盛的食物，不付任何报酬。

工艺精细、造型较难的米箩（盛谷子、大米等使用）、簦箕、簸箕、筛子等竹制品，村民们则只能到集市上购买，村里没有人会这些复杂的编织技术。

2. *以女性为对象的手工艺知识的传承*

(1) 纺织及缝纫。20 世纪 60 年代以前，大多数村民家中的大多数床上用品，以及身上穿戴的衣帽、鞋袜等物品，都是自己生产、自己制作的。制作程序大致包括：种棉、纺棉、织布和缝纫。现在，村里已经没有人家种植棉花了，会纺棉、织布、缝纫的人已经屈指可数，原因是村民们普遍认为机织品、成品更漂亮、更耐用、更好用、更省事。

制做鞋垫、布鞋的手艺被部分村民传承了下来。但制作方法几乎都是到了婚龄甚至是结婚生育以后才开始学习的。娶进村里来的媳妇们，如果结婚前不会绣鞋垫、做鞋，结婚几年后，在村里人的耳濡目染下，也能学会这些知识。

(2) 刺绣。刺绣是妇女活计中的精细活，主要用来装饰妇女的“围腰”(围裙)、“背袋”、布鞋、鞋垫等。从前，刺绣是妇女必须掌握的本领。绣品的精美程度，曾经是当地人衡量妇女是否能干、是否心灵手巧的最主要的标准之一。学习刺绣不需要拜师，通常是母亲教女儿、嫂子教小姑、姐姐教妹妹、大女孩教小女孩。村子里，谁绣得好，谁就是老师，其他人都可以跟她学，习俗要求能者要做到“来者不拒”，且必须细心、耐心地指导前来学艺的人。据说以前当女孩长到六七岁时，母亲或姐姐就会拿一些边角布和针线给她，让她学习刺绣，从简单到复杂，循序渐进。

当地的习俗是母亲得至少要为每个女儿准备一床“背袋”(背孩子用，女儿生育第一个孩子办满月酒时送去)，因此，村里 70 岁以上的妇女几乎都会做各种刺绣活。因为后来流行机绣被带、流行不佩戴“围腰”、不兴穿绣花鞋，现在，村里妇女的刺绣手艺仅保留在鞋垫制作一项上了。

第三章　社会习俗与儿童成长

现代教育学著作中，有许多关于教育目的的表述，如：自然教育、素质教育、全面发展教育、思想品德教育、人文教育、创新教育、愉快教育、成功教育、挫折教育等。从以上这些表述中可以看出，教育目的包含有两种价值取向：一是从社会的需要来确立教育目的；二是从个体的发展出发来确立教育目的。无论是从社会的还是从个人的角度看，教育目的本身包含了目的制定者的意愿、意图、希望和理想。八连人培养孩子的目标之一就是希望孩子将来能被其所生活的社会接纳、认可和尊重。在这样的目标指引下，村民们从孩子很小的时候开始，就十分重视培养孩子养成不“独”与“赶伴”的行为和习惯，并促使其在一系列的交往过程中习得当地的社会习俗知识，以实现个体的社会化进程。本章主要讨论八连儿童的社会交往习俗以及儿童在其中的成长问题。

第一节　不“独”与“赶伴”的人生追求与儿童交往习俗

一、八连儿童的交往习俗及意义

“独”在八连人的语境里是一个贬义词。其含义十分丰富、独特：有利益自己独占，不考虑他人利益的行为；有能力帮人，但不肯提供帮助的行为；不肯借东西给别人的行为；自己的玩具不让给其他人玩的行为；独来独往不合群的行为；吃东西时，被人遇见，不真心与别人分享的行为……都被指责为“独”。“独”在很多情景下，指的是不懂得，或不能够与人分享的行为。

在村里，经常能听到这样的评论：在他们那发人（同一年龄段的人）里，他（她）还算“赶伴”的；在他们那发人里，他（她）赶不到伴；他们那发人，只有他落尾巴、不“赶伴”……“伴”，指年龄前后相差两三岁的同龄人；“赶伴”是指能与同伴同行，能跟得上同伴；和大多数同伴水平相当；没有落后于同伴，等等。

不“独”与“赶伴”显示出八连人对于儿童行为和心理培养的理想愿望，流行于村里的习俗文化对孩子按照人们的愿望成长提供了滋养的土壤，起到了育人（教育）的作用。

八连人认为有两类孩子最可怜：一类是失去母爱，或得不到母爱——“没妈”的孩子；另一类是“没伴”的孩子——总是孤零零一个人独处、长时间没有玩伴的孩子。因此，村民们总是想方设法给孩子找玩伴，为孩子能有玩伴、“不孤独”提供各种力所能及的支持。比如，孕妇们看见邻居家或亲戚家的孩子，特别是刚刚学会走路、正在学习说话的幼儿时，会邀请孩子道：等妹（当地方言，婴儿皆称作“妹”，不分性别）出生了，来帮我照顾妹，背他、带他一起玩、把好吃的送给他，等他长大了，你们一起去读书、一起上山去砍柴……月子里，寨邻家的孩子们（主要是学龄前儿童）是产妇家里的常客，探望、“帮忙”照看毛妹（毛妹指婴儿）成了他们生活中的一件大事、乐事，每天数次往返于产妇家，并乐此不疲。婴儿满月后，寨子里的孩子们就会争着帮产妇“照看”孩子——背孩子、抱孩子、逗孩子、看孩子、陪孩子……

在村子里，这样的情景几乎每天都能见到：一个六七岁大的孩子背着一个婴儿，哄着一群幼儿做游戏；几个稍大一些的孩子带着一群年龄不等的孩子玩游戏、“做活路”等。

孩子学会走路后，家人便开始鼓励孩子单独去“串门”。“去看伯妈家饭熟没?”、“去看X姐（哥）在没在家?”、“去看老太家的鸡下蛋没?”、“去找×××玩去!”、“去喊×××来我们家玩!”，甚至故意差使孩子到邻居家去“借”孩子搬不动的东西，或邻居家没有的东西，以及世间根本不存在的东西，比如“公鸡蛋”等。

对于单独来串门的孩子，寨邻们都会热情地招呼，与之说话、交谈，鼓励孩子、赞美孩子。或问：“来了？个人来的？哉耶(真了不起)！能干了呢！做得吃了呢！你来做哪？有哪样事？来请我去你家吃饭？你妈呢？……”很多时候，孩子还能从寨邻家里得到一些吃的、玩的——这使得幼小的孩子为了得到他们喜爱的东西（村民们十分明白，对于孩子来说，别人家的食物总是比自家的香甜)、为了得到邻人的表扬，或为了有人玩，总是乐此不疲地到寨子里去“转悠”(玩耍)。在这样的往返来回中，孩子们获得了与家人以外的人接触、交往的机会，获得了接受邻人(成人、比自己家孩子大的其他孩子，或同伴）指导、指点的机会。

假日里，孩子如果愿意去讨猪菜（打猪草)、摘野果、采蘑菇、砍柴、捉鱼，甚至到河边戏水或洗澡时，家长总是建议孩子“要约到伴再去”，有的家长甚至规定“有伴才能去”，即主张上山或下河时，至少得两人，最好能三人以上一起行动。如果孩子不愿意出门去做什么事情，只愿意待在家里，家长也总是希望孩子能“有伴、不孤独”，因此会或建议孩子邀请同伴上家里来玩，或者鼓励孩子上同伴家里去串门。

生活在八连的人有强烈的“赶伴”意识，可以说“赶伴”既是村民们的价值尺度，也是村民们的人生目标。同龄人都入学了，没能入学的孩子的家人会认为自己的孩子“不赶伴”；大家都到学校了，磨磨蹭蹭落在后头的孩子的家人会认为孩子“不赶伴”；节假日，村里很多孩子聚到一起做游戏，因为种种原因没能前去参加游戏的孩子，也有“不赶伴”的嫌疑；村里的很多孩子都拥有了某样东西，例如，新书包、新笔盒，等等，得不到这些东西的孩子会觉得自己“不赶伴”；别人家的庄稼都生长得很好，自己家里的庄稼没有侍弄好，认为自己“不赶伴”；同龄人都结婚或出嫁了，迟迟不能完婚的青年被认为是“不赶伴”的人；别人家都生育有儿子，只生育有女儿的人家认为自己“不赶伴”；别的人家都修建钢混结构的住房了，自己没有能力修建这样的房子，认为自己“不赶伴”……

“赶伴”不是恶性竞争，甚至不是竞争，因为村里的绝大多数人都不愿意和任何人斗气，而且十分反感张扬、炫耀的行为，尤其讨厌争强好胜、嘴巴不服输的人。“赶伴”只不过是个体希望和大多数人一样，希望通过努力，不要太落后于同伴的一种意愿；人们对谦虚、内敛的“超前者”只有羡慕、敬重，而很少妒忌；对“不赶伴”者则充满怜悯与同情，总是想法设法为其提供各种援助和机会，希望其尽快赶到“伴”中来。

不“独”提倡的是让孩子学会主动去与别人分享、去帮助和照顾别人，这样做的结果是孩子能从中获得赞扬、鼓励和朋友。村民们要求孩子必须学会与同伴分享——不管乐意还是不乐意，不管是哭还是闹，从小就得学习、就得实践。大度地、高高兴兴地、主动地与同伴分享的人，会得到舆论的一致好评；不乐意与人分享的人，即使又哭又闹，最终仍然被迫（通常是被家人强迫）与人分享，事后还得承受“甲壳”（吝啬）、“独”（不大度、小气）等言辞的讽刺和奚落。因此，村里的很多孩子在绝大多数时候都是不敢有“独”的行为和表现的。

在八连，无论多小的孩子吃喝东西时，有同伴（年龄相当，比当事人年长或年幼两三岁的孩子）遇见，不管分多分少，一定得分一些给同伴，绝不能不管不顾、自顾自地吃喝，否则，会被戏称为“吃独食”。家长总是教育、要求孩子，自己的玩具，在别的孩子提出也想“玩玩时”，必须同意，至少也得有条件地同意（如，向借方提出时间限制，或为避免损坏玩具而指定使用玩具的方法等等）让别人玩一会儿，否则，“等别的小娃玩他们的玩具时，你就不好意思和别人一起玩了!”而且，只有大家一起玩或和另一人一起玩，才会感到更多的快乐。

因为村民们讳“独”，所以，总是能谦让就谦让；能帮忙时就尽力提供帮忙；即使自己很饿，吃东西被他人遇见，食物再少也要礼让；尽量借给别人开口想借的东西；给孩子玩具的时候，就告诉他一定要和别的小朋友一起玩，不答应就得不到玩具……

村民们告诫孩子与同伴相处时，要做到：“打伙好好玩”（即，大家一起友善地、恪守规矩地玩耍，不能无故排斥任何一个孩子)；说话时，态度、语气要友好；自己玩自己的（不能影响、妨碍其他人)；大的要照顾小的、让着小的；不能打架——不管遇到什么情况，绝对不能先动手打人，谁先动手谁错，即“有一千条、一万条理由，也不能动手打人”；有什么事，必须好好说（商量)，只有“好好说”，才有解决问题的可能；禁止互相碰撞、推搡；只要对方不乐意，哪怕是善意的拉拽、触摸等等，也要被禁止；大家在一起游戏，难免会磕磕碰碰，只要对方不是故意的，就不应该过度责怪，最好的做法是自己注意一点，提醒对方也注意一点；绝对不能“记恨”人，更不能报复人（人们认为“记恨”行为是“心眼小”、心胸狭隘的表现，与这种人在一起玩耍，大家会因为必须有所顾忌而不能尽兴。当地人反对、禁止任何记恨行为和报复行为)。

“赶伴”、不“独”的人生价值取向和人生目标，决定了八连人对儿童交往的重视。

缺乏交往技能的孩子们聚到一起时，难免会发生交往上的障碍，为此，村民们不但会为孩子们提供、创造交往的机会，还十分注意传授给孩子们各种交往的习俗知识和技能。如，怎样加入陌生同伴的活动，怎样与同伴沟通，怎样给予同伴关心、帮助，以及轮流、商量、妥协、交换等与同伴交往的习俗和规则。

在孩子们交往相处的各种场所，以及寨邻们聚会的所有活动中，有心的家长们会观察所有“出场”的孩子（尤其关注自己孩子的言行表现），现场或事后，会对表现“突出”者（表现极好者和表现极差者）发表“评说”。这些言语实际是在告诫孩子们，什么是对的，什么是错的；什么行为值得提倡，什么行为应该避免或摒弃。这种通过“议论”、“评说”，或用褒扬、批评、建议的方式对村里所有孩子的言行进行指导、引导和诱导的方法，具有十分明显的教育效果。

在同伴群体中，那些有着积极、快乐的性情，分享、沟通能力强、能够组织高水平合作游戏的孩子，常常会自然地成为众多孩子喜欢的玩伴。村民们一般都能注意、观察到这些，并且随时建议其他孩子模仿、效仿他们。在村寨这个“小社会”的“大舞台”里，孩子们经历过的很多事件会让他们终身难忘，当然，由此而获得的相关知识和理念也会让当事人终生受益。

在很大程度上，父母是孩子社会生活的安排者，在客观上可以左右孩子的社会交往。八连的多数家长大多能够主动地、积极地、尽己所能地为自家孩子结交朋友创造条件、提供帮助，其具体表现在：给孩子提供丰富多彩的同伴交往环境，除建议孩子平时做事情，如上学、赶集、砍柴、割草等行动要“约伴”外，节日、庆典时，还鼓励孩子邀约同伴到家里来玩耍，或鼓励孩子到同伴家里去串门等。

家长们不仅支持、鼓励同村孩子之间的交往，如果远处的亲戚家里有性别相同、年龄相近的孩子（当然该孩子至少必须是品德好、性情不太出格的孩子才行，如各方面表现都不错，或者是口碑很好的孩子），更是竭尽所能地创造各种机会让孩子们互相熟悉、经常往来。大人们每次见面时，几乎都会真诚地邀请对方家庭的孩子到自己家里来玩；孩子到家里来后，会热情款待；孩子走后，家长会有意无意地、客观地评价该孩子的长处，在适当的时候，建议自己的孩子把该孩子身上的优秀品质当成榜样来学习。

家长们也支持、鼓励孩子与外村同龄人以及与同学间的交往，建议、鼓励、支持孩子邀请外村的同性别的同龄人、同性别的同学到家里来玩耍。届时，家长除了会为他们提供玩耍的时间和空间外，还会为他们的交往提供一定的经济或物质支持，如，花钱买零食、制作传统食品招待孩子的同伴，等等。

如果两个孩子特别合得来，喜欢经常待在一起，而且在一起能够互相促进，家长有时还会怂恿他们“打伙计”或“打姨妈”（男性与男性间结拜为好朋友，称作“打伙计”；女性之间相互认作好朋友称为“打姨妈”。一般情况下，“打姨妈”或“打伙计”后，除了孩子间的互动外，双方家长有时也必须互动，尤其是在对方家庭有红白喜事时，“姨妈”或“伙计”家要去“吃酒”、送礼），这是当地人为延续友谊最常采用的一种交往形式。因为有了这样的习俗，部分“姨妈”或“伙计”间的友谊有可能会持续数十年，甚至几辈人。

庆典、婚丧活动，或者其他活动，寨邻们聚到一起时，村民们会鼓励孩子积极参与活动或参加劳动，一起合作做力所能及的事情——给大人们帮忙。

平时，村里所有的家庭（包括没有幼童的家庭）也会为孩子们创造一起玩（交往）的机会。孩子们的交往随便、自然，不需要邀请，也不需要提前特意打招呼，孩子们可以随便进出到每一个家庭的没有上锁的房间去游戏。对于孩子们的到来，村民们都会表示欢迎，很少在意孩子们在一起闹腾时对家中清洁卫生与秩序造成的破坏。

村民们还允许孩子经常与伙伴在家以外的地方玩耍，允许孩子与同伴间有属于他们的小秘密，因此，村里的大多数孩子皆能充分体验交往的快乐。

在这样的环境中，八连儿童的父母，尤其是年轻父母，都能从任意一个村民那里得到育儿方法的指导、训导和监督。如果他们对孩子过于严厉，或者放任不管，甚至只是某一种管教方式有悖当地习俗，都会有人用不同的方式提醒他们。一般情形下，父母们都不太可能对儿童进行专制式管制，能在众人的关注下容忍儿童的一些小错误，给予儿童“无条件的接纳”。在这样的环境下长大的孩子，一般来说，都能达到心地善良、人格健康、性格平和的基本标准，并能习得基本的社会交往技能，因而基本都能成为同伴心中的好伙伴。

儿童与成人之间的交往，由于权力地位、物质资源、信息资源等的不均衡，通常表现为主动与被动的关系或主体与对象的关系。在这种交往中，成人的作用集中体现在管理、指导、示范、耳濡目染的熏陶、榜样、感化等方面，对儿童的社会化发展有着十分重要的教养作用。

以群体社会化发展理论为基础的研究者指出，在儿童人际关系网络中，同伴关系居于重要位置。他们认为，儿童的社会化在很大程度上是在同伴群体中发生的，同伴及同伴关系的影响最为突出，是决定性因素。另外，一些研究者的研究发现，在生活中，很多孩子的谈吐、兴趣、爱好、穿着，同伴及同伴关系的影响远远超过家长、教师，以及亲子关系和师生关系的影响，而且，随着年龄的增长，这种影响呈上升趋势。基于此，研究者们认为，同伴关系在儿童关系中居于决定性位置。

实际上，同伴关系在儿童成长的过程中具有成人无法替代的独特作用。同伴关系是平行关系，是儿童和生理、心理发展水平处于大体相同程度的同伴之间的一种平等、自由、互惠的关系。

它能给儿童提供学习技能和交流经验的机会，而这种经验和技能只有在地位平等的情景里，在宽松、轻松的氛围里才能获得，是儿童与成人之间的垂直关系所不能获得的，因此，也是其他任何关系都不能替代的。

“儿童之间的同伴交往，从实质上看，是儿童未来发展乃至未来社会生活的一种准备，是儿童社会性行为成长的重要基础。”① 同伴交往的特点可用“相互性”来概括，也就是说同伴交往是平等的、同质的。鼓励儿童之间进行各种形式的交往，有利于儿童发展平等、民主、协商等社会品质。有研究者认为儿童“从大人那儿学到的社交技能远比与同伴交往中所能学到的要少。他们会从错误和考验中学会取舍，并且自觉地根据经验做出反应。”②

社会互动理论认为，儿童从出生的即刻就进入了人际交往的世界，学习、发展、成长与成熟则发生在儿童与他人的交往与互动中。维果茨基的最近发展区理论也认为，儿童与成人或能力强于他的同伴交往是使他进入下一个发展区的最好方法和途径。③

儿童作为社会中的一员，始终处于一种不断交往的状态中，交往是儿童社会生活的重要组成部分。交往，尤其是同伴交往，对儿童的社会化成长具有重要且特殊的价值。我们在八连的儿童人际交往习俗中发现了许多积极的因素，它们主要体现在以下几个方面：

① 侯春生：《儿童心理成长论——成长论视野中的儿童社会化》，南京：南京师范大学出版社，2004 年，第 337 页。

② 劳伦斯・沙皮罗著，施美华译：《EQ 之门》，北京：经济日报出版社，1997 年，第 167 页。

③ 林琼：《社会互动理论对外语口语课堂教学的启示》，载《攀枝花大学学报》，2002 年第 2 期。

1. 促进儿童自我意识的发展

家庭（村寨、寨邻）、同伴群体是儿童最基本的社会活动场所和最普遍、最主要的交往对象。而人际交往在确定一个人的角色和自我价值方面能提供支持和引导，在与同伴的交往互动中，儿童通常会根据交往经验确立自我，从而促进人格的健康发展。如果一个儿童在交往的过程中较少受到他人的关注，或被群体孤立，这种经历和体验将会导致他对自己的价值产生怀疑和不自信，甚至会使其产生终生挥之不去的自卑感。

个体的自我意识不是在封闭的自我中自然生成的，而是个体在与他人的交往和互动中逐渐形成的。交往，尤其是同伴交往，为儿童认识自我提供了必要的、可资比对的参照系数和衡量标准，对儿童自我形象的确立发挥着重要的作用。正是在交往互动的过程中，儿童学会了使用“我”、“我的”等词语，获得了关于自己与他人关系的众多信息，以及与此相关的诸多方面的自然而真实的反馈，学会了认识自己。

2. 促进儿童社会性认知的发展

在著名学者皮亚杰看来，儿童社会性认知的发展主要包括两个方面的内容：一是儿童在交往互动中学习交往知识，并理解规则；二是在交往的过程中逐渐去除“自我中心”，学会关注并理解他人的观点和想法。①

同伴交往的重要意义主要体现在良好的同伴关系有助于儿童习得熟练成功的社会技能；同伴交往、同伴关系可以给儿童提供榜样、期待、希冀和强化作用，从而促使他们形成各种不同的观点、态度和社会行为。

在同伴交往互动的过程中，儿童能直接地从同伴那里学习情感、态度和价值观，并且能锻炼和提高与人交流的能力，还能获

① 皮亚杰著，吴福元译：《儿童心理学》，北京：商务印书馆，1980 年。

取从父母以及其他成人那儿得不到的信息。由于亲子关系是一种天然的血缘关系，因此，无论儿童做（错）了什么，父母都会因其“还是小孩子”而给予原谅，即无论孩子是好还是坏，最终都会得到父母的谅解和接纳。在同伴交往中，儿童不得不靠自己的社会交往技能和优点去赢得其他孩子的认同，获得属于自己的位置。他们必须知道怎么做才能顺利地加入到其他儿童正在进行的活动中；如何遵守规则才能使活动得以继续下去；怎样与性格各异的孩子进行有效的沟通；如何劝说他人；怎样表现、怎样表达才能争取到其他儿童的支持和帮助；在发生矛盾和冲突时，他们还必须学会有效地表达自己的观点和立场，学会为自己辩护，学会机智地处理和解决问题等。

以上这些社会交往技能都能在同伴交往中得到学习、实践和强化，而这些技能的习得，可以使他们在未来的生活中有能力应对种种可能遇到的挑战和任务。

失去与同伴平等交往机会的儿童，通常都不能熟练地掌握有效的交往技能，也不能获得控制攻击性行为所需要的基本能力，其性别社会化和正确的道德价值观念的形成也显得困难重重。

同伴交往，以及良好的同伴关系在儿童适应社会的过程中起着积极的、重要的作用。儿童早期的社会性认知，在很大程度上依赖的是同伴交往。

正是在同伴交往互动的过程中，儿童学会并掌握了游戏规则、社会常识、物理经验、学习方法等；在不断的交流与合作中，学会了平等相处，学会了比较、分析自己的观点与他人观点的异同，学会了关注他人的意见和观点，逐渐摆脱自我中心主义，达到相互理解与交融；良好的同伴关系还有利于儿童社会价值观的获得、社会能力的提升和学业的顺利完成，以及认知和人格的健康发展。

3. 促进儿童情绪、情感的发展

儿童与父母，以及其他成年人的交往中形成的依恋，对儿童的情绪、情感的发展有着重大的影响。良好安全的依恋有助于儿童获得安全感，有利于培养儿童对他人的信任感，是积极性情绪、情感得以成长的最初的基石和前提，能为儿童良好的个性发展奠定基础。负向（不安全）的依恋容易使儿童形成焦虑、不信任、冷漠、孤僻、怪异等心理缺陷，造成人格发展的障碍。儿童与同伴的交往能满足儿童乐群和归属的需要，在或和谐或冲突的交往互动中，体验快乐、愤怒、郁闷、悲伤、痛苦等情绪，促进情绪、情感的发展。

良好的同伴交往还能促使儿童产生自尊感和归属感。归属感是指一个人获得属于某个群体和被其接纳的感受，这种感受只有在群体中才能获得。人类是自然界中最高级的（社会）动物，归属和爱，以及尊重的需要是人类最基本的需要。当儿童知道同伴群体中的其他人赞同或肯定自己的某些见解或某种能力时，他就会愿意与他们共享群体的规范，努力表现得更好、更完美，以争取获得该群体成员更深刻的认同。这对儿童自尊感的萌生、形成与强化具有积极的作用。一般而言，归属感的需要在青少年时期会变得较为强烈，良好的归属感能减少青少年在这一特殊时期出现的急剧变化的焦虑和恐惧。拥有良好同伴群体关系的儿童易表现出友好、谦虚的品质，能较快、较顺利地适应环境，并具有对所处自然环境和社会环境进行积极探索的精神，也较少焦虑感和孤独感。

与此同时，儿童在交往的过程中，其语言能力、观察能力、想象能力，以及自信心、同理心等，都能得到隐性的发展和提高。儿童正是这样在与成人接触、与同伴玩耍以及参与各种形式的实践活动和劳动的过程中，不断发生着与父母及其他家人、与同伴、寨邻、教师之间的相互联系和相互作用。在这些交往互动的过程中，儿童的社会性发展水平不断提高，从而学会适应社会，获得生命的意义体验，并形成有别于他人的独特的个性。

二、八连村俗中儿童的行为准则

人类这种社会动物个体，从出生的刹那就进入了一个文化世界，与他人形成关系依赖，从母婴依恋到亲子关系，再到同伴关系，以及与其他社会成员间的关系。随着年龄的增长、活动能力的增强，儿童的交往范围会逐渐扩大，交往范围和交往关系会不断拓展和丰富。人与人之间的这种交往和交流的需要是原始的和基本的人性特点，也是人类生存的基本需要。有了这种因交往本能而产生的亲子互动、同伴互动的关系依赖，儿童才能得以生存，才能习得人类社会的情绪和情感、掌握社会的习俗规范和必要的知识技能、生成识别环境并调节自己行为的能力、发展个体的社会性，并以个性的形式表现出来，不断地弥补存在状态上的不足，从而实现人的社会性本质及文化生成。于是可以这么说，儿童期是人一生中最重要的社会化阶段。亲子关系、同伴关系等关系依赖则是儿童期孩子生存与发展的最基本和最根本的条件。

在儿童社会化的过程中，儿童必定要与周围的人发生交往、互动，构成各种人际关系网络，即与社会环境发生相互作用。正是在这种互动的过程中，儿童的社会性认知、情绪情感、行为等得到了发生与发展。人际交往既是儿童社会化进程的前提条件，又是儿童成长、发展的重要环节与内容；心理发展与成熟是儿童在与他人或社会互动的过程中逐渐完成的。从这些意义上来看，我们可以这么说：没有个体的交往活动，就没有个体的成长与发展。也就是说，在任何一个社会中，任何人都不是孤立存在的个体，而是在与周围的人及环境的相互作用中存在和不断发展的，而且，其发展在很大程度上取决于与其直接或间接交往的一切人及其相互间的关系。

众所周知，幼小孩子的思维具有“自我中心”的特点，在和同伴交往的过程中，他们通常只会从自己的角度看待问题和思考问题，既不愿意也不能够感知同伴的情感、意图和观点。发生矛盾和冲突时，往往只会强调和坚持自己的正确，总是直截了当地指责同伴的不是，而且极易产生攻击性行为。年龄越小的孩子越是如此。

儿童的道德发展处于“他律”阶段，其道德行为主要受制于外部的、成人规定的标准，即儿童的道德判断受其自身以外的价值标准的制约和支配。儿童对成人通常都是单方面的尊敬和顺从，认为遵守规则、服从权威就是好孩子，否则就是坏孩子。八连的习俗是村民们能有意识地给予孩子们良好的社交影响，并指导孩子的交往行为。村民们总是教育孩子在交往中，即在和人相处时，要学会客观地评价自己和他人，要知道世上的每一个人，即使是弱智，都有优于他人的长处、短于自己的缺点，要学人之长，补己之短；学会站在对方的角度，从他人的立场看待和思考问题，不要事事都以自己的意志为转移；要富有同理心和同情心，宽以待人；要学会协商、忍让和妥协，增强合作意识；无论遭遇多大的难堪、处于多么被动的情景，都不能首先使用攻击性行为。村民们要求孩子必须学会求同存异、多替他人着想；学会尊重别人和自己的不同，包容别人和自己的不一样；学会在意和顾及别人的感受，无论走到哪里，都要努力、尽力做一个受大多数人欢迎的人。

八连人关于好孩子的标准为孩子的人格成长和孩子之间的交往活动提供了规范。

首先，不打人、不骂人。

该村所有的家长一致教育孩子（反复叮嘱、强调）：打人、骂人是被绝对禁止的；谁先动手打人，谁先开口骂人，错就在谁身上；有什么想法、有什么要求、想做什么，要用“嘴（语言）

好好地说”，即要好好地商量；如果发生实在无法调和的矛盾，遇到无法解决的问题时，最好去请教其他年长的孩子，或者村子里的大人，让他们帮忙裁决。总之，一句话，所有的孩子都要友好地相处、愉快地一起玩耍。

因为有打人、骂人是不好的行为，是被绝对禁止的行为的认知，以及家长的如果违反，就要被惩罚的“威吓”，八连村民的孩子们在和同伴玩耍时，很少发生打架、骂人事件。孩子间如果发生打架、骂人等富有攻击性的冲突行为时，任何看见或者听到的村民，不管现场有没有自己家的孩子，都有义务、有责任对孩子们进行“管教”——制止、劝阻、批评。一般情况下，冲突现场只要一出现成年人的身影，甚至只是听见成年人的声音，或者某个孩子故意传递的某位成年人“来了”的信息时，冲突双方都会即刻停止冲突，甚至飞快逃离现场。

其次，采取非暴力手段解决矛盾和冲突。

八连的家长一贯主张孩子间要用非暴力的手段、宽容的态度处理同伴间的矛盾和冲突。如果孩子们通过多次努力都不能取得比较好的效果，比如，某位孩子总是一而再、再而三地打人，村民们会采取直接“告知”对方家长，让家长自己“管教”孩子的方式。这种方式是村民们最不愿意选择，最无奈的方式，因为大多数孩子都会因为其他家长的告状而被父母严厉地惩罚。

八连的家长没有时间像城市里的家长那样守着孩子玩耍，也就不能像城里的家长那样为避免争执、吵闹，能及时把即将发生冲突的孩子分开。偶尔遇见孩子发生冲突，也多是一边忙着干活，一边告诫所有的孩子要“好好地玩”（友好地一起玩耍），或者恐吓道：“哪个不讲理？是不是想吃阔拽了?!”（阔拽——用指关节敲打头皮）、“还闹?！还打?！（接下来如果还打闹或争抢的话），等我过来一个一阔拽！”。家长们一般不会不分青红皂白地斥责自己的孩子，或因为怕自己的孩子吃亏而对孩子说出“他打你，你也打他，不然你就窝囊”之类的话。

第三，强调不同年龄的孩子之间的义务和责任。

八连村民认为（对村里所有的孩子反复强调）能为大人照顾好比自己年龄小的孩子——带着他们安全、愉快地玩耍的孩子，才是好孩子、乖孩子；年龄大的孩子要让着年龄小的孩子，因为年龄小的孩子“不懂事”；“大的”有义务、有责任教年龄小的孩子——教他们学做游戏、学习游戏规则、学习用语言与人交流、沟通……就像自己小的时候，其他大孩子教自己时那样教他们；要为他们示范游戏动作、讲解游戏规则、交往规则等等；大的要宽容小的——小的不执行规则、违反规则，或做得不够好时，不要苛责他们，他们之所以“不听”、“不会”，是因为他们还小；要用当初比自己年龄大的孩子友好地对待、照顾自己的态度、方法去对待、照顾小弟弟小妹妹们。

村民们认为年长的孩子是“哥哥姐姐”。因为“哥哥姐姐”是“大的”，所以懂得的道理、规范就应该比年龄小的孩子多，就应该且必须要让着年纪小的孩子，不能与之斤斤计较，不能与之争抢，更不能打、骂、推搡、欺负年龄小的孩子。不同年龄的孩子发生冲突，不管是什么情况、也不管是因为什么原因，年龄大的一方得负主要责任，会被批评、责怪。

第四，懂规守规、宽容包容。

儿童在玩耍时发生冲突是避免不了的，同伴冲突教育的核心目标首先应该考虑的是如何帮助儿童发展积极解决冲突的能力，而非简单地阻止或防范冲突的发生。八连村民为避免儿童同伴间发生冲突，以及有效解决冲突，有自己的教育原则。村民们主张年龄相当的孩子之间相处时，除了要讲规则、原则外，也需要相互让步、宽容、妥协，如果都斤斤计较，就不可能玩到一起了；玩伴间的争、抢、不懂礼让、不懂分享、不守规则等行为，是一种不好的、让人不齿的行为，理应被唾弃、摒弃；惩罚这种行为的方式就是大家都不理他，不和他一起玩，冷落他、孤立他，直到他知错、改错为止。

家长们还会告诉孩子，世上有各种各样的人，这些人的“脾气、秉性”都不相同（人的个性是丰富多彩的），而且这种脾气、秉性是“天生的”。因此，每个人都要学会欣赏和允许多样性，容忍别人的想法和自己的想法不一致；学会宽容、谅解，不要过分苛求；学会沟通、协商，懂得合作的道理；学会关心、帮助他人；要学会从他人的观点、立场来分析、考虑问题；对别人的困难、痛苦，以及身体生理缺陷等，应该是同情，而不能幸灾乐祸；要学会感激他人，对曾经给予自己关心、帮助的人要有一颗感恩的心；良好的品德是做人的基础，是发展其他社会技能的重要前提和保证。因此，每个孩子都必须从小养成与人友好相处的品德。

一般情况下，八连的家长都会在晚饭的时候询问孩子白天里发生（或遇见）的事情，很多时候，孩子们也很乐意对家长述说自己的“所见所闻”，以及自己的经历、感受、困惑等等。不管是发生在谁身上的事情，也不管自己的孩子是否参与冲突，家长一般都会尽量问明白每一个细节，会对冲突进行评价，会指出当事者行为的对与错，会告诉孩子遇到这种情况时该怎么做，不应该做什么，及时、适时地给予孩子待人处世等多方面的指导。八连的儿童在玩了一天（也可以说是“实践”了一天）回家后，再接受家人的“说教”，第二天，他们或许就会用上头天从家人那里获得的具体的行为指导，将之应用到生活实践中。如此反复，既提高了孩子的认知，也培养了孩子的行为习惯。

多数儿童都会倾向于选择与自己年龄、性别相同的人做朋友。儿童选择的朋友，在智力方面或个性特征方面通常并不类似，而是倾向于选择有共同兴趣、态度、价值观和社会指向的人为友。一般来说，八连的家长基本都能做到充分尊重孩子的交际兴趣这一点，不会采用强制的手段将自己的喜好强加于孩子头上，对孩子的交往横加干涉。村民们常常用“各人有各人的脾性”作为不强迫孩子的理由，显示出他们明白与同伴交往是孩子自己的权利，处理同伴交往中出现的问题也是孩子自己的责任的道理（尽管很多时候，那是无奈地放弃）。一些研究者认为这种做法是对孩子独立人格的肯定，也是培养孩子独立性的重要一步，是值得倡导的做法。

家庭环境是影响儿童心理发展最直接、最具体的微观环境，是儿童早期社会化的主要场所。家庭氛围，家长对人、对事、对物的态度，及其处理方式等潜在的环境因素，对儿童的个性、人格，以及其他社会性发展具有重要的影响。家庭和睦温馨、家长宽容民主、亲子关系融洽、家长能随时提供情感支持、鼓励（而不是限制、反对、禁止）孩子交往等因素，对儿童行为规范的内化最为有效。在父母的温情和勉励下，儿童多会乐于与同伴交往，而且会在交往失败时向父母诉说，并能接受家长的建议和帮助。

由于孩子的辨别能力和自控能力有限，积极关注孩子的交际状况，教给儿童择友的基本标准，让孩子明白“近朱者赤，近墨者黑”的道理显得尤为重要。发现孩子结交有不良倾向或不良行为的朋友时，要注意多开导、多疏导，避免因采用批评、责罚、禁止来往等方法引起孩子的逆反和抵抗，从而把孩子更加推向“损友”一边。这些方法，是八连村民们在乡村城市化变迁进程中不能不补习的功课。理由很简单，孩子们的交往范围已经没有边界，获取信息的手段，以及交往的方式和手段已经变得非常多样化（村里有的孩子或弃学加入传销组织，或弃学外出打工；一些女孩被拐卖等事件的发生，据说都是因为“相信朋友”、“朋友那样做了才跟着那样做的”），而且，他们所面对的社会、接触到的人员，已不再是从前那种生活在文化同质社会中的“知人知面知心”的群体。

同伴关系是儿童最平常、最普遍、最广泛、最正常的社会关系。成人在给予极大的关注后，积极的支持、尊重、理解的同时，还要给予“不懂如何交往”的孩子正确的引导，才能促使孩子在与同伴的交往中健康成长，并最终成为一个乐于交往和善于交往的人。

三、儿童同伴冲突的解决模式与八连儿童的成长

1. 八连村民对待儿童同伴冲突的态度和处理方式

八连的家长们每天离开孩子出门前，都不会忘记嘱咐孩子：要和同伴“好好玩”、不准打架、不准吵架、不准玩火、不准去河边……“不听讲”的话——即，如果违反上述禁令中的某一条，导致不良后果、造成较坏影响的话，家长就会视情节的轻重给予一定的惩罚，或批评，或训斥，或用竹枝抽打教训孩子。

如果是已经能走会跑的大孩子告状说自己被“不懂事”的幼儿打了，家长会问：“你没有脚，不会跑开?!”

当然，如果打人者与很多被打者年龄相当，且已经不属于“不懂事”的幼儿，而且，总是一犯再犯，村里的任何大人都可以对其进行批评、教育，或恐吓道：“二回（下次）再打人，就跟你单（爸）讲，看你皮子是不是痒了!”（看你是不是想挨揍了）甚至恐吓道：“二回再打人，就打电话喊警察、喊解放军开车来把爱打人的人抓去关起来!”

一些时候，部分村民会使用强制策略介入幼儿间的打架、吵架等冲突，其目的是为了迅速结束纠纷，以免造成“身体伤害”，特别是人际关系的伤害。

冲突主要是指那些存在于人际交往中的不和谐及矛盾的现象。同伴冲突是指儿童在与同伴玩耍或相处的过程中发生的相互

抵制或对抗，表现为交往双方在言语、行为或情绪等方面的对立。同伴冲突不等同于攻击性行为，尽管冲突过程中常常伴有攻击性语言和行为，但两者的区别在于攻击性行为是有意伤害他人的行为，常常是单向发生。而同伴冲突一定是存在于交往双方的相互对抗之中。

同伴冲突大都起因于孩子间的肢体动作或其他社会性因素和行为的干扰，大多与物品的归属权及使用权有关，也常常会因为空间及物品资源的共同使用产生冲突；并非所有的冲突都是由负向的人际互动所引发，有时候一个拥抱、一个微笑、一句话，甚至善意的协助或问候，都会因为当事人的误解、不理解或不领情而引发。有的冲突是由于儿童间的想法和行动差异或社会环境等因素导致的，年龄稍大的儿童间由于这些因素引起的冲突，在各类冲突中所占的比例最多。另外，“大”孩子间也会因为对规则的理解出现差异和不一致而发生争执或打闹。

皮亚杰认为，幼儿处于智慧发展的前运算阶段，“这个时期儿童的主要心理特点之一是自我中心主义突出，即考虑一切事情都只从自己的角度出发，以自己为中心，想象每一样事物都与自己的活动相联系。他们总是从一个角度来观察事物，不考虑别人的意见。”①

因此，处在这样一个发展阶段的幼儿在玩耍时，通常就只会希望自己能够得到（拿到、抢到、争到）自己想要的东西，比如玩具等，而不会去考虑其他孩子也有玩玩具（或拥有玩具）的意愿、玩具是不是自己的，以及对方失去玩具后的心情，等等。也就是说，儿童因玩具等物品发生争执，甚至出现攻击性行为等都是正常现象，并非是成人眼里或成人世界中存在的自私行为和表现。

---

① 杨汉麟、周采：《外国幼儿教育史》，南宁：广西教育出版社，1998 年，第 423 页。

受年龄的影响，儿童的语言发展水平和语言表述能力普遍都不高，常常不能准确地表情达意，很多时候，在向其他同伴表示友好或毫无恶意的情况下，也会由于语言沟通不畅，使对方产生误解而导致冲突；部分孩子缺乏使用语言与人交流、沟通的习惯，或者缺乏使用礼貌用语的习惯，有时也会成为引起冲突的原因。如果这些孩子能够向对方清楚地阐述自己的想法、观点，或者能够适时适度地做些道歉之类的话，双方或许会因此缓和紧张的气氛，从而减少冲突对双方造成的负面影响。另一方面，孩子在遇到和自己意见不一致或不能满足自己心愿的情况时，由于缺乏解决人际冲突的经验，常常会以己为主，互不相让，发生争执或冲突。

很多时候，儿童在判断事情的好坏、对错时，常常是以结果为准，很少考虑和分析事件的全过程和行为者的主观动机。由于儿童道德发展所具有的这些特点，当同伴的行为与社会既有的规则稍有出入时，也会造成误解和不必要的冲突。

同伴冲突是儿童交往中比较特别的一种互动形式。像世界上的诸多事物一样，同伴冲突对儿童发展的影响也具有正负两个方面的意义，即所谓的建设性影响和破坏性影响。当代学者的研究成果更趋向于肯定早期冲突对儿童心理发展的积极影响，认为冲突是同伴互动效果的关键机制，儿童的社会认知冲突导致了儿童的心理重构，促进了个体心理的变化，加速了心理的适应和发展。[①] 同伴冲突是儿童交往行为的表现之一，它为儿童习得解决社会性问题的方法和技巧提供了实践的场所和练习的机会。因为儿童拥有与成人不同的思维方式和行为准则，与成人相比，儿童间的冲突具有发生频率高、持续时间短、行为多样化（儿童间发

① 张文新：《儿童社会性的发展》，北京：北京师范大学出版社，1999 年，第 178 页。

生的冲突形式，频率由高到低的排序分别是：推和推挤、拒绝与别人一起玩耍、毁坏物品、打、踢、咬人、骂人）、冲突多“对事不对人”（争端大多起源于一件具体的事情，比如“你碰倒了我的东西”、“他拿了我的一颗石子”，等等，很少是因为彼此间存在敌意而故意挑起事端）、冲突后很少“记仇”（幼儿冲突持续的时间非常短暂，只是他们玩耍过程中的小插曲。即使冲突时非常气愤，也可能转身就忘，一会儿两人又高高兴兴地玩在了一起）等特点。

同伴冲突是儿童交往中避免不了的一种行为互动形式，是孩子成长过程中必然经历的一种学习过程；社会认知水平低和社会技能（特别是交往技能）不足是导致冲突的主要原因；解决同伴冲突的方式、方法是否恰当，在很大程度上决定着冲突的发展方向和对儿童发展的影响；不同的教育观念、教育目标，和教育方式，直接影响到儿童解决冲突的能力。

八连村民对待儿童同伴冲突的态度、处理方式的典型做法有：①村民们认为儿童避免冲突和解决冲突需要具备和发展的能力依次为：语言表达能力、沟通协商能力、谦让—宽容—友爱—礼貌的品德、是非判断能力、解决冲突的方法、求助能力和自卫能力。②受传统思维认知模式的影响，八连村民认为孩子打架、骂人、打闹是不好的行为，是完全的消极行为，应该被禁止；他们认为引发冲突的儿童要么是行为习惯不好，要么是社会交往技能或道德品质有问题。③与此同时，他们认为年幼的孩子抢东西、不会与人分享、不守规则等等，是因为其“年龄小，不懂事”，不知道怎样与人相处、不知道怎样与人交往。这些不懂、不会的事情，“等到他大了、懂事了，就好了”。④村民们实际上认为应该制止的是打人、骂人，以及容易引起打、骂、哭泣的打闹行为；承认同伴冲突是幼儿（非儿童）成长过程中难以避免的非正常现象，理解因为年龄小、不懂事而引起的纠纷是不可避免的。⑤村民们主张孩子之间应该而且只能通过语言协商的方式解决冲突，反对、禁止用攻击性行为（武力）解决冲突；⑥村民们没有人有富余的时间专门照顾、指导孩子游戏，陪孩子玩耍，发生在孩子间的绝大多数冲突大都由孩子们自行调解，即所谓的同伴调解。孩子充当第三者调解冲突，在当地儿童同伴冲突解决中非常流行；即使有时孩子前去向大人“告状”，如果不是非常严重的冲突，成年人通常也只会指派一个年龄稍大的孩子前去“哄他们”（替他们调解），即，让孩子自己解决同伴冲突问题。

同伴交往及其冲突是儿童道德发展过程中不可或缺的重要环节。我们在八连的习俗中发现，八连人对待、指导儿童解决冲突的态度和方式，有利于儿童的成长和发展，很多做法具有非常积极的价值，主要体现在：

（1）促进儿童逐渐去除“自我中心”

对于儿童的社会化进程来说，同伴冲突的过程既是一个学习的过程，又是一个成长的过程，即同伴冲突对儿童社会化具有独特的价值。皮亚杰等人的研究结果显示，儿童与同伴交往中发生的冲突，有利于其社会观点采择能力的发展。因为年幼的儿童都是以自我为中心的，他们既不能也不愿感知、意识，更不能理解同伴的情绪、情感、观点、意图，做事情总是“我行我素”，致使相处不大一会儿工夫就会发生争吵，而且，总是互不相让。但随着时间的推移，孩子在多次的冲突中逐渐发现，如果在冲突中采取坚持不让步的方式，就容易招致对方的坚持和不妥协；如果选择使用语言进行阐述、说明、商量、请求、让步、妥协，双方或许会达成基本满意的双赢协议，即明白只有适度尊重他人的观点或需要，对人宽容，才能更好地满足自己的需要的道理。这样的经验，能促使儿童在往后的交往中，当冲突发生时，为了达到自己的目的，不得不去倾听、去了解他人的需要、观点和感受，调整自己的行为，逐渐弱化自我中心意识，从而促进其社会观点采择能力的发展。

(2) 建立健康、良性的自我概念

Cooley（1909）指出，人们都是按照自己在社会情景中的经验来定义自己的。在人际互动的过程中，个体能够获得关于自己怎样被他人知觉的信息，这些信息被用来形成自我的基础。Sulivan（1953）认为同伴关系为个体逐渐理解合作与竞争的社会规则，以及服从与支配的社会角色构建了基本的框架；充分良好的同伴关系是形成健康的自我概念所必需的环境因素之一。[①]

也就是说，儿童自我概念的形成是儿童与社会环境相互作用的过程，也是儿童从完全倚重他人评价逐步过渡到准确地自我评价的过程。他人评价包括家长评价、其他成人评价、教师评价，以及同伴评价等等，孩子们更关心来自同伴的评价。在冲突事件中，引发冲突的原因、冲突的发展进程，以及冲突的解决等环节，可以使儿童感知并意识到自己是一个不同于他人的独立个体；在同伴冲突的过程中，儿童能通过与同伴的沟通、互动，以及同伴的行为、反应感知自我形象。借此，儿童就能够形成健康、良性的自我概念。

(3) 提高儿童的交往技巧

社会技能是指个体经过学习获得的在特定社会情境中有效而适当地与他人进行互动的活动方式。儿童社会技能训练主要包括认知、行为、情感三个方面的综合训练，它主要是强调通过帮助儿童改变认知方式、学习交往的知识和技巧来完成社会技能的提升。儿童冲突的发生很多都是源自社会交往技能的缺乏。而冲突为儿童提供了运用各种技巧化解矛盾的真实环境和实践机会，儿童会在抢夺、哭闹、打骂、沟通、协商或求助等方法的运用过程

① 华希颖：《家长对3岁幼儿同伴冲突的观点的调查》，载《学前教育研究》，2004年第6期。

中，逐步积累社会交往经验，提升解决冲突的能力。八连人认为，很多时候，语言表达能力是解决冲突的关键。因此，村民特别注意对孩子进行有针对性的语言表达能力方面的训练，平时，除了鼓励孩子勇敢地发表自己的看法、提出自己的见解外，还注意教会孩子，如果是自己遇到相似的情境时，应该如何向他人诉说，如何表达自己的想法和情感等等。有的时候，村民们甚至会采取一字一句口头传授的方法，不厌其烦地指导孩子，促使儿童通过语言学习，增强语言的表达能力和语言的感染力，以期日后在解决冲突的过程中，能够说服别人，并逐步学会按照社会规范来协调彼此之间的关系。

与此同时，冲突的解决还涉及冲突双方的相互让步、妥协，以及合作与分享等等，这既加深了儿童对社会规范的认识，又提高了他们解决实际问题和协调人际关系的能力。通过解决同伴冲突时获得的经验，能极大地提高孩子的社会交往技能。比如：男孩子之间的冲突多表现在肢体语言的对抗上，但解决冲突最有效的方式却不是依靠强大的肢体攻击行为，而是采用言语协商。面临冲突情境时，怎样控制自己的情绪和行为，怎样通过协商对话的方式尽可能说服对方、维护自己的合理要求，这对孩子们来说是一个更高的要求。也正是在这种探索和尝试磨合的过程中，孩子学会了谦让、协商、互助和合作，增长了社会经验，同时也增强了规则意识和心理承受能力。

社会交往技巧并非与生俱来，而是一种经过长期学习和实践后习得的能力。每一次冲突，对孩子既有的社会交往技巧来说，既是一种考验，又是一次有效的练习。而每一次“练习”，对于孩子来说，都将会是一次提高。

在同伴交往和同伴冲突的解决过程中，因为儿童之间处于平等的地位，所以非常有利于他们逐渐学会理解他人，也学会如何使别人理解自己。皮亚杰认为，协作既能促进智慧的转变，也能促进主体道德的出现。“从这个时候起，单方面的尊敬便减弱了，个人的判断便开始了。在这样的后果中，协作即压制了自我中心状态，又压制了道德实在论，因此便达到了规则的内化性。”① 儿童正是这样，在解决冲突的过程中，不断地调整着他们的“游戏规则”，最终形成道德价值。

同伴冲突是一种有效的教育资源，为儿童的语言发展，以及注意、思维等认知活动提供了特别的环境和发展、提升的平台。“交流是儿童语言发展的关键因素”，儿童冲突过程中的争吵、申诉、提出自己的建议和观点、说服对方等一系列的语言活动，加快了儿童社会化语言的发展；而提出解决方案、寻求双方共同认可的解决方法等互动过程，则刺激了儿童思维的发展和解决实际问题能力的提高。

2. 启示

八连村民总是教育孩子要友好地与人相处；要懂得“吃得亏，做得堆”（能吃亏，才能玩到一起，才能合作、共事）的道理，学会大度、宽容地对待同伴；让孩子牢记打人、骂人是非常严重，甚至是不可饶恕的错误行为。无论何时，无论发生什么情况，都不能先开口骂人，更不能先动手打人；遇见欲用暴力解决冲突的人和事件时，要尽快避开，或者尽快寻求他人的帮助；要学会用语言、采取协商的方式解决冲突，反对使用身体的力量或威胁等富有侵犯性或攻击性的方式解决冲突。

八连人不管多么繁忙，都会利用晚餐的时间，在轻松的氛围里，“套出”孩子每天的所见所闻，引导孩子讲述他所看到、听到（或者是自己亲自经历）的同伴间的冲突事件，并鼓励孩子分析导致冲突发生的原因，启发孩子探索解决冲突的办法。随后，

---

① 皮亚杰著，傅统先、陆有铨译：《儿童的道德判断》，济南：山东教育出版社，1984年，第488页。

会就冲突谈自己的看法，尤其注意告诫孩子，如果自己被动地成为冲突的一方时，应该怎么应对、怎么处理。

家长会经常就孩子具体的交往活动、冲突过程等方面，指导孩子如何在同伴群体中找到自己的位置，如何拒绝同伴不合理的要求，如何在同伴中树立威信，如何适当地在伙伴中获得好感。同时，村民们还注意培养孩子各方面的能力。如语言能力——告诉孩子什么场合应该怎么说话。村民们看待、分析、处理孩子间的冲突时，一般不会仅仅是从自己孩子的得失出发，因为那样做无疑只会促使孩子间产生更深、更大的对立，而是优先考虑利用冲突提供的机会，让孩子获得新的经验，并从自己的孩子着手找出交往不利的原因，使孩子明白发生冲突的原因，促使孩子主动发现问题、采取策略，以使局面向好的方向发展。如此，孩子往后再遇到矛盾、冲突，或其他困难时，就会采取积极的态度，努力去思考和分析问题，努力去克服和解决问题。

八连儿童同伴冲突的解决模式给予我们的启示有以下几方面：

要尽可能多地让儿童参加不同形式的游戏，特别是合作性游戏。让儿童在活动中学习遵守规则，学会与他人分工、合作来共同完成任务。

要注意对儿童进行移情训练，发展儿童理解他人、尊重他人的能力。

通过对同伴冲突事例的分析、讲解，启发儿童学会换位思考，体验他人的情绪、情感，学习理解他人、尊重他人。

要注意培养儿童的亲社会行为，并通过榜样示范、正强化等方式培养儿童谦让、助人、分享等亲社会行为。

让孩子学会自我控制。通过设立规则、谈话、强制手段等方式，训练儿童对自己的行为和情绪进行控制，学会等待。

研究表明，儿童解决冲突的方式多种多样：不同年龄、不同个性特征的儿童，解决冲突的方式有所不同；同一儿童在不同环境、对待不同的交往对象，以及面对不同的事件时，解决方式也会有所不同。

Osterman 和 Bjordqvist 将儿童解决同伴间矛盾冲突的方式总结为三种基本类型：（1）建设性冲突解决模式。即通过交谈提出和解方案，双方从积极层面解决问题；（2）退缩模式。离开对方，或向对方让步，使冲突得以缓解；（3）第三者干预模式。即由第三者介入帮助解决冲突。

Arcaro Mc Phee 通过对幼儿冲突行为的编码进行分析后指出，在没有外界干预的情况下，学龄前儿童通常使用四种策略解决冲突：（1）权力策略：指采用攻击行为结束冲突；（2）脱身策略：走开或注意力从冲突事件中转移；（3）简单协商：一个儿童（一方）陈述他或他们的需要、想法、建议，另一个儿童（另一方）同意；（4）复杂协商：儿童以他人的建议、观点作为依据，在孩子之间展开对话、商量。Arcaro Mc Phee 的研究成果认为儿童解决冲突的能力与以下各种能力有关：能想出解决问题的各种变通方式；能预知他人对某种特定情景的可能性反应；能应用“手段—目的”的解决策略。

玛丽安则认为，影响儿童解决矛盾冲突的要素包括：是非标准、解决问题的备选方案、尝试合作、自我控制，以及相互交流。

Asher & Talor 指出，拥有适当的社会技能能够促使儿童在同伴交往中取得成功和被社会接纳；那些与同伴频繁发生冲突或使用攻击性、强制性行为解决冲突的儿童，往往是社会技能水平低下的儿童；家长、老师、学校、社区，要有针对性地对儿童进行社会技能训练，注意培养和提高儿童解决冲突的能力。

八连人对待儿童同伴冲突的个案表明，同伴冲突是儿童社会性发展过程中的正常现象；儿童在解决冲突时获得的经验对儿童的社会性发展有着举足轻重的作用；处理人际冲突的能力是检测儿童的社会化发展水平和适应社会能力的一个重要指标。从这个角度看，如果对孩子之间发生的冲突加以正确引导、合理解决，那么它就有可能会转化为促进儿童身心健康成长的推进器。但是，八连村民指导孩子处理同伴冲突的经验，是在同质文化背景下的熟人社会里积累起来的，八连的家长反复对孩子说："吃得亏、做得堆"（不在乎吃亏的人，才能聚到一起）；感觉到谁要打人时，应该尽快避开，要迅速寻求帮助；不管是什么原因，即便有千条万条理由，打人都是要不得的、都是错的、都是要挨批评，甚至是要挨父母或家人打骂的……但无论是笔者本人或其他八连人的育儿经验显示：类似的传统思维方式和做法，在处理多元文化背景中的儿童冲突时，有时会显得乏力或无所适从。

第二节 "玩耍"与儿童情商培养

一、关于情商的定义及其研究

长期以来，人们都认为智商（IQ）是个人发展和成就事业的决定性因素，认为高智商就是高水平和高素质、高智商等于高成功率，因此，十分重视对孩子智力方面的开发和投资。教育，尤其是学校教育也因此沦为了课本知识或某些技能传递的场所。

但是，最近二三十年的众多研究表明：智商高的人并不都能获得成功，也就是说，成功者并不一定智商比别人高出很多，相反，智力中下者却往往成就卓著。由此，人们对根据智商的高低来预测人的未来的可能性做法产生了质疑。20 世纪 80 年代初，美国哈佛大学心理学教授嘉纳主持"多元发展计划"研究课题，其研究成果除了指出传统的智力测验多有偏颇外，还提出了"情绪"对于成功具有深刻的影响的观点。嘉纳教授认为人类的智慧至少包括下面 7 种不同的能力：语言智能、数理逻辑智能、空间智能、音乐智能、体态智能、内省智能和交际智能。而后两种智能是情商理论的直接来源，为“情商”概念的形成和发展奠定了基础。

现代心理学的研究结论认为：人的成功商数可以概括为智商、情商和逆境商（英文分别为 IQ、EQ 和 AQ，合称 3Q）；情商作为一种非智力因素，对一个人事业的成败影响巨大；智商、情商和逆境商对成功的贡献率分别是 15%、80%和 5%；智商让人发现机会，情商能使人抓住并利用机会，逆境商则能使人不轻易放弃机会。

1990 年，美国耶鲁大学心理学家彼得·莎洛维（P. salovay）和新罕布什尔大学的约翰·梅耶（J. Mayer）教授在《想象、认知与人格》杂志上发表题为《情绪智力》的论文。他们在该论文中提出了“情绪智力”这一概念，“用它（情绪智力）来诠释人类了解、控制自我情绪，理解、疏导他人情绪，并通过情绪的调节控制，以提高发展和生存的质量和能力”。文章认为情绪智力是一个人在生活、工作和学习中处理自己和他人的感觉与情绪的能力，这种能力主要是指一个人处理情绪信息的思维方式，以及采取正确行动的能力，它是一个人社会智力的一部分。在这篇论文中，莎洛维和梅耶关于情绪智力的定义，把情绪过程与认知过程相互影响、相互渗透、相互促进的结构特点高度概括为一种能力；把传统思维中基本上是仅仅只作为学习知识的认知能力的智力结构拓展到情感领域；认为人类的智力结构中同时存在智商和情商这两种既有联系又有区别的能力结构；前者（智商）被认为是人类与生俱来的潜能，而后者（情商）则是在后天的社会活动中不断习得的社会智力。

萨洛维和梅耶最初认为情绪智力主要包括三种能力，即准确地评价和表达情绪的能力、有效地调节情绪的能力，以及将情绪体验运用于驱动计划和追求成功等动机和意志过程的能力。

随着研究的深入展开，几年后，他们又对情绪智力的内涵进行了重新修订，使之更为清晰、准确。被重新界定的情绪智力包括：区分自己与他人情绪的能力、运用情绪信息引导思维的能力、调节自己与他人情绪的能力。①

1999年，《纽约时报》专栏作家、哈佛大学心理学教授丹尼尔·戈尔曼出版了他多年潜心研究的成果《情感智力》一书，该书一经出版就立即风靡全球。丹氏在书中指出："情商"是个体重要的生存能力，是一种发掘情感潜能、运用情感能力影响生活各个层面和人生未来的关键的品质因素；情绪智力包括五种能力，认识自身情绪的能力、妥善管理自己情绪的能力、自我激励的能力、认识他人情绪的能力和妥善处理人际关系的能力。

丹尼尔·戈尔曼在对拉美地区227位取得巨大成功的主管与23位失败的主管进行对比研究后发现：失败者的智商（IQ）与所拥有的专业知识技能几乎都是很高的，他们的致命弱点在于情商（EQ）的缺乏，即自大、过分依靠脑力，不能适应地区偶发的经济波动，蔑视合作或团队协作。丹氏的研究结论认为：情商是存在于传统智力（IQ）之外的另一种潜能结构，一种更加深刻、更富有内涵、更具有影响的能力；人类成功的指数＝20％智商（IQ）＋80％情商（EQ）。据此，他宣称："婚姻、家庭关系，尤其是职业生涯，凡此种种人生大事的成功与否，均取决于情感商数的高低。"② 在人的成功要素中，智力因素是重要的，但更为重要的是情感因素。也就是说，真正决定一个人成功与否

---

① 蔡克勇：《21世纪中国教育向何处去》，长春：吉林人民出版社，1997年，第187—188页。

② 张伟、朱斯琴：《组织情商理论在企业管理中的应用》，载《内蒙古师范大学学报》（哲学社会科学版），2008年第6期。

的关键是情绪智力而非智力。

情绪智力概念的提出，打破了传统智力理论长期以来一直坚持和强调的认知因素和信息加工能力在人的成功中处于绝对重要位置的主张，它强调的是人的情绪因素，例如，自我意识、同理心，以及乐观等；指的是人在面对干扰、身陷困境时所具有的驾驭情绪的能力、承受能力和应变能力；它对于个人在工作中的成败、个人的心理健康，以及生活的幸福等都起着关键的作用。①

情绪智力（Emotional Intelligent）作为社会成功心理学的概念在 20 世纪 90 年代被提出来之后，立即在全球范围内引起了学术界广泛而强烈的关注和高度的评价。现在已经成为心理学、教育学、管理学等研究领域探讨的热点，最近几年，有人已经开始尝试着将其研究成果运用到教育和企业管理等众多领域。

在教育学研究领域，一些研究成果认为情绪智力的高低与学业成就之间存在着较高的相关；情绪智力在后天是可以被教授和被学习的。②

2002 年，龙玉川、唐平、张涛对中国大学生的调查研究显示：与智力相比，情绪智力水平的高低对学生学习成绩好坏的影响更大一些；情绪智力高的学生，在困难和挫折面前有较强的承受能力，能很好地克服学习和生活中出现的诸多困难和不利因素，因而能在学习中取得较理想的学习成绩、获得更大的

① Frank Romanelli, Pharm D, eff Cain MS, Kelly M. Smith, Pham D. Emotional Intelligence as Predictor of Academic \ or Professional Success. Amefli-can Journal of Phamaceutical Education, 2006, (3): 69—70.

② Arla L. day, Delinda L, Therrien and Sarah A. Carroll. Predicting psychological health: Assessing the incremental validity of emotional intelligence beyond personality type A behavior, and Daily hassles. Eurogean journal of personality. 2005.

成功。[①]

2006年，荣巨兵对中学生学习成绩与情绪智力关系的研究结果表明：学生对自身情绪的理解和控制能力与学习成绩有直接的关系，能够很好地掌控自己情绪的学生，学习成绩也较好；情绪的感觉、情绪的表达能力和对他人情绪的掌控通过对自身情绪的理解和控制来影响学生的学习成绩。[②]

唐伯林的研究表明：近年来，大学生中负性情绪呈增加趋势；非正常死亡者人数增多；学生缺乏团结协作精神；人际交往能力不佳；心理健康水平普遍偏低。[③]

卢春生等人在高校随机抽取了800名在校大学生，对其情商水平进行测试。测试结果显示：有7.9%的大学生在亲情的表现上显示为感情淡漠，他们很少，甚至不愿与父母、亲朋交流；在友情方面，多达8.6%的大学生表现出不能正确处理同学关系、与同学交流困难、没有知心朋友；占19.1%的大学生不能树立正确的恋爱观；有4.5%的学生处理不好师生关系。[④]

白静通过调查研究，把当代大学生的情商现状及特点概括为：人际交往不成熟，缺乏一定的社会适应能力；心理素质差，缺乏一定的心理承受力，严重者甚至产生心理障碍；协作精神较

---

① Victor Dulewicz and Malcolm Higgs. Can emotional intelligence be developed. The intenational journal of human resource management. 2004，(1)．

② Karen Van Der Zee，Melanie This，Lolle Schakel. The relationship of emotional intelligence with academic intelligence and the big five. European jonrnal of personality. 2002.

③ 唐柏林：《当代大学生情商教育基本策略》，载《湖北社会科学》，2008年第5期。

④ 卢春生、曹志友、李伟、刘桂英：《大学生情商健康水平测试及教育对策》，载《中国医学导报》，2007年第12期。

差，缺乏一定的协调能力。[1]

上述这些国内教育学界学者的研究探索成果也在告诉人们：高智商者，不一定会取得学业、事业的成功；智商中等者，有可能会在学业或事业上有突出的成就。其原因在于高情绪智力者自制力强，能够坚持做好每一件事情；高情绪智力者能够控制和调节自己的情绪，善于人际沟通与合作；低情绪智力者通常会因情绪问题而影响和阻碍其智慧能力的运用和发挥。

二、八连儿童的“玩耍”

八连村民教育孩子和人相处时必须坚持这样的原则：要与同伴友好地相处；想做什么只能用语言交流来实现；不允许有冒犯他人的行为——比如，想要玩别人的玩具，别人不同意就动手抢；绝对禁止打人——无论发生什么事情、不管出现什么情况，即使再有充分的理由，先动手即为错，要为冲突负主要的责任；也不允许言语冒犯他人，更不允许骂人，谁先开口骂人谁错；跑、跳时，要拉开距离，避免相互间的身体碰撞；大孩子（包括年龄大和体型大者）要让着小孩子、指导小孩子，不能欺负小孩子；要大度地对待玩伴间因为无意（非故意）造成的伤害；玩伴间遇到解决不了的问题，要及时求助年长者。

有婴幼儿的家庭，村民们会随时邀请已经能行走的孩子到家里来和弟弟妹妹玩，来“带”（照顾）弟弟妹妹；对已经能走会跑的孩子，家长总是鼓励他们出去找朋友玩，并且在孩子出门前反复叮嘱他们应该注意些什么。待孩子回来后，会询问他们到哪里去了、遇见什么人什么事了、都干了些什么等等。多数家长会在认真地听完孩子的讲述后，建议孩子下次再遇见类似情况时最

① 白静：《关于当代大学生情商问题的思考》，载《中州大学学报》，2002 年第 4 期。

好怎么做、怎么应对……

村里包括镇里至今都还没有幼儿园，学龄前儿童白天的时间主要是和玩伴一起度过的。年长者，尤其是父母，平时连细致地照顾孩子的时间都没有，陪孩子玩的时间对村民来说只是一种奢望。即便是年长的爷爷奶奶，也得一边在家里或居家附近干活，一边顺便照看孩子——他们其实只能起到比较及时地提醒孩子、制止孩子不做危险的事，不做不应该做的事的作用。

村里的孩子们总是喜欢三五成群地在一起玩耍。习俗要求所有的村民在孩子进入自己视线内玩耍时，要留意他们的行为举动，要及时提醒孩子在某种环境下做某种游戏可能会遇到的危险，必要时要制止他们；要叮嘱孩子们必须友好、友善地一同玩耍；要提醒大孩子在遇见什么状况时、必须为年龄小的孩子提供什么样的帮助。事实上，村民们早已经形成共识：共同教育孩子是大家的义务和责任。

同住一个村落，同饮一条河水，村民间难免会因为一些或大或小的事情产生矛盾、误解，但村民们理智地将纠纷控制在成年人内部，绝对禁止任何人将大人之间的矛盾迁延至孩子身上。习俗要求有矛盾、误解的双方大人，要像矛盾未发生、误解未出现之前那样友好、充满善意地对待对方家庭的孩子；因为大人之间的矛盾、纠纷而改变对待对方家庭孩子态度的行为，被认为是心胸狭隘、缺乏常识的行为；因为大人之间的矛盾而对孩子进行言语伤害的行为会受到村民们普遍的谴责、孤立。至今，村里没有发生过因为大人之间产生矛盾、纠葛而对孩子进行人身伤害的事情。因此，无论是在村里还是村外，八连的年长者在遇见八连的孩子时，通常都会问候、招呼孩子们，提醒、并指导孩子们的嬉戏行为。

村民们最常使用的方法是“榜样”教育法，即在某处、某地、某事上，谁做得最好，就倡导、指导孩子们向谁学习；谁做得不对，就指出错误所在，并教给正确的做法。

在八连，十五六岁，即初中毕业前的孩子（在部分家庭中，甚至包括一些结婚前的青年），习俗都不要求其承担家庭中的主要劳动任务，多数情况下，只是在家人很忙的时候，提供一些辅助性的劳动。八连人普遍认为让未成年人担负主要劳动、承担家庭生活负担是一种对不起孩子的行为（个别孩子出于爱好，即自愿的情况除外），认为不管是出于什么原因而有类似经历的孩子很可怜。村民们解决劳动力不足的方式很多，换工，或者无偿提供帮助是最常用的方法，除此之外，还可以选择延请亲戚、朋友帮忙，或者出钱请帮工等等。当然，孩子们能在自愿的情况下提供力所能及的帮助是会受到普遍的赞扬、称颂和鼓励的。但，体力劳动毕竟是累人而枯燥的，多数家长会在孩子帮忙到一定程度的时候，劝孩子找同伴玩去——或者建议孩子去同伴家帮忙，然后再约同伴到自家来帮忙。这样，几个孩子在一起劳动就不会感觉到太累、太枯燥、太无聊。

也就是说，在八连，初中毕业前的孩子，尤其是小学生，除了上学的时间，周末、节假日，只要愿意，大家都有可能聚到一起“做伴”——一起做作业，一起做想做的事，如上山采蘑菇、砍柴……一起玩耍，等等。

玩耍是儿童一种独特的生活方式，在儿童生命成长的过程中起着重要的作用；玩耍是开拓儿童的生活教育空间、促进其生命成长的最佳途径之一。和所有乡村的孩子一样，八连的孩童几乎整天都处在玩耍的状态中。每当孩子们聚在一起，游戏就会成为他们最为喜爱的活动之一，从游戏中获得自我满足、习得“游戏规则”（包括与人相处的规则）等等。游戏也因此成为八连的孩子们实践社会规范的一种途径。

游戏过程中，大孩子会成为小孩子模仿的对象；同龄孩子里，受到称赞的孩子的行为，自然地也会成为其他孩子的模仿对象，即行为榜样和人物榜样成为孩子们顺利开展游戏、愉快相处的学习对象。

游戏是儿童的天性。游戏主要分为两大类：自主游戏和教学游戏（手段游戏）。自主游戏是农村儿童最典型、最有特色的游戏活动，是儿童在一定的游戏环境中根据自己的兴趣和需要，以快乐和满足为目的，自由选择、自主开展、自发交流的积极主动的活动过程。这一过程也是儿童的兴趣需要得到满足，天性自由表露，充分发挥积极性、主动性、创造性和形成健全人格的过程，是促进儿童全面发展的重要途径。

三、流行于八连的儿童游戏

1. 虫蚁飞

大人手扶婴儿手指教孩子做的一种游戏，每次都力求让孩子两手相对应的手指（如，食指对食指、中指对中指）指尖能够准确地触碰。指尖触碰到了，即是鸡啄到米粒之意，否则意味着鸡没有啄到米粒。游戏时，一边动作，一边反复说："虫蚁、虫蚁，飞——"。

2. 扮姨妈

扮姨妈是学龄前儿童非常喜爱的一种游戏。游戏时，孩子们往往包上帕子、戴上帽子，或围上围裙，装扮成他们喜爱的人物角色——妈妈、爸爸、姥姥、姥爷、爷爷、奶奶、哥哥、姐姐等等，模仿他们说话、做事、干活。如：煮饭、喂猪、薅地、砍柴、洗衣服……抱"孩子"、哄孩子，"背孩子"去赶场、"吃酒"、走亲戚等等。游戏有情节、有对话、有动作，简单、简洁地再现了孩子们心目中的生活。

3. 躲猫猫一

双手遮住脸，然后移开双手。双手遮脸时，说："猫——"，移开双手的同时说："得——"。大人、大孩子逗不会行走的婴幼儿的游戏。

4. 躲猫猫二

大孩子和不会行走的婴幼儿之间的游戏。大孩子将全身或脑袋躲到遮蔽物之后，发出声音："猫——"；随后将整个脸（或者全身）露出来，说："得——"。

5. 躲猫猫三

一人（担当裁判的角色）将一个孩子的眼睛用手、手绢或毛巾等物遮住，其他孩子迅续分散到指定的范围内，在规定的时间里，依据自己的判断，找到最不容易被人发现的地方，轻手轻脚地隐蔽起来。在得到全体参加者都已经躲藏完毕的信息后，裁判将蒙在该孩子眼睛上的遮蔽物摘下，"放猫"去"捉耗子"。"猫"发现"耗子"后要将其捉住，被捉住的"耗子"要帮"猫"去发现下一个"耗子"，并将其捉住……直至找到最后一只"耗子"并捉住，游戏方告结束。

6. 捉牢

分组：

捉牢游戏的第一步是分组，该游戏一般分为两组（A组、B组），比较常用的分组方法有两种：

①通过手心手背决定。愿意参加游戏的人（必须为双数），通过打出手心手背将人平均分成A、B两组。

②选出组长（头目，多是自荐），由组长通过"划唏唏"（又名"捶定可"或"石头剪子布"）的方式来决定挑人的顺序。一次选一人，如此反复，直至将在场的所有愿意参考游戏的人都平均分到两组中。

分组完毕后，由组长通过"划唏唏"的方式来决定哪组先捉人（在安全区外抓人）、哪组后捉人。

正式游戏：

①划牢：划出安全区（安全区外的那组人不能到安全区内抓人）、救助点（被抓住的人等待"救助"——等待同组其他组员

的身体接触，比如手触摸到手的地方）。

②安全区内的组员（假定为A组）要积极、主动地跑到安全区外，逗引对方（假定为B组）捕捉，但又要尽量避免被捕捉。A组的每个组员在安全区外活动时，要尽量灵巧地避开对方，也可视自己的体力和被围追捕获的危险程度，决定是否需要及时返回安全区内恢复体力、调整策略。

③从安全区内跑出来的A组成员被捉住后，站到救助点等待救助。抓人的B组成员不能近距离守在救助点周围。安全区内剩余的A组组员要想方设法营救（用身体触摸）等待救助的同组组员。

④A组组员一旦全部被捉住，得反过来担任在安全区外负责捉人的角色。

游戏全过程是A、B两组担当的角色各轮流一次。

7. 打毽

毽子的种类：

毽子的种类有很多种，主要有：菜毽（用野菜或豆类叶子等制作）、鸡毛毽和布毽（用布条等制作）3种。

玩法：

在八连，比较流行脚踢法。

①赛数目：看一次谁连续踢毽的次数最多，多者为胜。

②商定数目，轮流踢毽：看谁最先达到规定的数字，最先达到者为胜者。

③按规定好的动作程序比赛：右脚正踢5个、左脚正踢5个、右脚侧踢5个、转5个、跳5个、单翻5个、双翻（左右翻）5个、抬5个。最先完成以上规定动作者为胜。

8. 捡子

玩具：

“子”——大小几乎一样的小石子，或用瓦片磨制而成的大小基本相当的块状物。

玩法：

①大把子

第一步：将“子”数十个均匀地抛洒于平整的地面或桌面；

第二步：在不允许触动其他任何一颗“子”的情况下，拿起一个，垂直抛起；

第三步：在抛子的即刻，迅速从地面抓起至少两颗或两颗以上的“子”（抓的时候，同样要求不能触碰到其他石子）；

第四步：抓起两个以上的石子后，迅速将手掌反过来，并适度张开手掌，接住被抛起后正在下落的石子。

顺利完成以上各步，可以从第二步开始重复。

如果在以下的动作中，未能顺利地完成其中的一项，将做轮换：A. 从地面拿起一颗石子时，触碰到其他石子；B. 从地面抓起石子时，触碰到其他石子；C. 从地上抓起的石子少于两个；D. 顺利地完成 A—C 的动作，但是未能接住抛起的石子。

将从地上抓到的石子单独保存，等到所有的石子都被“捡”完后，计算总数，总数多者为胜。

②五子

（“子”5 颗；程序 6 道：“满天星”；“二对”；“小三”；“大三”；“扑子”；“背子”。）

“满天星”——程序 1（要求每抛起一次石子，必须从地面上捡起 1 颗石子）：

第一步：将 5 颗石子抛洒于地面（或桌面）；

第二步：拿起其中 1 颗石子，抛起；

第三步：迅速从地面拿起 1 颗石子；

第四步：将手心朝上，迅速适度张开，接住被抛起后正在下落的石子。

不发生 A—C 中的任何一项错误（A. 从地面拿起 1 颗石子

时，触碰到其他石子；B. 从地面抓起石子时，触碰到其他石子，C. 顺利地完成第二、第三步规定的动作，但是未能接住抛起的石子）的话，可以接着玩第二个程序“二对”，否则，将机会轮换给对方。

“二对”——程序 2（要求每抛起一次石子，必须从地面上捡起石子 2 颗）：

第一步：将 5 颗石子抛洒于地面（或桌面）；

第二步：拿起其中 1 颗石子，抛起；

第三步：迅速从地面抓起石子 2 颗；

第四步：将手心朝上，迅速适度张开、接住被抛起后正在下落的那颗石子。

不发生括弧里 A—C 项中的任何一项错误（A. 从地面拿起 1 颗石子时，触碰到其他石子；B. 从地面抓起石子时，触碰到其他石子，C. 顺利地完成第二、第三步规定的动作，但是未能接住抛起的石子）的话，可以接着玩第三个程序“小三”，否则，将机会轮换给对方。

“小三”——程序 3（要求第一次抛石子的瞬间，从地面迅速捡起石子 1 颗；第二次抛石子的瞬间，从地面抓起石子 3 颗）：

不出现从 A—C 项中的任何一项错误（A. 从地面拿起一颗石子时，触碰到其他石子；B. 从地面抓起石子时，触碰到其他石子，C. 顺利地完成 A—B 的动作，但是未能接住抛起的石子）的话，可以接着玩第四道程序“大三”，否则，将机会轮换给对方。即，如果顺利完成“小三”，可以接着玩“大三”，否则，将机会轮换给对方。

“大三”——程序 4（要求第一次抛石子的瞬间，从地面迅速抓起石子 3 颗；第二次抛石子的瞬间，从地面捡起石子 1 颗）：

在完成上述动作时，如果不发生从 A—C 项中的任何一项错误（A. 从地面拿起 1 颗石子时，触碰到其他石子；B. 从地面抓起石子时，触碰到其他石子，C. 顺利地完成 A—B 的动作，但是未能接住抛起的石子）的话，可以接着玩第五道程序“扑子”，即，如果顺利完成“大三”，可以接着玩“扑子”，否则，将机会轮换给对方。

“扑子”——程序 5：

第一步：要求在抛出 5 个石子中的其中一颗石子的瞬间，要将同一只手中握着的其余 4 颗石子尽量合拢地放到地面上，并迅速将手心朝上，张开、接住被抛起后正在下落的石子。

第二步：要求在第二次抛起在上述动作中接住的那颗石子的瞬间，从地面上将在做第一步时放到地面的 4 颗石子全部抓起。

第三步：将手心朝上，迅速适度张开，接住被抛起后正在下落的那颗石子。

如果顺利地完成“扑子”，可以接着玩第六个程序“背子”，否则，将机会轮换给对方。

“背子”——程序 6：

第一步：要求一次同时抛出 5 颗石子，而且要迅速地将抛出去的 5 颗石子全部接在同一只手的手背上；

第二步：允许活动手指关节，将 5 颗石子尽量凑拢在一起，随后抛起石子。要求在石子下落的过程中，用同一只手抓住全部的石子。

做第一步时，如果手背不能同时接住 5 颗石子；做第二步时，如果不能全部抓住（5 颗）石子，即算是失败，要将机会轮换给对方。

双方如此反复轮换，最先完成“背子”（程序 6）者为胜方。

9. 打“耗子”

玩打“耗子”需要的玩具有“耗子”、“耗棒”。“耗子”、“耗棒”皆为木质，自制。“耗子”一般用拇指一样大小的、比较平直、光滑的木棍制作，长约十一二寸，底部削成平面，将一头从长约三寸左右的地方开始削成四五十度左右的斜面。“耗棒”用使用者抓握时感觉舒适、利于舞动的直溜木棒制作而成，只需要将其中的一头稍微削出一点平面、利于将“耗子”最大限度地挑扔出去即可。

比赛时，需要“耗棒”一根、“耗子”数个。“耗子”的具体数目由参赛双方约定。

玩法：通过出“手心、手背”，或“划唏唏”的方式，将愿意参加打“耗子”游戏的人平分成两组。选择一块开阔的地方。

首先要制作出“耗子窝”——刨出一个足够放置“耗棒”的、深约五寸左右的小坑。

将“耗子”横放在“耗子窝”上，用“耗棒”使劲将“耗子”朝正前方挑送出去，挑得越远越好。对方则在距离“耗子窝”五六米远的正前方聚精会神地守候着，想方设法拦截“耗子”，可使用草帽、撮箕、竹筐等等做拦截的辅助性工具。一旦拦截方全部接住被挑起后“飞来”的“耗子”，或抓住着地后弹跳起来的“耗子”，双方当即轮换角色。

拦截方将未接住或未抓住的所有“活耗子”一个接一个地朝横放在“耗子窝”上的“耗棒”扔去，触碰过“耗棒”的“耗子”、最终着地处距离“耗子窝”不足“一丈”（相当于“耗棒”的一个长度单位）的“耗子”，被称作“死耗子”（即，不能进入下一步程序）。

用“耗棒”丈量超过“一丈”以上的“耗子”与“耗子窝”之间的距离，并相加。

将“活着”的“耗子”平放好，轻轻敲打有斜面的一头，使“耗子”弹起一尺左右高，在“耗子”弹起或下降的时候，抓住适当的时机，用“耗棒”将“耗子”使劲朝对方不易拦截的方向抽打出去。如此重复，将所有的“活耗子”全部抽打出去。“耗子”在弹起至落地的过程中抽打不着的话，该“耗子”被算作“死耗子”，不能进入下一步程序。

丈量并相加所有被抽打出去的“耗子”的距离（从平放“耗子”的地方到“耗子”被抽打出去后着地处之间的距离），数字大的一方为胜方。

败方要给胜方“喂耗子”数个（数目在比赛开始前已经约定）。“喂耗子”，即由败方将“耗子”朝胜方轻抛出去，胜方在“耗子”下落到适当的高度时，用“耗棒”触碰“耗子”，败方则需要在“耗子”被触碰后至着地前的瞬间抓住耗子。抓住了，就算是“喂完了”一个，如此循环，直到“喂完”赛前约定的数目。

10. 打革螺

玩具有“革螺”（用直径约 4 厘米、高约 6 厘米的木棒制成）和“革螺棒”（一根 30 厘米左右长、拇指般粗细的木棒，在木棒的一头捆扎一条约 40 厘米左右长的麻线）。

玩法：用“革螺棒”上缠捆着的麻绳捆绕“革螺”数圈，将捆好的“革螺”放到平整的地面用力提起，促使“革螺”转动。之后，适时适度地抽打“革螺”，使其持续转动，“革螺”转动时间长者为胜。或者诱使转动着的“革螺”相互碰撞，最先停止转动者为败方。

四、八连儿童的“玩耍”习俗与儿童情商培养

研究者通过对刚出生的婴儿进行观察研究，发现他们生下来就具有（即与生俱来）害羞的气质，总是躲避新异、刺激的

事物。研究者于是告诉一些初为人父母的参试者：婴儿的害羞、躲避等行为是可以改变的。随后，他们中的一些人在养育婴儿的过程中，遵循专家的指导，有意识地改变了原来的教养方式，鼓励孩子勇敢地、逐渐地去迎接具有挑战性的情境，去尝试探索新事物、解决新问题、积累各种生活经验，而不是迎合孩子害羞、胆怯的气质去保护他们，使其避免接触外部世界，或免受外界的伤害。研究者的追踪调查发现，到了入学阶段，这些孩子虽然不是最外向的，但是已经不再羞怯。研究者们据此认为，情绪智力的培养，有助于儿童健全人格的养成。

对于何时开始进行情绪智力培养这个问题，很早就成为心理学家关注的一个热点。他们中的一些人认为，智力受先天因素的影响，在青少年时期达到高峰，然后随着年龄的增长缓慢衰退。而情绪智力则主要是在后天的生活环境和教育中逐步形成并发展和提高的，是伴随着儿童的身心发展，以及社会交往活动的增多而变化发展的；其发展有特定的时间表，在不同的年龄阶段，情绪智力的发展水平和表现形式不同。

相关研究还表明，情绪智力开始于婴幼儿时期，成熟于儿童期和青少年期。心理学家的研究成果还认为，一个人是否具有较高的情绪智力，和童年时期的培养、教育有着密切的关系。因此，有人主张在幼儿早期阶段，就有必要对其情绪智力开始着手进行培养。

在八连，小学及其以下的孩子是游戏的主要玩家，部分初中生有时也会加入其中。

玩耍能通过物理和心理等多种途径对孩子的情绪智力产生影响。玩耍的物理作用通过跑、跳等运动影响人体的生理功能；有节拍的儿歌、口令，玩耍时的欢愉心情，能促使人体分泌一些有益于健康的激素，起到调节血液流量和刺激神经细胞兴奋的作用，从而促使孩子心情轻松愉快，有效地解除紧张和疲劳、平缓血压、稳定心律。伴随着儿歌、童谣，以及各种动作（包括跑、跳、移动等）的游戏，能以音调、节奏和旋律等要素来改变、调节人的情绪。玩是孩子的天性，几乎是从婴幼儿时期开始，孩子就非常喜欢和同伴一起玩耍。孩子两三岁以后，独立意识会越来越强，情感也会变得越来越丰富和复杂，从这个时候开始，孩子不仅需要从家庭中汲取情感的营养，还需要在与同伴的交往中获得其他情感的满足需求。与同伴的玩耍、嬉戏，是各种情感交流、情感体验的过程，在此过程中，孩子会逐渐意识到只有遵守“游戏”规则，才能顺利地与他人交往，否则就会失去游戏的机会。这样，孩子就会有意识地去学习控制自己的情绪和要求，其自我调节情绪的能力就会逐渐提高，与人交往的技能就会得到进一步的发展，遇事解决问题的能力也会有所提高。一般而言，同伴的榜样作用具有较强的感染力和吸引力，孩子易于模仿、接受和学到好的情绪调控方法，并运用到现实的生活实践中。

虽然家庭是孩子的第一所学校，是人生情感习得的重要启蒙场所，父母对孩子的情感智力有着深刻而长远的影响。但是，同伴交往、同伴在一起友好地玩耍，以及同伴冲突是一种十分有利于孩子习得和提高情商的活动，则也是无争的事实。

首先，如果孩子们希望大家能够在一起玩耍，或者愉快、顺利地完成一个游戏，就必须学会处理好自己和他人之间的关系。如果彼此友好、互相爱护与尊重、互让、互助、善于管理自己的情绪，表现出乐观积极、大度宽容的姿态和心态、能经常设身处地地换位思考、替对方着想、为集体着想，大家就能够在和谐、愉快的氛围中继续玩耍、继续相处。经常在这样的氛围里和同伴们玩耍的孩子，能感受和体会到融洽和温馨，容易产生愉悦的情绪体验，也就能够敞开心怀地表达自己的情绪。而且，这种和谐的伙伴关系能够促使孩子的身心和情绪智力等方面得到健康的成长。

此外，其他孩子，尤其是受大家推崇的“孩子王”们的榜样作用会对孩子产生潜移默化的影响。良好的榜样有助于孩子从他人处学会如何处理消极情绪，如何模仿、管理好自身的情绪，以及学会如何与他人建立良好的人际关系。

大家在一起玩耍的过程中，如果发生争吵、争执，对孩子来说也是一种通过实际情景进行学习的机会。因为如果大家希望能聚在一起继续游戏，肯定得有一方要做出一定的妥协与让步才行。在此过程中，不管孩子是否参与争执——作为当事人，还是作为旁观者，都能或多或少地从他人处理争执的方式中学到一些与人相处的知识。

其次，玩伴关系是典型的农村村落——八连孩子的重要的人际交往关系，自从学会走路后（对于个别孩子来说，甚至更早），除去睡觉的时间，他们与小伙伴待在一起的时间就会超过和家里其他人待在一起的时间。

玩伴不是“自家人”，是“外头人”、社会人，但玩伴关系却满足了儿童乐群的心理需要，因为儿童之间互相“做伴”，避免了独处的无聊、害怕和恐惧。而自有了玩伴之后，与玩伴在一起或友好相处、或争执，甚至因为争执而发生打架本身，对孩子来说，也是一种或愉悦或痛苦，或积极或消极的情感体验。

已有的研究成果还表明，婴儿一般会在6个月之后产生依恋感。依恋感是孩子与他人之间一种积极的情感联结，在孩子成长的过程中起着重要的作用。婴幼儿时期，如果孩子得不到关爱，或者依恋关系削弱，就容易导致孩子产生寂寞感、孤独感、无助感，以及对父母、同伴和其他人的不信任，会表现出多种消极情绪，如缺乏安全感，等等。

在八连，村民们总是有做不完的“活路”，没有人有时间陪孩子玩，多数人家在白天的很长时间段里，家里甚至只有孩子留守。有孩子的人家，大人们总是在尽力排除各种危险因素后，让孩子（督促孩子、迫使孩子）自己自由地玩耍。在这种情形下，玩伴之间的依恋感就成了孩子与父母依恋感缺失的一种很好的代替物，这种依恋感或多或少地消除了孩子与总是忙碌着的父母等家人因分离而产生的不安、焦虑和孤独。而孩子间的这种依恋关系对他们的情绪智力的培养起到了不可低估的重要作用。况且，孩子间的平等关系、不受大人严格限制的活动空间和活动内容，能让孩子充分自由地嬉戏、自由地想象、自由地发挥，孩子则通过各种尝试、实践，锻炼了各种能力，学会了判断、推理，并且体验各种成功与失败，学会自信和相互信任。而且，通过大家在一起相处、一起玩耍，孩子学会了更多的调节和控制自己情绪的方式方法，有效地促进了个体情商的发展和提高。

孩子在一起嬉戏的过程中，避免不了会因为各种原因产生小矛盾、小冲突，面对这些矛盾和冲突，不同的孩子会有不同的情绪表现。孩子们正是在这样的情形下见识、认识各种情绪，习得并掌握各种表达和描述情绪的基本词汇，学会区分各种情绪之间的细微差别，并初步体验和理解各种情绪所带来的感受的。众所周知，高兴、生气、害怕、痛苦等情绪，是人所拥有的最主要、最基本的情绪，孩子在和同伴玩耍的过程中，因为同伴间经常发生的、不可避免的、或大或小的冲突，能使儿童通过观察、分析和判断，通过模仿和纠正（包括被他人纠正和自我纠正），最终学会使用恰当、贴切的词汇和方式表达自己的情绪，以及向他人传达这些情绪。

面对矛盾和冲突，不同的孩子会有不同的表达方式：或哭（号啕大哭、嘤嘤哭泣、默默流泪，等等），或争执、争吵，或打人，或告状求助，或愤然离去，或悄悄避开、或沉默不语、或毁坏玩具、物品。在这种时候，大孩子，或者是有经验的孩子会出面调停：或做自我批评，或指出引起冲突的原因，批评矛盾制造者的不是，建议肇事者赔礼道歉，告诉他们用什么样的方式表达什么样的情感最合适。这种时候，大多数孩子就会为了大家能在一起继续玩下去，为了能“有人玩”而主动地交流自己内心的情感体验，说出自己内心的感受，接受批评并进行自我批评……如此，孩子们在交往的过程中发生的一件件小事，以及化解小事的经历，会使他们逐渐明白，每个人都有情绪；每个人都不可能无限制、无止境地压抑自己的情绪；关键是要在正确的时间、正确的地点，用恰当的方式表达自己的情绪；如果一味地压抑情绪，到最后有可能会是更加猛烈的情绪爆发，或情绪失控。

孩子们在一起交往、玩耍的过程中，还能够通过观察、模仿，学到恰当的自我调节情绪的方法。虽然很多孩子不懂得、不理解在冲动情绪支配下，人的认知和行为有可能会产生偏差或失去控制这样的道理。但在游戏过程中采取过激方式表达（发泄）情绪的孩子，尤其是通过肢体冲突等暴力方式排解情绪的孩子，事后都会遭到或被批评或被谴责，甚至赔偿的处罚；选择破口大骂的方式会引起对骂、争吵，或不欢而散；号啕大哭、哭泣不止、愤然离去都会被讥笑为“小气”、没有度量。这些让孩子明白面对矛盾、冲突，需要学会有效地控制情绪、恰当地表达情绪的重要性，从而学会很好地控制、表达和处置自己的情绪。

很多时候、很多场合，要求孩子们必须学会观察他人的表情、声音等来判断他人的情绪、情感和行为。面对出现负面情绪的同伴，如不悦、生气、哭泣、妒忌、骂人、打人、毁坏东西的同伴，孩子们通常会采用不同的方式，或求助于大孩子、成年人；或警告、吓唬；或劝慰、鼓励；或表示理解、同情；或就事论事，摆事实、讲道理，帮助“不是者”反省，找出不良情绪的缘由；或适度惩罚——大家继续玩，不理他（她）。这些做法可以促使当事者冷静下来后，逐渐意识到不当的情绪宣泄方式是不能解决问题的，会破坏气氛、会伤害和气、会伤害别人，最终受影响最大的反而是自己。由此开始模仿、学习遇事冷静、理智、处理事情让人心服口服者处理矛盾、解决冲突的方法和为人处世的方式，学会有效、冷静，不伤害和气、不伤害他人的合理的情绪表达和处理方式。

孩子们在一起相处、玩耍的过程中，那些遇事冷静、理智的孩子，通常会成为众孩子的表率和榜样。一些孩子面对困难时所表现出来的乐观和积极向上的精神状态；正确地看待自己和他人，用积极的方式评价自己和他人，评价自己和他人的所作所为的举动；以及在交往中努力发挥自己的优势，努力做好每一件力所能及的事情的行为；在玩伴遇到困难的时候激励玩伴，并鼓励同伴的每一次进步，从而使之增强自信心和战胜困难的勇气的行为；赞美、信任、遵从表现突出的同伴的行为；集体在完成各种任务的过程中获得满足、在达到目标后大家一起分享成功的快乐的行为。这些都会起到示范和榜样的作用，成为孩子们相互模仿的对象。

一些孩子待人态度诚恳，随时随地助人、做好事，解决问题智慧聪颖，这也会慢慢感染经常与之相处的同伴，让他们也逐渐学会，并形成相应的行为方式。

移情被称作是一种替代性的情绪反应能力，是指个体能从主观的角度体验他人内心的情感，以及能从他人的角度思考问题和处理问题的能力。一些研究者甚至认为婴儿期的孩子已经具有初步的“移情能力”，其表现是婴儿听见其他孩子的哭声便会跟着哭，即对他人有情感反应（也有的研究者认为这只不过是婴儿的一种本能，因为此时的孩子根本不可能把自己和周围的世界区分开来，而是一个地地道道的自我为中心主义者，他们只不过是在无意识地把别人的感受和痛苦当成自己的感受和痛苦）。随着年龄的增长，孩子会逐渐具备根据他人的想法和行为来看待问题的能力，这种能力能让孩子知道什么时候应该去安慰“哭泣”的同伴，什么时候最好让他独处。对于大多数孩子来说，一般都能习得和发展移情这一基本社会技能，但如果后天不加以培育和强化，这种能力就会逐渐衰退和消失。生活在八连的孩子们，在大家一起嬉戏的时间里，可以通过“观察学习”习得并提高移情能力。尤其是因为流行于农村的民间游戏大多都是以两组（一组数人。游戏开始前，用多数人能够接受的方式，将所有愿意参加游戏的人分为两组。一般情况下，每一次游戏结束后，多会重新分组）成员相互“竞技”的方式展开，以最终决出胜负结束游戏。这样，在游戏的过程中，每一组都有可能会成为胜者，也有可能会成为败方。这样的游戏，往往能使所有参加游戏的孩子们有可能会在某一场竞比中成为胜利者，体会到胜利的喜悦，也将不可避免地会成为失败者，体会失败的无奈、懊恼、沮丧，或者激发出努力奋起、不屈不挠、勇往直前、顽强拼搏等情绪、情感。

在孩子们喜爱的各种各样的游戏中，他们都有机会扮演各种角色、承担不同的责任和义务。而通过角色扮演，孩子们都能或多或少地从中亲身感受、体验所扮演角色的情感，认识到他人有不同于自己的内心活动、体验和感受是情理之中的事。这样，在角色的互换中，学会更好地感知和理解他人的内心世界和情感，设身处地地为他人着想，从而学会理解其他个体，并且，孩子置身于他人所处的角色和位置，也会逐步认识和理解特定角色的义务、职责等等，进而使责任感等得到进一步的发展。通过游戏，孩子们能够学会如何与不同性格的人相处，如何战胜困难、挫折、逆境，如何延迟满足，如何树立信心，如何调控自己和他人的情绪，如何培养同理心，等等。

第三节 寨邻交往习俗与儿童成长

一、八连的寨邻交往习俗

1. 八连的寨邻关系

八连人的寨邻关系主要包括三部分：①家族近亲间的关系

(包括叔伯、兄弟家，以及堂兄弟、叔侄、侄孙等血缘家族关系)；②近邻关系（有时包括近亲)；③同寨远邻关系（在八连村民组，一些农户的同寨远邻关系中有时包括近亲或姻亲关系)。

当地俗语“儿大分家，树大分椏”说明八连人认为儿子长大成家后，另立门户单独生活是极其正常的现象，就像树长高长大后要分叉一样正常。

八连人重血源厚亲情，因此，总是在家庭范围内考虑个人、在家庭的基础上考察社会关系。同胞如手足，家庭团结是第一位的。同时，家庭内亦要保持个人或小家庭自主，既要重视血脉亲情，又要讲究经济自立和独立。

因为宅基地等各种原因，分家后的兄弟最容易成为邻居，而分家后的兄弟已经成为事实上的经济独立体，对此，村民们常用“分家三年变邻居”一词来形容。当然，“打虎亲兄弟，上阵父子兵”、“同宗兄弟亲不亲，打断骨头连着筋”更是大多数村民用作指导兄弟家庭间相处的行为准则。

在八连人的观念里，“变成邻居的”亲兄弟之间、堂兄弟之间、同宗同姓的其他各户间，有义务在某一家庭有事需要帮助时，必须第一时间赶到。至于在钱、物上能够提供多少资助，要视各自家庭的经济情况而定，讲究量力而行。但是，如果家族中有谁家发生突发事件，其中某一家庭的成年人在无特殊理由的情况下，迟迟不露面、不到场，或比别的寨邻晚到的话，将会受到舆论的谴责。

八连人重视邻里关系，人们说得最多的谚语是“远亲不如近邻”。村里的大多数人家，邻里关系都十分和睦融洽，都能做到互帮互助。

村民们因为把“亲兄弟，明算账”、“远亲不如近邻”等谚语当成另立门户单独生活的亲兄弟各家庭间相处的基本准则，反而使得很多能基本恪守准则的“兄弟邻居”相处得非常融洽、友好、愉快。在大多数村民们的观念里，“亲兄弟，明算账”的实际意义不是让人时时刻刻斤斤计较，而是教人“不乱得三分，不乱失三分”。

在现实生活中，尽管同一家族各家庭间有时免不了会因为一些事情闹别扭，但八连村民在处理“家人”与外人的关系时，还是会以家族关系排斥社会关系。当然，这种排斥更多的是出于维护家庭与家族利益，而不是以破坏或侵占他人利益为主要目的。相反，在社会关系并不十分紧张的情况下，村民们总是力求与左邻右舍、同乡同行和睦相处。时常用“远亲不如近邻”等谚语、俗语教育孩子要重视处理好寨邻之间的关系，要把“家里没有病人，世上没有仇人”当成生活的重要目标来追求。

村民们对孩子们说得最多的话就是：每个人都有优于别人的地方，短于他人的方面；与人相处，贵在能够发现、看到别人的长处，要“多说别人长，少道他人短”。而且，“说长道短”的前提是“烧火要空心，做人要实心”——真真正正出于善良的目的，在能解决问题、能帮助人的时候，要替别人多说好话。充满嫉妒的酸溜溜的“数说”别人长处的做法，故意挑拨离间、引发嫉妒的“说好话”的做法是要绝对禁止的。故意为之的人会被人不耻，被人疏远，因为习俗是为大多数喜爱和谐、和平、融洽的人们接受和传承的。

另外，习俗要求村民们不管对什么人、什么事，有意见、有想法，要对当事人直接说出来，要秉着“有肉当面割，有话当面说”的原则。老百姓深信不疑的道理是：只有当事人知道了你的想法，问题才有解决的可能。

处理好各种社会关系，于己有利，于人有益。由此，八连人教育后代在与人（邻居）相处时，要切记以下几条：一是要多为对方考虑；二是要少与人争斗，尤其不能欺负弱小；三是要多做善事，“宁可扶人起，不可推人倒”。道理很简单，因为有人缘者成事。一言以蔽之：与人（邻居）相处，要力求做到尊重、互助、谦让、宽容。

2. 日常生活中的互助习俗

个体农民是八连村民的主体，和其他农村地区的农民一样，农户们具有相当程度的独立性，即，所有的生产活动以及衣食住行等经济活动方面的管理，基本上都是以个体小家庭为单位展开的。但出于传统的延续与实际需求，村民之间形成了或多或少的互助关系。而互助关系是小农经济再生产得以正常进行的重要条件之一。

八连是一个村民组，村民组里的农户沿河岸居住。但村民们居住分散，从村头到村尾，慢走大约要花二三十分钟。

可以说，大多数八连人既不是“邻居”，也称不上是“同一个寨子里”（同一村落）的人。但村民们认定自己是“八连人”，因为曾经同为“八连生产队的人”，所以必须互相帮助、“有福同享、有难同当”。

八连村民的互助习俗产生于民间、服务于民间，其功能已经渗透至民众日常生活的方方面面。长期以来，它始终以显性或隐性、直接或间接、物质或精神的方式，多形式、多侧面地影响和渗透到了民众的日常生活与行动中。

在日常生活方面，八连村民之间建立起了较为和谐的互助关系。而且，相互关照的观念和相互帮助的行为，不仅会出现在村民感觉到生活有压力、有困难的时候，如婚丧嫁娶以及意外发生之时，更体现在日常生活中的每一个细节中，发生在生活中的每一个日子里。

八连村民间互助互帮的观念和行为，从本书附录中的《个案 3》至《个案 6》中可窥见一斑。而且，与个案类似的事例不胜枚举，可以毫不夸张地说，互帮互助行为可能发生在村民们生活中的每一天，甚至每一个时刻。

3. 生产互助习俗

除随时随地帮助他人，并被动地接受他人的帮助外，村民们有时还会主动联合起来，以应对或避免可能出现的生产困难。比如，喂养耕牛耗时耗力，现在，家里壮劳力长期外出打工的农户，很多已经不再养牛，而是请养有耕牛的寨邻无偿帮忙犁田，或者换工，或者象征性地付给一定的报酬。这种互助行为现在已成为八连村民春耕、秋种时的基本生产方式。

八连村民除通过互相换工的形式，解决缺少耕牛和缺少劳动力家庭在生产中的困难外，彼此共同出钱出力改善生产条件和生活环境的行为也比较常见。水对于将水稻种植作为主要收入的八连人来说，和生命一样重要，因此，村民们都非常关心水利建设，每年秋收秋种结束后，每户都会投入几个工作日维修水道，以保证在来年的春夏季节里，灌溉用水能够通畅地流至村民们的田头地里。必要的时候，村民们自己还会主动联合起来，共同分担各种公共开销与负担。比如，上八连的入户自来水工程，就是村民们自己投入劳力和资金接通的。

4. 仪式互助习俗

婚丧嫁娶、送往迎来中的帮忙帮钱是民众互助行为中的突出内容。八连农户在遇到结婚、生子、丧葬等人生变故时，因花费巨大，一时难以负担，邻里、亲戚、友人等等往往会从情义出发，为其提供物资或经济上的资助。如果家贫不能提供钱财，则会以力相助。

在一方困难时慷慨帮助，是邻里关系融洽的重要表现。通常，村民们在遇到困难时，也往往愿意求助于寨邻乡亲。

对于一个家庭来说，生活中的困难和意外总是难免的。八连人通常是通过互助互帮习俗来解决自己生活中的小困难和大问题。除平常日子里的互通有无、“顺手”帮忙外，在婚嫁、建房、庆典，尤其是突发疾病、火灾之类的意外事件，以及葬礼等时刻，寨邻们都会提供力所能及的帮助和资助。当事人家庭在遇到重大事情时，只需要将自己的真实想法，甚至困惑告知寨邻，村民们便会聚到一起，提出参考意见或建议，一同商量、决议。而且，会在达成共识后开始行动前，便将所有能想到的事情都指派给具体的村民，让其具体负责，届时，当事人家庭成员只担任“协助者”角色。如，在婚娶过程中，村民们会在约定的时间陆续赶到当事人家里，在大家都到齐后，由当事人家庭的一名成员简略地通报婚娶的进展情况，交代本次婚礼的规模、要求和筹备情况等，接下来，村民们就会分头去做被委派的具体事情。

村寨成员在一生中所遭遇的人生大事——婚礼、葬礼，在农村乡土人情社会中，其隆重与否有着深刻的含义。在这样的事件中，寨邻发挥着与亲戚完全不同的作用。

婚姻是人生的重大事情之一，村民们十分重视，若家中有男娶女嫁之事，无论家境如何，都会竭尽全力，想方设法办得隆重一些。

当地习俗，订婚时，村里各户都要出一份礼物，一起参加“吃小酒”，以示庆贺。举行婚礼数周前，主人家管事的长者会口头邀请寨邻前来帮忙，一般是每户邀请 1—3 人。婚礼宴请所需食品均由寨邻们共同制作完成。因此，在举办婚礼的前一天，新郎家人会将打过招呼的寨邻召集到家里，由大家一起商定谁负责做什么。即，将做豆腐、杀猪、买菜、洗菜、做菜、做饭、上菜、安桌子、接亲、招待送亲、收礼记账等一系列具体工作，都一一委派给具体的人。

举行婚礼之日，寨子里要出二三十人前去新娘家接亲。在女方家里，接亲人与送亲人之间要进行礼节性的对歌、对话。双方代表暗中辩口才、比智慧。随后，女方家要派出少则二三十人、多则百余人的妇女作为“送亲”，将新娘送到新郎家。

从当天下午开始，八连全寨的男女老少、外村的各路亲戚、朋友，均会前来表示祝贺。帮忙的寨邻们要投入紧张的接待工作，做菜做饭、上茶送菜、敬酒让烟、涮洗餐具等，这些工作要整整忙碌两天两夜的时间——为数百人，甚至上千人，准备晚餐、夜宵、早餐、中餐各两餐。

村里人和当事人家庭村外的亲戚在仪式中的角色是不同的，寨邻是主要的帮忙者。在整个过程中，寨邻承担全部繁杂的事务性工作，如果没有寨邻们的帮忙，当事人一家是无论如何也不可能单独完成接待工作的。而“远道”（八连村民组以外）的亲戚，即使是至亲，担当的也是“局外人”的角色，他们到来之后只是吃、喝和礼仪性的交往，并不承担具体的事务。

在八连，大凡已经结婚、有子嗣，且儿女已经成年（包括子女接近成年）的村民去世，一般均要举行葬礼——请客、办酒席。在葬礼上，寨邻们更是扮演着协助决策和承担所有事务的重要角色。从患者病危开始，落气、净身、装殓、报丧，直至将亡人送上山安葬结束，寨邻们都会不请自来，听候安排，不分白天黑夜，尽心尽力地帮忙。

葬礼虽然一般只花一天左右的时间（出殡头一天下午开始，第二天午饭后结束），但对于当事人家庭来说，死亡仍具有极大的“突然”性——因为人们不愿意，也不可能像婚礼那样提前数月，甚至一两年就做好准备。更为重要的是，葬礼对于人类来说，始终伴随着痛苦和恐惧，因此，葬礼互助就显得极其必要和重要。

在八连，葬礼中的所有事情都是由村民们共同承担和完成的。村民们在获知村里有人去世的消息后，所有的农户都会在听到消息后即刻自发地，一家至少派出一个人迅速赶到亡者家里，慰问并协助准备葬礼。

装殓结束后，需要立即着手去做的事情有：择日子（测算出殡日）；派人到死者远方的亲戚家里去报丧；安排寨邻准备葬礼所需用品、食品；派人请道师，等。

由于参加葬礼的人员较多，因此，食物的消耗量极大，食物的准备和制作成为最繁重的事务，需要数十名村民不分白天黑夜地出力才行。与此同时，还需要人手协助道师举行各种仪式，需要准备墓坑，需要十余人在发引时将棺材移至屋外，需要人在发引后迅速打扫卫生，需要有人将亡者生前的用具、用品搬到河沟边焚烧掉……

因此，举行葬礼时，不仅八连村民组里的青壮年全劳力都要前去帮忙，就连村里的孩子们，也要在开饭前后的一段时间里，帮忙做诸如收拾碗筷、扫地、洗碗、洗菜、搬凳子、抬椅子等力所能及的事情。当地的习俗是“办酒人家开火，全寨熄火”，即，全村人都要参加葬礼，加上主人家远道而来的亲戚，一般情况下，参加葬礼的人数都会超过五六百人，一些人家的客人数甚至会超过千人。

葬礼期间，寨子里的各户人家都要送“人亲”，从前的“人亲”多为大米，现在，不少农户已改为送现金。

5. 灾害（火灾）救助习俗

(1) 救火过程

听见失火呼救，要求听见的其他村民也要立即跟着大声呼救、呼喊，并要立即顺手提着盆或桶，奔跑着前去营救。而且要求一边奔跑，一边继续不停地呼救。呼救声要达到足够引起周围村寨所有人的注意为止。

通常情况下，不能前去参加救火的年迈的老人，会找来能够发出响亮声音的家什——锣、盆、锅等等，一边使劲击打，一边大声呼救道：救火！救火！火烧房子啦！×××家火烧房子了，快去救火！如此反复数十、数百遍，直至将失火的消息传到临近村寨、传递给在田间地头劳作的所有村民，看见足够多的村民奔向现场救火为止。

不管是谁，即使是正处于纠纷中的当事人，听见呼救，也必须立刻前往参加救助。如果有谁听见呼救后无动于衷，甚至只是显得慢慢悠悠、动作迟缓，或漫不经心，会被看见的人大声呵斥、责难。事后，这样的人会因其自私、冷漠的行为遭到村民的诟骂和孤立。

救助现场通常是忙而不乱，人们会在一两位有阅历、有经验的长者的指挥下行动。开始时，最通常的做法是想方设法控制火势——以最快的速度，使用、试用各种各样能够想出的方法，如用水或用带叶的树枝扑打等手段将火熄灭；一旦判断火势无法控制，转而让一部分人设法阻止火灾蔓延——以免殃及邻近房屋；让另一部分人迅速冲进屋里，尽量往外搬挪东西，直至火势大到无法进入屋内为止；“火倒仰”（火势由强变弱的一段过程）后，又开始快速地、竭尽所能地朝燃烧物泼水施救，直至最后将火完全熄灭为止。

救火的整个过程中，要求“能动”、“能走”的人都要各尽其能，能做什么就做什么，即使是年老体弱者，也要尽己所能，或帮忙照看从现场抢救出来的物品，或管理因为“不懂事、不听话”，听见呼救声后跑到现场的本村或邻村的儿童，或帮忙照顾、诓哄母亲也加入到救火行列的婴幼儿……总之，火灾现场周围不能有碍手碍脚的旁观者，任何碍事的旁观行为，当时或事后都会遭到批评或谴责。

外村的不愿出力、只想旁观的人，会站在与现场有相当一段距离的地方——以便让人辨认不出是谁，否则，事后也会被人议论，遭人点名谴责。

（2）善后

善后最急需解决的问题主要是：帮助受灾家庭认领搬出的物品并协助归置，与此同时，要立即安排好受灾家庭的暂住居所和生活。

通常情况下，会将受灾家庭安排到村里共有的仓库居住。如果没有公共建筑物可利用，则会依据血缘亲疏关系选择借住人家，最普遍的选择顺序依次为：婆婆公公（儿子儿媳）家→亲兄（弟）家→堂兄弟家→邻居家。

失去居所的人畜暂时或长期借住公有建筑，村里人不得，也不会反对——如果有公共建筑的话；同时，亲戚、邻居有义务提供房屋暂时借给受灾家庭。此时此刻，如果“该帮忙的人”犹豫不决，或者有“不爽快”的表现，抑或只是表示出些许的不情愿的话，就会被村民们认为是“小气”和不明事理。

接下来，村内有威望的人（或者是一户一人）会聚集到一起，估摸出受灾家庭遭受损失的程度，安排、动员村民们为其提供力所能及的援助。

如果受灾家庭原本经济条件较好（如，有存款等），则由村民们根据自己与该户人家的亲疏关系自主决定资助力度，帮钱还是帮物，以及送多少均属自愿；如果受灾家庭经济条件本来就差的话，多会由村里主事的人和大家一起，估算出自受灾日起至来年秋收期间，该家庭的最低必须支出（尤其注意粮食的保障），然后做出决定：每户人家至少援助受灾家庭多少大米、多少人民币；超出部分不做规定，捐助越多越好——有钱帮钱，有物帮物，吃的、用的、大人孩子穿的，谁愿送什么就送什么，愿再额外多送多少就送多少。

二、村民互助习俗的功能和实质

1. 村民互助习俗的功能

（1）信息交流功能

在分散经营的小农社会里，人们之间的各种交流主要是在平时串门、赶集等场合进行。节日庆典，或其他互助活动，为人们的思想交流和村落信息的传递提供了又一个平台。每次活动，实际上是人们之间思想、情感和信息的一次集中交流。在活动中，村民们一边干活一边交谈，谈话没有事先准备，没有主题，气氛融洽、无拘束。一些人谈庄稼、农活，叹天气、叹生活；一些人向某事件的亲历者打听相关详情；一些人则互相劝勉、听取忠告；一些人讲故事、聊往事；部分人不时插科打诨讲笑话、开玩笑。大家聚到一起，不论都说了什么、做了什么，客观上都起到了交流信息、交流思想和情感的作用。

（2）劳动资料和劳动力的整合和调剂功能

在个体性的农业生产中，劳动资料和劳动力的短缺是经常发生的。寨邻互助习俗在调剂各农户间劳动资源方面发挥着一定的作用。例如：在春耕、秋收、秋种等农忙季节，村民们会依据各户庄稼的长势情况，排出先后顺序，轮流到各家帮工。很多时候，村民要自带生产资料前去帮忙，有马的出马，有耕牛的出耕牛，有车的出车，有劳力的出劳力……诸如此类的做法，使得各农户之间形成了劳动力和劳动资料的互补关系，提高了劳动生产率。

（3）增进感情、稳定村落社会的功能

村落社会至今仍处于一种半封闭状态，也可以称作是一个封闭性的社会。在这个小社会里，人们之间的关系错综复杂，因此不时会发生一些或大或小的纠纷和矛盾，影响着村落社会的和谐与稳定。在一定的程度上，村民互助习俗能在化解矛盾、联络感情、增进友谊等方面发挥积极而独特的作用。互助活动的部分内容具有救助性质，而救助过程本身可以让闹矛盾、有纠纷的双方当事人都受到教育，救助、互助活动同时也为纷争的双方当事人提供了化解矛盾的场所和台阶。可以毫不夸张地说，村里的每一次互助活动都能起到融洽村民之间感情和增进凝聚力的作用。特别是有隔阂的村民之间，由于在遇到困难时，对方不计前嫌的帮助，能促使当事人反思、检讨自己的行为，这样，彼此都会做出极大的让步，会使彼此间的矛盾和冲突因此得到缓解或和解。另外，村民之间的一些误会，也可以在举行活动的时候，找机会当面澄清和消除。

2. 村民互助的实质

社会交换理论认为，个体之所以要加入某一群体，并遵从该群体的规范，是为了与群体中的其他成员进行感情和物质的交换，或者通过实现群体目标来获得自己单独无法取得的更大利益；群体能否维持、群体内聚力的强弱，取决于成员之间的交换关系能否维持，或者是群体能否通过实现自己的目标以满足其成员的某种利益。

不可否认，寨邻之间的互助性关系实质上是一种交换关系。村民间只有通过互助习俗才能解决单家独户无法解决的一些问题，因此，村民们都能积极主动地参加活动。尽管村民互助的目的是为了自己求得同样帮助的需要，但是，八连的大多数村民并不支持“你给他出多少力，到时候他也给你还多少力”的斤斤计较的做法，而是倡导诚心、真心，尽力而为。

八连的农户几乎全部居住在坝子上，遭遇洪涝的可能性极小。而且，八连河很少发生断流现象，即使是在发生特大旱灾的年份，也不会使农作物损失至颗粒无收的窘地，只有火灾是八连农户可能遇到的最严重灾害。

20世纪60、70、90年代，村里有几户人家失火，尽管村民们在发现火灾后都能拼力相救，但大火还是使得部分人家损失严重。每当遇到这种情况，寨邻们都能主动送去现金、粮食、餐具、桌椅等等生活用品，并借给数额不等的钱物，出力无偿帮助受灾家庭重新修建住房，使之尽快尽早恢复正常生活。在乡村社会保障制度缺失或不完善的情况下，是寨邻互助习俗帮助这些家庭度过了人生中最困难的时期。

寨邻互助习俗对于处在社会结构最底层的家庭具有无时不

在、体贴入微、面面俱到的人性化关怀。对个体村民及其家庭来说，村寨互助习俗的功能是显而易见的。它不仅是民间互助与支持的基础、群体归属与精神依托的支柱，而且是社会调节与秩序维护的基础、社区救助与保障的支点。它的出现是村寨内生秩序的必然，是社区和谐的重要保障。

寨邻互助习俗是在单家独户不能解决其随时面临的重大事务的情况下产生和延续的。概括地讲，其职能是联合一部分农户的力量，集体承担和解决其中单个农户无力解决的重大事务。相邻而居的民众为了生计和一些切身事务，以群体的力量分工合作、共谋彼此的福祉，不仅体现了基层民众生活的、心理的需要和需求，在一般情况下也是八连人维护社会和谐、维系社会安定的力量。现阶段，个体农民仍然是八连农村社会的主体，在国家保障能力有限的现实下，民众只有通过互助协作、生产自救等等，才能相对容易地摆脱生产、生活中可能遇到的困境，使小农经济再生产得以正常进行。

三、八连村民的交往习俗与儿童教育

布朗芬布伦纳的生物生态学理论以及已有的众多研究成果都一致认为，儿童的发展与周围环境有密切的联系。

其他相关的教育学理论还认为，教育领域的主要目标是家庭、社区教育都在合力促使儿童内化社会中相对稳定的价值观和行为规范，并形成相应的社会情感和态度；儿童社会性发展的真实背景是儿童所处的现实社会环境和社会交往生活；长期积累起来的社区文化一直都在发挥着把儿童培养成“社会人”的功能；而一定社会的价值观及行为规范是在社会交往生活中形成并实现

个体生成的；儿童的社会交往活动有助于其内化价值观和行为规范。[①]

八连的家长对孩子的养育是“粗放式”的，只要是孩子通过自己的努力可以完成的事情，家长都不会代劳。相反，他们会十分乐意、十分欣赏地放手让其自己去做。而且家长们几乎不对孩子的非犯法行为做苛刻严厉的限制。

村里的学龄前儿童，白天里的多数时间就是玩。只要孩子不生病、不妨碍家人劳动，家长们除了告诫孩子不要去危险的地方、不要做危险的事、不准打架、要和同伴友好地一起玩耍、去哪里要“约伴”（不能一个人行动）外，很少对孩子的行为做过多、过细、过严的限制。因此，人多的地方、热闹的地方、突发事件现场等，通常都会吸引众多的孩童前去看热闹。有些事件不仅能吸引全村的孩子，很多时候还会吸引到来自附近数个村寨的孩子们。

基于只要孩子不妨碍“大人做事情”就任其自由玩耍的原则，八连孩子的活动空间、参与空间非常宽泛。只要孩子有兴趣，他们就有可能出现在任何场合、任何地方。

喜欢跟在爷爷奶奶或父母身旁，不愿意一个人留在家里；喜欢往人多的地方跑，好奇、喜欢热闹是乡村孩子的特点，也是八连儿童共有的特点。长辈们传下来的养育方式和乡村孩子的特点，使得孩子们能和村里的成人一起，经历发生在村寨内部的所有事件和发生在村外的一些事情，并且有条件悉知事件的全过程。而各种场合，孩子们通常都是兴趣盎然的、热心的旁听者、急切的提问者和理所当然的“受教育者”。

比如，在火灾发生后相当长的一段时间里，围绕火灾事件的

① 郑名、李春丽：《4—5岁幼儿告状行为的研究》，载《学前教育研究》，2005年第1期。

谈论就会成为村民们经常提起的话题。人们会分析、探讨火灾发生的原因、描述“救火”过程中自己的感受，以及自己或他人救火行为的得失，甚至论及某个人的表现，有的人还会发表一些极具见地的个人见解和建议，肯定村民们普遍认可的行为，否定、指责不可取的行为，等等。而这些言论和评说，对于孩子们来说，客观上至少起到了包括传授避免火灾常识在内的各种乡土知识的作用。

苏格拉底曾向我们详细而不厌其烦地分析了人的各种品质和品德。如善、公正、节制、勇敢等品德。其中，善是教育要着力培养的人的基本品行。八连人相互分担的种种习俗，充分体现出村民们对生活真谛的独到看法，这些习俗对少年儿童人格的培养，特别是对其求善的追求有着重要的教育意义。

众多的事例显示，在能帮人时总是尽力而为，有人需要帮忙时即刻伸出援助之手，已经成为八连村民的生活习惯；助人、帮人的理念渗透在每个村民的血液里，成为村寨社区社会生活习俗的一种形式、一道独特的风景。这种体现出村民们求真向善理念的习俗，使得整个村寨始终弥漫在一种积极向善的氛围中，促使人人向善求真。

盛行于八连村民中的互助习俗，无论是日常生活中的分担重物、突发疾病时的救治、婚丧嫁娶时的人力、物力援助，还是火灾救助等等，都包含着村民们许多善行的修为和实施。其求善的倾向十分明显。村民们的自发行为为村寨社区共同体树立了一个个善行的榜样，这种习俗可以说是一种特殊的道德教育形式，而这种教育形式由于与其生活的现实生存状态，以及与其自身利益紧密相连，教育效果十分明显。

村寨中的互助、助人这种成年村民的行为规范，为整个社会共同体中所有的成员，特别是少年儿童，提供了一种可资效仿的榜样，对少年儿童来说，是一种潜移默化的教育和熏陶。

第四节　八连儿童的交往习俗与儿童责任心培养

一、责任心及其责任心培养的意义

要想了解责任心这一概念，首先应该弄清楚责任一词的含义。国内外对责任这一概念的理解基本一致，只略有区别。

《汉语大词典》中对责任的解释是：①使人担当起某种职责与职务；②谓分内应做的事；③做不好分内应做的事，因而应该承担的过失。

《韦氏学生词典》中责任的含义为：①责任是一种尽责的品质和状态，包含：A. 在道德上、法律上、精神上的尽责。B. 可靠的、可信赖的。②责任是指担负责任的事情。

任职、分内事、因过失而受处分是中国人关于责任的三层基本含义。而欧美人关于责任概念的理解和解释，则不包括因过失而受处分这层意思，在他们的观念里，因过失而受处罚属于民事责任或刑事责任范畴。

据此，学者们从不同的角度对责任心做出了不同的界定，主要观点有：

责任存在于社会生活中，每个人都负有各种各样的责任。个体在社会化的过程中，逐步意识到在社会实践中自身应该承担的责任，并产生了相应的情感体验，做出了责任行为，从而产生了个体的责任心。责任心意味着能力以及乐意承担自身行动的后果。①

责任心不仅仅是一种能力、知识或才能，更是一种态度。责

---

① Young K. Freedom, responsibility, and self-control. Mental Hygiene, 1937, (4).

任心是对工作、对在家庭以及社区中的人际关系的态度的集合。①

责任心是指个体积极履行责任的态度特征和行为倾向，是个体对自己责任的自觉意识和积极履行的行为倾向。②

责任心是指一个人对其所属群体的共同生活、行为规范以及他所承担的任务的自觉态度。包括责任认识、责任情感、负责行为三种成分。③

综上，我们可以这样推论综述：责任心是个体自觉或主动承担自身角色所要求的责任的一种心理倾向，不仅指向自己，也指向他人，涵盖人的“知”、“情”、“行”三个方面。

责任心由责任认知、责任情感、责任意志、责任行为四个因素构成，主要包括：自我责任心、他人责任心、集体责任心、任务责任心、承诺责任心和过失责任心等内容。

责任心作为一种重要的人格特质，主要有动力作用性与主体性、阶段性与稳定性、实践性与情景具体性等等一系列特点。

1993年，由联合国教科文组织主持在中国召开了主题为“21世纪挑战及教育改革”的会议。会上，来自24个国家的专家学者经过热烈的讨论，最后形成了一个共同的看法并达成一致的共识：21世纪，摆在人类面前的第一挑战，既不是新技术革命，也不是经济发展问题，而是青少年一代的道德问题；一个道德情感贫乏，尤其是缺乏责任感的人，将是一个不会真正关心他人（甚至不知道珍惜自己）、无法与人真诚合作的人；这种人既

---

① Dale B Harris, Kenneth E Clark. The measurement of responsibility in children. Child Development, 1954,（1）：21—28.

② 刘国华、张积家：《论责任心及其培养》，载《烟台师范学院学报》（哲社版），1997年第3期。

③ 张良才、孙继红：《山东省高中生责任心现状的调查研究》，载《教育学报》，2006年第4期。

不可能很好地服务于社会、贡献于社会，甚至会无法适应未来的社会。

关于责任心的培养，前苏联著名教育家马卡连柯就曾根据自己的教育实践经验一针见血地指出：培养一种认真的责任心是解决许多问题的关键手段。由此可以看出，责任心是个体重要的心理品质之一，是个体社会性品质的重要组成部分，它于教育、于个体和社会发展都有着重要而深刻的意义。

20 世纪 90 年代以来，在美国兴起的、引起世人极大关注的品格教育思潮，开始把责任和尊重等美德作为品格教育的核心价值观。美国学界的品格教育专家托马斯·里克纳教授认为：其他一些价值，如诚实、公平、公正、宽容、乐于助人、同情心、合作、谨慎、自律等，都是从尊重和责任心这一核心价值引申出来的，所有这些品质，实际上都是尊重和责任心的不同表现形式。① 我们可以这么来理解托马斯·里克纳教授的这段话，责任心这种品质能为其他品质提供生长点，一个具有自我责任心的人会关心自己的身体健康和人格发展，注重个人潜能的发挥，争取最大限度地实现自我价值；一个对他人和社会负责任的人，会爱护周围的人，主动帮助身边的人，友善公平地对待他人、关心集体，会尊重他人，善于与人合作；而且关心社会的稳定和发展，并勤奋努力地做好分内的工作。

从道德教育的层面来看，责任心则应该是对每个公民共同的、最基本的道德要求，是评价一个人是否是道德人的最一般的价值尺度。任何高尚的德行理应是以某种责任心为支撑的，一个有道德的人肯定是负责任的人，而一个不负责的人必定是不道德的人。生活中的一切有德之事均由履行某种责任引发，而一切无

---

① Lickona, T. Educating for character: How our schools can teach respect and responsibility. New York: Bantam Books. 1991: 75.

德之事皆因忽视这种责任所致。从某种意义上讲，道德教育实际上就是责任教育。

列夫·托尔斯泰认为：一个人若没有热情，他将一事无成，而热情的基点正是责任心。教育学家和社会学家们更是声称，只有当一个人持有责任心或富有责任感时，他（她）的自我才真正开始形成。

学术界已经取得的众多研究成果还表明，责任心是一种重要的非智力因素，具有动力功能，能推动个体主动把外在的任务要求内化为自己的目标和行动；责任心具有调节和维持功能，能调控个体的情绪和心理状态，能支配个体的行动，控制和调节个体的行为，促使个体克服困难、坚持不懈，从而不断地引导个体趋向目标，这样，个体的心理才会向健康美好的方向发展。而没有责任感和正确价值观的人，会因为找不到自己的生命在社会中的重要性而感到迷惘，容易为一些物质的，或喧哗、浮躁的东西左右，沉溺其中不能自拔，会因此失去创造成就的动力，甚至会因此坠入违法犯罪的深渊 。

由此，我们可以断言：责任心是每个个体都应该拥有、必须养成，即必须持有的一种重要的个性品质，是一种道德素质和综合能力，是人才进入 21 世纪的护照。

二、责任心的形成和培养

责任心的形成与发展不可能一蹴而就，而是主客观因素共同作用的结果。主观因素主要包括个体的身体和心理发展水平等个体因素，客观因素则主要包括家庭教育、学校教育、社会文化，以及社区文化等等外部因素。个体的身心发展水平包括个体的身体发育水平，以及知识水平、品德水平、个性品质、实践活动的性质与水平，等等。

国内外的研究者们已经从实验研究的角度出发，进行了大量、深入的探讨，研究结果显示，个体的身心发展水平与责任心的形成具有密切的关系。即幼儿的道德责任判断受记忆和理解能力等因素的影响；儿童责任心水平与儿童的认知能力、语言表达能力，以及操作能力等高度相关。

家庭是个体社会化的最初场所，因此，父母的养育方式、言语行为方式等对儿童责任心的形成和习得影响最大。许多学者确信让儿童参与关心家人的活动有助于孩子责任心的培养；父母的年龄、学历、职业类别、业余活动、兴趣爱好，以及家庭人际关系状况等家庭环境因素，对儿童责任心的形成具有直接的影响。

群体社会化发展理论的支持者们则认为儿童所处的群体，即同伴与教师对儿童责任心的形成影响最大；家长对孩子责任心的要求间接地对孩子责任心的形成发生作用。另外，国外一些学者展开的有关责任推断、责任心的跨文化比较研究结果，深刻地揭示出社会文化因素对责任心的形成和发展具有特殊的影响作用。例如，在责任归因上，个体主义文化影响下的被观察者们（美国人居多）通常是通过个人因果关系逻辑责备领导者，而在集体主义文化影响下的被观察者们（日本人居多）则大多最终会用“代理人逻辑”取代个人因果关系逻辑而责备领导者。

另外，国外研究者通过对大量的实例调查获得的资料进行分析后还总结出了许多有关责任心培养的建议、原则及训练计划。他们中的很多人主张可以通过让儿童承担家务劳动或照顾年龄小的孩子来培养儿童的责任心；让儿童最大限度地参与关心家人的活动，并且从很小的时候就应该开始；对儿童为家庭所做的事情给予较少次数的报酬，将有助于提高儿童的社会责任感。[1]

① Jennifer M Bowes, Constance Flanagan. Adolescents ideas about individual-agency cultures. International Journal of Behavioral Development. 2001,(1): 60—68.

在责任心的培养方面，一些学者提出应该坚持以下原则：责任训练应该从小开始，越早越好；儿童应该被给予通过承担责任的实践学习责任心的机会；责任训练与在承担责任时的经历必须与单个儿童相适应，即要因人而异；儿童必须了解他们所承担的任务；儿童需要成年人的指导，需要成年人的尊敬和信任；成年人必须持有宽容的心态、宽厚的心怀，无条件地接受儿童在习得责任的过程中出现的缺陷与变化性；成年人对相关责任的态度和行为会影响儿童责任心的形成和发展；太多，或太重的责任可能对儿童有害。①

发展心理学的研究发现：早在婴儿期，人的责任感就开始萌芽，进入幼儿期，责任感会有进一步的发展；幼儿的责任心主要包括自我责任心、集体责任心、任务责任心、承诺责任心、他人责任心，以及过失责任心，其中任务责任心、自我责任心、承诺责任心是3—6岁儿童责任心的主要表现形式；儿童责任心的发展随年龄的增长而提高；儿童的责任观念在7岁以前就已经开始进入一种强制性责任水平，例如，他们通常会把他人托付的某一任务的责任看成是毫无异议地必须完成的事情——虽然他们并不理解责任的意义，重视的只是成年人的外在要求和标准。②

已经取得的大量研究成果表明，6岁前是人的情感态度、行为习惯、性格雏形等基本形成的时期，是儿童养成友爱、分享、礼貌等良好社会行为和人格品质的重要时期；儿童的责任心在学前期就开始形成并逐步发展，学前期是儿童心理发展的关键期，可塑性最大。这时若对其进行良好的教育，抓住教育契机，创造

---

① Betty L Mitton, Dale B Harris. The development of responsibility in children. The Elementary School Journal. 1954, (2): 268—277.

② 陈会昌：《儿童责任心发展研究》，载《发展和教育心理论文选》，北京：北京师范大学出版社，1985年。

良好的教育环境，则不仅能培养儿童健康的品质和个性，也能为6岁以后教育的顺利进行奠定基础；学前期的教育主要是家庭教育，所以，作为孩子第一任教师的家长，必须在关涉孩子前途的、至关重要的责任教育上把好第一关。

三、八连民俗与儿童责任心的养成

1.“自己的事情自己做”，以及孩子必须承担力所能及的家务的养育习俗，有利于孩子责任心的养成

责任心形成的一个重要条件是实践，是在完成一定任务的实践过程中形成的，也会随着实践活动的变化而变化、扩展而扩展。一个不承担任何任务、不从事任何工作和活动的人，是不可能养成任何责任心和习得责任感的。

生活理应是一种有责任的生活，责任应该是生活中的责任，即责任应体现在日常生活中，只有当责任生活化后，责任心和责任感才能自然生成。自我责任心是更高层次责任心形成和发展的前提，只有养成自我责任心，才能培养更高层次的家庭和社会责任心。

在八连的很多家庭中，一年中的大部分日子里，孩子早上起床的时候，父母已经或去了地里田间，或到山上劳作去了，即使孩子起床时父母正在家里，也总是因为有做不完的活，不可能替已经“有能力”自己穿衣裤鞋袜的孩子穿衣着鞋，不可能帮他们洗脸，更不可能替他们拿盆端水、递帕子……孩子们从很小的时候开始，就必须学会自我服务，学会穿衣、穿鞋、洗脸，自己拿碗取勺、自己盛饭、吃饭；稍大一些的孩子，还得帮忙（协助大人）做饭、做菜、替家里其他人准备碗筷、摆桌子、搬凳子、盛饭；而帮忙打扫卫生、收拾餐桌，是对所有的孩子从能够平稳地走路的时候开始就提出的要求。这些习俗规范，不但能够培养孩子的劳动意识，而且能够促使孩子在这种日常的训练中形成良好

的习惯和责任心。

另外，孩子们还能够从家务劳动实践中学会责任判断，懂得什么是该做的、怎么做才是对的。这可以通过生活中的两难选择得到训练和培养，如，面对同伴们的召唤，是即刻出去玩要还是先完成家长指派的家务。如果孩子选择出去玩要造成家务没能及时完成，家长们或者会露出不快的脸色，或者会训斥孩子，孩子也多会认为自己没有及时完成家务是自己不对——即，判断引起错误或引发问题的原因是自己。而一旦孩子判断这种行为后果的产生是个人的、可控的原因造成的，就会做出有责任的判断，也会主动去承担责任后果（反之，则会对责任不能产生正确的认知和体验）。

责任心以认识为前提，以意识为基础。不管是什么人，如果没有是非标准，意识里没有相关的责任概念，责任心就无从谈起。因此，在日常生活中，大凡儿童力所能及的事情，要毫不犹豫地坚持由他们自己去完成，从小事入手，提高孩子对责任概念的认识，并不断强化其责任意识。家长只需在关节点上提供适当的指导或帮助即可，绝对不能大包大揽或全部承包。不但要求孩子自己的玩具、衣物等等要自己整理、归置，家长的合理要求也需要放进心里，需要按时完成。要让孩子明白收拾玩具、整理衣物、文具等等事情，是孩子自己的事情；孩子有责任对自己负责，也有能力负责。这样，可以通过生活中一点一滴的小事，不断强化儿童的责任意识，从而催生出孩子的责任感和责任行为。

通常，由于孩子年龄小，意志力、坚持力较弱，做事情常常会起于一时的兴趣，遇到困难（很多时候则仅仅是因为失去了好奇心和兴趣）就会退缩，显得虎头蛇尾，没有结果。针对这种情况，八连的家长总是把生活中儿童力所能及的一些事情作为任务交给孩子，这种做法能让孩子意识到他在家庭中的身份，在完成任务的过程中逐渐端正责任态度。比如，习俗要求临近开饭前，所有的人（只有年长者、病人能够例外），尤其是孩子，必须“动”起来——或者擦桌子、摆凳子，或者准备碗筷；饭后必须帮忙收拾碗筷、归置桌椅、擦桌子、扔垃圾等等。一开始，孩子们有可能会忘记，抑或会敷衍了事，但在家长反复的督促、鼓励之下，他们会逐渐形成一种习惯，一到时间就会主动去做，而且会把任务完成得很好。此时的孩子，可以说已经有了初步的责任感，而且，很多孩子也会通过自己的努力，坚持把事情做得更好。

八连的家长很少以物质补偿作为孩子参加劳动的奖赏，相反，他们认为所有的孩子必须学会劳动，认为大人（不仅仅限于父母以及家人）忙活时不提供力所能及帮助的孩子缺少做人的基本常识、缺少家教。八连人就是这样充分地、巧妙地利用当地的习俗规范，通过成人的引导、鼓励、督促，促使儿童参与各种劳动，并以言语的爱抚和勉励，让孩子的行为在一个长久的动力驱使下持续进行，从而强化他们的责任态度，使其形成真正的责任感。

2. 八连儿童拥有的“自由”有利于孩子责任心的形成

八连的父母几乎每天都得早出晚归地外出务工，或到田间地里干活、或到山上砍柴割草……每天，除了替孩子把吃的准备好，不让孩子饿着外，孩子的其他事情都是孩子自己完成。一天中很长的时间里，孩子们都是在自由地活动、游戏。家长有时也会给孩子指定一些必须做的事情，但什么时间做、怎么做等等，孩子可以自己决定、“自由”安排。

相关研究成果认为自由与责任是相辅相成的。黑格尔就是这种论点的拥趸者之一，他说：“人的决心是他自己的活动，是出于他的自由做出的，并且是他的责任”、“自由、自主是责任产生的基础和根本前提，没有自由则没有责任，自由的度和责任的量有密切关系……剥夺孩子自由决定和自由创造的权利，也就取消了人们担负责任的内在根据。”①

3. 八连儿童“宽范围”的人际交往对其责任心的养成利大于弊

责任心是一个人立足于社会、获得事业成功与家庭幸福的至关重要的人格品质，是健全人格的基础，是生存技能的获得和发展，以及生存空间拓展的前提，也是社会合作精神的基本体现。对孩子责任心的培养应从大处着眼，小处着手。孩子的责任心不仅仅可以通过家务劳动实践获得，还与其良好的人际交往，如关心、帮助、分享、合作等品质有着密切的关系。在人际交往中，通过培养孩子关心和帮助他人的良好品质，可以促使孩子产生责任意识，并形成相应的责任感。

儿童人际交往的引导，不仅关系到孩子儿童期内能否与他人、集体之间建立良好和谐的关系，也会影响到孩子日后与同学、朋友、同事、恋人、伴侣，以及自己的下一代等人的相处。通常，一个缺乏责任心的人，在人际交往中往往就是一个我行我素的人；他总是一意孤行，不懂得与同事、家人融洽相处；更不可能理解、尊重、关心他人。而责任心的存在则可以促使个体能以一种认真、负责的态度来对待自己周围的人和事，在面对困难、任务、矛盾纠纷等等复杂多变的环境时，能够做到不断地、持之以恒地进行思考、探索，以求发现问题、解决问题。

人的生活是与他人的相互交往构成的，人的本质是爱的相互存在。要让孩子充分明白并牢牢记住：关心他人，就是要善于理解他人的情感和需要、理解他人的处境，随时准备从道义上去支持别人，从行动上去帮助别人。否则，孩子就变成一个“自我中心”严重、只知道接受不知道给予、缺少关心他人品质的自私自利的小皇帝。由此可知，培养孩子责任心的最好办法之一，就是

① 鲁洁、王逢贤：《德育新论》，南京：江苏教育出版社，2000年，第486页。

让孩子在与人的交往中学会帮助他人，学会合作与分享，学会承担义务、任务和责任。

八连的年长者在孩子哭闹着要找父母时，都会告诉孩子父母上哪里、干什么去了；不干活，就不会有吃的、穿的、用的、玩的；父母在烈日或寒冷中劳作多么辛苦……小孩子们能呆在太阳晒不着、雨水淋不着、冷风吹不着的家里，还有吃的、玩的是多么的幸福！好孩子不应该哭闹，有什么要求要用语言明白、清楚地表述出来；父母去“赶场”、吃酒席的时候可以带着孩子一起去，外出干活的地方路不好走，还可能有毒蛇出没……让孩子明白在其成长的过程中，父母们付出的辛勤劳动和亲切关怀，唤起幼儿感激、热爱、尊敬他们的情感。这种从关心、理解自己的父母开始，培养孩子学会理解、关心他人的习俗，有利于孩子自我责任心的养成。

父母则要求孩子要把好东西，尤其是好吃的东西分送给爷爷奶奶、外婆外公，不能独占；要为祖辈做力所能及的事情，如端茶、倒水、送药等。经常告诉孩子，祖辈们为父母的成长付出了同样艰辛的劳动，作为晚辈，应该孝敬他们。

孩子作为家庭的一员，有享受家庭幸福的权利，更有为家庭创造幸福的义务和责任。让孩子尽早地了解并且参与家庭日常生活，哪怕刚开始时孩子根本理解不了家长在做什么，也必须坚持。八连的家长在这一点上就做得很好（尽管家长们不是出于培养孩子的责任心而这么做的）。比如，很多时候，八连的家长都会在头一天晚上告诉孩子第二天家里人的活动安排（尽管多数时候，是因为回答孩子的提问才这么做的）：谁要去做什么——爸爸、妈妈、爷爷、奶奶上午要到哪里去做什么，做完了这些，接下来还要做什么；留在家里的孩子应该注意哪些事项，要为家人做哪些家务、怎么做等等。这种做法的意想不到的收获是让孩子感受到责任，并由此学会承担一定的家庭责任；这种做法，有利于孩子逐渐去除“自我中心”主义，有利于孩子理解自己周围的世界，从而强化对他人负责，以及对周围环境负责的责任心。

八连人鼓励孩子与人交往，从孩子能独立行走时开始，就鼓动孩子出去“串门”、“帮忙做事”——借东西、传话、“打探”家人想知道的邻居家的事情，鼓励孩子到寨子里去找同伴玩耍，等等。孩子去到邻居家，邻居多会友好地问候他，与之对话、聊天；孩子回家后，多会因为勇敢地独自一人“外出”归来、“帮忙”回来而受到家人的褒扬和感谢；孩子外出找同伴玩耍之前，家长会告诫他该怎样和同伴相处，要注意什么、不能做什么；如果是被邻居邀请去“照看”弟弟妹妹，家长会告诉他应该怎样对待、关心弟弟妹妹，例如，当弟弟妹妹哭闹时，该怎么做；当弟弟妹妹执意要做危险的事情时，或者弟弟妹妹摔跤时该怎么办，等等。这些“人际交往”能够培养幼儿初步的社会性交往技能，使幼儿萌发责任感，激发幼儿的责任心。

白天里的很长一段时间，八连的孩子都是和同伴在一起度过的，同伴交往对他们责任心的培养有着不可估量的影响。首先，孩子要想“有伴”、有人一起玩，要想进行游戏，就必须逐渐学会并掌握与人交往的基本规范；其次，要想获得同伴的好感、尊重，还必须学会在与人交往的过程中、在各项游戏活动中，学会用爱的心灵去观察、了解他人，主动帮助遇到困难或缺乏经验的同伴朋友。八连的孩子从小就喜欢“有伴”——喜爱交往、喜爱参加集体活动，他们在相互交往和共同相处的时间里，经常做各种游戏。很多类型的游戏能促使孩子产生一种群体凝聚力，而这种凝聚力又可以转化为激励每一个个体的动力，起到促进儿童责任心形成的作用。

在很多游戏活动中，每个儿童都必须各尽其责，学会与他人合作，学会分享成功的喜悦或失败的沮丧。比如，在“扮姨妈”的角色游戏中，“妈妈”、“孩子”、“外婆”等角色的扮演者，必须互动合作，才能将游戏进行到底。诸如此类的交往、互动，能促使幼儿在与同伴的合作中学会尊重别人，做到好玩的一起玩，好看的一起看，并乐于与同伴分享合作带来的乐趣，从中意识和领悟到自己的责任并发现自身的价值。

另外，八连的邻里关系习俗、所有成年人都有照看、指导、教育村里所有孩子的权利和义务的习俗，对儿童责任心的培养极为有利。儿童能在村寨这个大舞台、大家庭里，通过各种人际交往，培养初步的社会交往技能，并促使儿童对他人、对家庭、对集体、对社会形成一定的责任感，以及责任心水平的提高，而责任感的获得和责任心水平的提升，有利于个体自我价值的顺利实现。

总之，责任心的培养是一个长期的系统的工程，它具有潜移默化的特点，需要家庭、社会等多方面的共同努力、深入探讨，并持之以恒地、积极地创设良好的支持性环境，才能促使孩子逐渐成长为一个具有责任心的社会人。

第四章　人生礼仪习俗及其教育内涵

第一节　八连人的婚姻习俗及其教育内涵

一、八连人的婚姻习俗

现如今，八连青年男女的婚姻基本上都是自由择偶；20 世纪 50—80 年代初期，青年男女的婚姻多由父母包办，但多数人家有征求和尊重当事人意见和意愿的做法；50 年代以前的婚姻完全由父母包办，直至结婚当日，许多当事人不曾谋面。“不落夫家”（妇女在举行完结婚仪式后的数年里继续生活在娘家）习俗曾在个别家庭中短暂出现过。

20 世纪八九十年代，适龄男女青年多在赶场天、婚丧节庆等场合，通过同伴等介绍相互认识、集体来往。如双方有意，便会进一步交往。“进一步”的交往过程的开始通常是在女方村寨里的男青年的亲戚、同伴家或女方家，男青年头几次去“帮忙”时，都会约上至少一位同伴。大家一边干活，一边交谈，以便相互了解。在这个过程中，女方父母会通过自己的观察，并通过各种渠道了解男青年的人品及家庭情况，如果不满意，会委婉地拒绝男青年再次前来“帮忙”；如果对男青年本人及男方家庭都比较满意的话，便会将满意之情表露于言行中。之后，女青年会应男青年之邀，约上关系较好的同伴二三人一同前往男家，考察男青年家庭村寨所在地的居住环境、男青年的家境以及男方家人的为人处世等情况，当然，此行的主要目的是要试探和了解男方家人对自己的态度和接纳程度。如男方父母也不反对，这对青年男女的婚事基本上就算是定下来了。接下来就只剩下履行结婚程序的问题了。

近年来，青年人外出频繁，交往渠道增多，一起外出打工、做生意、同学聚会等，使得当地青年人的婚恋情况发生了许多改变：青年人选择恋爱对象的范围更大了；父母在儿女婚事上的话语权变小了；恋爱、结婚方式更加城市化和多样化。尽管如此，在现代青年中仍然保持了一些主要的婚俗程序。

八连青年男女的婚俗程序主要有：吃小酒（订婚）和接孃（婚礼）仪式。

1. 吃小酒（订婚）

“吃小酒”为当地方言，指订婚仪式，也称“定亲”。

男女青年通过一段时间的相互接触、了解，感情越来越好后，男方家便会首先把结婚事宜提到议事日程。多数人家会在结婚前举行订婚仪式。

订婚要择吉日，男家必备的礼物有：肉、酒、白糖或饼干各数十斤，以及赠送给女青年的衣物（至少一套）。其他东西则视家境来定，一些人家会送给女青年几百元钱，让她买自己喜爱的东西。现如今，有的人家会送金指子，或金耳环等。男方家要约请寨邻和亲戚一二十人一同前往女方家“定亲”（订婚）。与男方家一同前去定亲的寨邻和亲戚，一般是上午10点左右抵达女方家，吃完午饭后即返回。

女方家则会在较小的范围内宴请客人，即举行至亲和寨邻参加的宴请。

男方家送去的礼物，特别是衣物，要用宽约5厘米的红纸（在折叠好的衣、裤的中间处）系上。抵达女方家后，这些礼物要首先摆到神龛前的供桌上，之后才能逐件拆去。礼物一般用角篮（一种用竹子编成的、挑抬东西时使用的四角形箩筐）分成几份挑着去。每对角篮里要放一根上好的干红辣椒、一小束用小红纸条拴着的小葱。

依当地习俗，举行完“吃小酒”仪式之后，双方就已经是亲戚了。从此以后，男女青年（特别是男青年）要使用与对方一样的称谓称呼各自的父母、亲戚。

2. 接孃（婚礼仪式）

“接孃”是男方家以及男方亲戚对结婚仪式的俗称，女方一边则称之为“嫁姑娘”。

婚礼仪式前，男方家要根据男女双方的“八字”“择日子”，包括吉日、吉时（“吉时”包括女方出娘家门的具体时间和进新郎家门的具体时间）。要讲好彩礼数：酒、肉、糖果各多少斤，衣服几套，饰品几件（现在，衣物饰品等赠送给女青年的礼物多折算成一定数额的人民币）。从前，这些东西的数量多由女方家决定，女方家不能“要得少了”，否则有女儿“不值钱”之嫌。现如今的父母们都会说：你家看着给吧。而绝大多数的男方家庭，几乎都会给出至少是“随行就市”的数目。通常是酒、肉、糖果各120斤，衣服三套（至少一套），人民币几千元（3600元、4800元、5800元、6600元、7800元、8800元、9900元……），部分人家的彩礼钱超过万元。

酒、肉、糖果、衣物等仍然使用5厘米左右宽的红纸条拴一圈，由接亲者去接亲时，用角篮盛着挑去。至少得在其中的一对角篮里放一根上好的干红辣椒、一小束用小红纸条拴着的小葱。人民币则在举行婚礼仪式之前，用女青年父母的名字存到存折里，届时用红纸做成的信封装好，随礼物一起送去。所有这些东西都要首先摆到神龛前的供桌上，之后才逐件拆去。

接亲队伍视两家距离远近决定去接亲的时间。两家相距较远的话，一般于新娘出门日的头天的晚饭前抵达新娘家。如果距离不远，则于当天前往新娘家接亲。

接亲的队伍里，要有两位“拉邀”（两位“拉邀孃”，或一位

"拉邀嬢"和一位"拉邀哥"。由父母健在、家境富裕、未婚的两位少女，或少男少女各一人担任。担任"拉邀嬢"的少女的基本条件是该少女必须有哥哥或弟弟)。"拉邀"每人在身上藏着两个红蛋，抵达女方家后，即刻被少男少女们和孩子们团团围住，讨要或哄抢红蛋。

"拉邀"走在送亲队伍的最前面，负责为送亲队伍带路（其他接亲者则在新娘到达新郎家之前，负责把嫁妆运送到男方家)；路遇河沟时，"拉邀"必须往河沟里投掷一些硬币，而且要背新娘过沟、过河。

女方家在男方家选好的结婚吉日的头天下午开始办"嫁姑娘酒"（新娘"出门"的前一天俗称"喜酒"，第二天称为"正酒"），各路亲戚、朋友要携带礼物或礼金前来贺喜。第二天早餐结束后，妇女们便开始把嫁妆整理好、集中摆放到一起，供大家观赏。从前的嫁妆多为：柜子、箱子、被子、床单、枕头、枕套、脸盆若干，火盆、茶盘、杯子、饭碗、镜子、梳子、牙膏、牙刷等所有生活必需品至少两套。现在的嫁妆增加了沙发、电视、洗衣机等家居用品，有的人家还陪嫁摩托车，或农用三轮车、存款等。

其中，娘家必须送的东西有：一对花瓶、两束花和给新郎的一套衣服（包括鞋子和袜子)，一条宽约80厘米、长约两米的红绸缎。

新娘出门之前（在举行完"要八字"、"要花"仪式之后），新郎要在新娘家堂屋换上岳父母家赠送的衣物、佩戴红绸带，面朝神龛跪在草垫子上，接受一位夫妻双方健在、儿女双全、家境富裕的"命好"男性的嘱咐和祝福。

所有的嫁妆都要用红纸条分件拴上或贴上，在大件嫁妆里分别搁置红色的干辣椒、小葱和煮熟、染红的鸡蛋。

新娘出门前，要举行"要八字"、"要花"仪式（也称"背八字”或“背孙”，部分人家在婚礼前单独举行该仪式)。

“背八字”仪式在女方家堂屋神龛前举行。由男方父母延请本家族中的长者至少1人和寨邻中的善歌者数人（总数6人或8人）一同前往女方家，女方家则请来善歌者至少2人，和善于书法的老年男性1人充当“八字先生”。写八字之前要先简单地祭祀祖宗，之后，八字先生端坐在堂屋一侧的方桌前，摊开男方家带来的写有男青年出生年月日的大红纸，在男家歌手唱完请先生书写生辰八字的习俗歌，并递上红包后，在红纸的顶端书写“天长地久”，底端书写“地久天长”，中间从右至左竖着写上新娘出生的年、月、日、时。然后，将8个金边瓷碗和一碗大米、一个鸡蛋，连同写好的“八字”，一起放进一个使用新布料在现场缝制成的口袋里。

在此期间，男方家请来“背八字”的人（一般由男青年的母亲、或伯母和婶婶充当）一直跪在堂屋正中央，由两人牵着其衣服背后的两个衣角，等待女方家把八字放到衣服里。只有在女方家把八字放到被牵起的衣服里之后，方可站起来接着等待女方家“送花”。

男方家请来的几位“命好”的能说会唱者，则接着唱“要花歌”，即祈求女方家列祖列宗“奉送”孙子的习俗歌，和感谢、祝福女方家人、亲戚、朋友的民歌。女方家也邀请寨邻数人与之对唱、对说，每唱完一首歌敬对方一杯酒，说一些“来年就会当奶奶”之类的祝福话和当爷爷奶奶有“多幸福”等的玩笑话。直到对方有些招架不住了，女方家才会把两束“花”插到“背孙者”的头上或背上，把一只没有下过蛋的小母鸡放进从男家背来的装有一只小公鸡的背篼里，一边说：快点背孙子回家，别高兴得走路摔跤，如果把孙子摔疼了，小心揍你！等等玩笑话，一边往“背孙者”脸上涂抹黑色的烟灰，将其“轰出”女方家门。

“背孙者”要一直将“孙子”背到新郎家（只能从大门进

家)。进门后，在堂屋大声说“得孙来了”、“来要（接）孙”等话语。之后，将背篼从背上取下，将“八字”放到神龛前的供桌上，将“花”插到神龛壁上，抱着母鸡一边朝神龛磕头，一边对其说道：“你要来我们家传宗接代！要乖乖的（身体健康、事事顺畅）！老祖宗保佑你们（新郎新娘）发子发家、发财发福”等吉言好话。至此，担当从女方家背负“孙子”至男方家重任的人，才能自由地进出别人家屋子。

新娘则从早上开始就很少走出闺房，在同伴的陪伴帮助下收拾、整理要带走的东西。大姨大妈们则轮换着走进闺房，诉说其父母将其养大成人的种种不易和女儿离别后父母的寂寞、孤独、无助等等，目的是促使新娘哭泣、流泪。当地习俗认为：女青年出嫁时哭泣、流泪，娘家才会“发”，哥嫂、弟弟、弟媳、侄子等等“才好”（事事顺利之意）。特别是在出大门的瞬间，不能不“哭”（一些女青年任人怎么说，总也不会流泪，只得干号）。否则，会遭兄嫂、弟媳闲话，亲戚们也会认为该女青年“不懂事”。

期间，一些长辈们还会反复提醒、叮嘱新娘“到了别人家”后应该注意的各种事项，比如要孝敬老人，要早起晚睡，要温顺随和、阳光开朗等等。

新娘必须在择好的吉时出门。

此前，要梳好头、换好衣服。钥匙、手表、硬币等金属类物品要单独装袋后交由其他人带出娘家。村民们相信新娘出门时，身上“带铜，主家穷（变穷）；带铁，主家绝（绝后）”。

出门有两种方式：背出和自己走路出门。

背出：新娘准备就绪，换上男家送来的新鞋后，就不许再让脚着地（在地上垫上凳子或椅子搁脚）。等吉时一到，在新娘头上搭上一匹花毛巾后，便由兄长或弟弟（或堂兄堂弟）背着出门。新娘被背到背上的瞬间，习俗要求要哭出声来。大门外，站着一位弟弟（或长兄），拿着一把新雨伞，在新娘被背出的时候，快速撑开，塞到新娘手中。一般情况是要将新娘背出村子，而且要求必须“一口气背到底”，即不能将新娘放下休息。如果背人者个子小，体力不支，背出家门数十米远后即可放下。

自己走路出门：在换上新鞋后，同样不准脚再着地。吉时出门时，要求必须走在为其出门而用柏树枝铺成的“路”上（路程由闺房至大门内侧）。大门外侧两旁，各站着一位“命好”的妇女，在新娘走到大门内侧时，一人牵拉新娘一只手，将其拉出大门，与此同时，大声祝福新娘：到新郎家后，百事顺畅、发子发家、儿孙满堂、发财发福……

不管是背出，还是自己走出，新娘出了门后，就“不准回头看家”（不许再朝自己家方向回头）。民俗认为回头看家，娘家会“败”（倒霉、不顺、败家）。

未婚先孕者，出嫁时不能从大门走出（更没有人会将其从大门背出），要从后门（如厕专用的门）或圈门（牲畜出入专用门）出嫁。民间认为未婚先孕者从大门出嫁，娘舅家会百事不顺。

新娘由同伴数人和亲戚几十人组成的“送亲”（均为女性）送往男家。拉邀孃和拉邀哥（“拉邀孃”是由新郎家在自家亲戚或邻居中挑选出来的两位未婚少女，或由未婚男女各一人担任，少男称作“拉邀哥”。担当“拉邀”者必须具备下列诸条件：父母健在、有兄或弟、家庭殷实、身体健康、人品端正，开朗大方，宜人性强。）走在最前面带路。新娘前后各一人担当主伴娘角色。主伴娘由未婚、父母健在、兄妹双全者担任。伴娘之后是新娘的一群未婚朋友（辅助伴娘），她们的身后是已婚的年轻妇女和中年妇女（怀孕者，即“四眼人”不能充当“送亲”），走在送亲队伍最后面的是年迈的老年妇女们。

新娘以及新娘前后的两位伴娘，一路上都要撑着伞；伴娘在遇见河沟时，要提醒“拉邀”扔镍币做买路钱，还要“迫使”“拉邀”将新娘背过河沟。如果“拉邀”年幼、体力不支，伴娘会主动代替“拉邀”将新娘背过河沟。

新郎家于新娘抵达的那天下午开始宴请宾客。亲戚们多在午饭后陆续抵达，第三天午饭后离开。亲戚朋友多的人家，客人可能接近或超过千人。

新娘要在吉时进家，吉时未到之前，可以在寨子外等候，也可以到新郎家院坝里等候。一般情况下，新娘进家前，“送亲们”（成年人）是不允许进入新郎家的。

新娘以及送亲者抵达院坝前，新郎一方帮忙的人们会用条凳“拦住”送亲（只允许几位伴娘陪着新娘先进入院坝），唱歌欢迎送亲远道而来，并敬酒表达谢意和热诚。

吉时到，新郎家提出要让新娘进家，但此时，伴娘们会“挡着”新娘不让进。变着法子“难为”新郎家人，要求付给“走路钱”（护送新娘的劳务费）。先开口说出一个吉利的数字，例如：一元二角、三元六角，等等，新郎一方经过“讨价还价”后，“不情愿”地按要求送给伴娘们一个红包（或者没按要求的数字封包，因为红包是封着的，伴娘们也不会打开来核实，其实伴娘们也不真正在乎钱的多少，只是一种习俗而已）。但伴娘们会“使性子”说“少了”，要求再多付一些，男方家于是再给一点……如此反复多次后，才让新娘进门。

男方家要燃放鞭炮迎接新娘进家（进堂屋）。与出门时相反，迎接新娘进家的两名“命好”的妇女（男方“参亲”）要站在大门内两侧，“牵引”新娘进家。新娘进家时，这两名妇女要千方百计让其跨过筛子（筛子上放着油灯、马鞍、剪刀、尺子），而新娘除了要避免触碰门槛、门框外（据说，进门时碰着门槛或门框，新娘今后的生活会不顺——夫妻、婆媳、姑嫂、妯娌间容易生龌龊，而且新娘或新郎会经常生病、或遭灾），还要尽量趁二人不备，绕开筛子跨进家门（据说能绕开筛子跨进家门，预示着新娘今后在夫家将不会受人欺负，且会有很高的地位）。新娘如遇月经期，则无论如何也不能跨越筛子。

新娘进门前，新郎的家人，包括爷爷奶奶、父母、兄嫂、弟弟、弟媳、小姑子、侄子侄女等至亲们，都要出门“回避”——不能待在家里，也不能待在看得见举行仪式的地方。最好的去处是到看不见自家正门的邻居的家里去待着，而且要等到有人来通知说新娘已经进了新房后才能回家。

新娘跨进大门后，在二位参亲的左右“搀扶”下，要在燃烧有线香和蜡烛的神龛前三鞠躬。之后，便由她们牵着走进卧室。进卧室后的两天两夜里，由伴娘、“拉邀孃”及男方村寨的女青年们陪着，吃喝都只能在新房内。

新娘进家后，有“铺床”仪式和“添喜”仪式。

“铺床”多在新娘“吉时”进家磕头、进入新房后即刻举行（有的人家在新娘进家之前，已经请人铺好）。由拉新娘出门的娘家一方的两位命好的妇女，和拉新娘进家的男方一边的另两位命好的妇女（通称“参亲”）总共 4 人共同完成。男女双方参亲一边各出一人做主持，另两位打下手。两位主持一边吟唱民歌，一边一层接一层地铺上垫棉、床单，还不时地用毛巾掸掸床的这边，拍拍床的那边。最后，把娘家送来的被子、床单等等摆到床上、柜子上、书桌上。把锁在柜子里的两个红鸡蛋（其他鸡蛋允许负责搬运嫁妆的接亲者在半路上搜寻、拿走）放到床上，叮嘱新娘在铺床仪式结束后要收藏好，因为这两个红鸡蛋只能由新人吃掉，不允许送给其他人。

在举行铺床仪式的整个过程中，新娘只能站在新房的一角，不允许插手，也不能帮忙。需要做的只是静静地看着、听着。整个过程新房的门紧闭着，新房里只有四位命好的参亲和新娘，禁止其他人出入、停留。

举行“添喜”仪式时，新娘及其同伴会转移到远离新房的屋子，或干脆躲到别人不易见着的僻静的菜园里。

仍然由主持铺床仪式的四位命好的参亲主持，但婆婆必须到新房里参加仪式，接受祝福。两位主事妇女用围裙兜着“喜果”（用颜料染红的葵花籽、南瓜子、花生、百果——银杏果、核桃，其中有用手绢包着的一包喜果和四个红鸡蛋——从女方家带来的两个、男方家染制的两个。仪式最后要将这包“喜果”放进新郎母亲的围裙里，说：奶奶来要孙子、来抱孙子，明年添子添孙，明年我们又来吃满月酒之类的祝福生育的话语）站在床前，齐声高唱“添喜歌”（描述孕育、生育过程的民歌，尽管新房门大开着，未婚青年，甚至年轻的媳妇们都不好意思前去抢“喜果”，只有一些老年妇女和不懂歌词含义的孩子们挤在新房里），唱一阵，往床上撒几把“喜果”，逗引孩子们爬上床去争抢，接着再唱，再撒……直到整套仪式歌全部唱完，“喜果”撒完，添喜仪式方告结束。

在“放客”（客人返回自己家里）那天（抵达男家的第三天）早上，由伴娘、拉邀嬢等陪伴，到水井边（或河边）挑回一担水后，新娘便可以随便在新郎家里的其他房间走动，参加做一些家务了。但习俗规定之后的 7 天内，新娘仍然不能拿扫把，更不能扫地。禁止进出别人家的建筑物（包括住房、猪圈、牛圈等等。放客当天即到娘家行“回门”仪式的情况除外，也就是说，行完“回门”仪式后，即使是在 7 天内，也可以随便进出别人家里）。

“放客”那天的中午饭前，有“拜鞋”（认亲）仪式，即新娘在娘家参亲的陪同下，在男方参亲的介绍下，“认识”男方家族的至亲。从新郎的舅舅、舅妈（如果外婆外公在世、在场，则从他们开始）开始介绍。男方参亲介绍一位，女方参亲便将女方家准备好的礼物送上去，一边送一边说：我们家姑娘笨、不能干，以后请多包容、多忍耐、多指教之类的话。随后，新娘使用与新郎相同的称谓称呼被介绍的亲戚一声，敬上一杯酒。接受敬酒的人，在喝酒前，会说上一些感谢女方家人、亲戚的话和祝福新人的话，同时送给新娘一份见面礼（人民币若干）。

中午饭后，各路亲戚以及送亲陆续返家，送亲们大多是集体离开。在新郎家门口，送亲们齐唱表达谢意的民歌，男方家帮忙的寨邻、至亲则一路相送，一些人端着白酒、甜酒（用醪糟制成）或茶水，一边唱歌一边敬酒；一些人手藏颜料，偷偷涂到送亲客脸上；一些人拿着竹棍、木棍“骑马”相送……边笑边闹，通常要将客人送出村寨很远。

从前，新娘要哭着送别送亲，有人还会哭着闹着要跟着送亲一起返回娘家小住一段时间。

放客后的7天内，娘家不是太远的新娘，都要举行“回门”仪式，即由新郎陪伴，带着礼物回娘家去呆上几个小时、吃一顿饭后返回。如果路途太远，可以到附近的亲戚家去“回门”。新娘回门前，除新郎家外，不能进出别人家的建筑物。举行完“回门”仪式后，对新娘（除7天内不能扫地外）便没有其他任何禁忌了，新娘可以回归到普通人一样的常态生活中。

二、婚礼婚俗的教育内涵

八连人的婚姻习俗，有效地把教育空间拓展到青年男女从相识、相知、相恋到婚姻建立的整个过程中，将教育与青年男女的成长、与生活习俗，以及仪式习俗融为一体。这种教育空间的拓展，既使恋爱婚姻的直接行为人受到教育，形成其社会共同体所认同的恋爱、婚姻、家庭规范和伦理道德规范，更使旁观的其他社会成员，特别是社会共同体中的新一代成员受到了潜移默化的教育。

生活在两千多年前的教育家、思想家孔子有“三人行必有我师焉”的教诲；而大学问家韩愈又在其有名的《师说》一文中这样辩述道：“弟子不必不如师，师不必贤于弟子。”

中国古代关于“师”及“师”之行为的记叙还有诸如：“凡

在庠之老者，必有常年之膳食，如近世各国之有养老金者然。而老者在庠无所事事，则又等于素餐，故必各就所长及其多年之经验，聚少年学者而教之"；"周之教育，皆官掌之，其教人者曰'师'、曰'儒'"①，等等。

从这些关于"师"及"师"之行为、作用的描述中可知：古代的"师"、"老者"、"儒"等，似乎就是指现代的"教育者"。其时的"师"、"儒"等的主要任务和重要职责，就是要将某一群体共同积累、集体创造出来的生存技能、生产劳动技术、生活经验，以及其他各种知识和智慧，传授给同一氏族（或同一宗族）的青少年，或因为某一种活动而聚集到一起的其他人。

有研究者认为，唐虞之时之所以将其国名定为"中"，是源于当时哲士的职责——"深察人类偏激之失，务以中道诏人御物"之故。并依据《论语》"尧曰：咨！尔舜！允执厥中。"、《礼记·中庸》"舜其大知也欤！择其两端，而用其中于民。"、《尚书·尧典》"帝曰：夔命汝典乐，教胄了，直而温，宽而栗，刚而无虐，简而无傲。"等记载推论：唐虞之时的教育为"专就人性之偏者，矫正而调剂之，使适于中道也"；哲士即当时的教育者；矫正而调剂人性之偏，是当时教育者的主要职责。①

综观上述文献资料不难发现，虽然这些文字都提到了教育者的职责，但关于教育者的身份却都没有明确的界定。因此，我们只能推断"能者为师"应该是生活在当时的社会背景中的人们对教育者的最好界定。其时的教育者的职责或许等同于今天学校里的教师，但其身份有可能不同于现在的教师。教育实践潜藏在人们的日常生活及生产活动中，而且无时不在、无处不在。教育者是在日常的生活中、在生产劳动中、在人们的相互交往中，以及节日庆典等仪式活动中，实

① 柳诒徵：《中国文化史》，上海：上海古籍出版社，2001年。

施并完成针对青少年和儿童的人性和人格塑造，以及相应的乡土知识和习俗礼仪知识的传承实践的，而且，教育者的身份总是随着生活情境的不同而随时发生改变。

从前面对八连人婚礼习俗的叙述来看，该村村民婚姻缔结过程中出现的主要人物有：结婚当事人、媒人、拉邀嬢、伴娘、参亲、双方父母、母舅家人、叔伯家人、其他远亲、朋友，以及八连的全体寨邻。从人数上看，一些人（如，媒人、拉邀嬢、伴娘、参亲）在某些特定的场合以复数的形式出现，有些人（出席婚宴的亲戚朋友）则是以单数的形式出席。一些人（媒人）出现在婚礼仪式之前，一些人（拉邀嬢、伴娘）只出现在某一特定仪式的某个环节中，还有一些人（参亲）则自始至终都参与其中。这些人在婚姻缔结过程中的言谈举止、所代表的多重身份，以及所扮演的多重角色，使其既是婚礼仪式的主持者和参与者，又是教育者和受教育者。不同的教育者以不同的教育影响作用于在场或不在场的青年、少年和儿童。

1. 婚礼中的参亲

在整个婚礼过程中，“参亲”承担着非常重要的角色，是数个重要仪式和重要环节的主持者和主要参与者。人们对参亲的选择极其讲究，在当地，要成为受人认可的参亲，必须具备当地习俗认可的诸多条件，具体表现为：

①参亲必须是女性。

②参亲必须有儿有女、丈夫健在，即参亲家要人丁兴旺。

③参亲必须善歌，至少得会唱“铺床歌”、“撒帐歌”、“添喜歌”等仪式歌。

④参亲的德行和人品要好。

也就是说，担任参亲的妇女在当地人心目中首先必须是“命好”的人，即有儿有女、丈夫健在、家庭富有；其次必须能干热情、善歌能言、受人尊重。

经常被邀请担当参亲的人在当地村民中的地位都很高，她们的品德为人，甚至一举一动都会成为当地女性，尤其是已婚女性效仿与学习的对象。

参亲作为婚礼仪式的主持者之一，其职责既重要又复杂，他们要确保婚礼能按时有序地进行，保证新人能在规定的时间点出门、进门。出门前要为新娘梳头、穿戴，期间，要“交代”新娘到了婆家后怎么做人、做事，怎么与婆家人相处：

从今天起，你就和当姑娘的时候不一样了，结了婚，就是真正的成年人了，你对夫家家庭今后的生活就开始负有责任了；进了婆家门，你就是婆家的人了；要在婆家踏踏实实地过日子，凡事要努力，要勤奋，总之，要“赶伴”；要里里外外都能撑得起来；要处理好家庭、邻里、亲戚间的关系；绝对不能再像未出嫁前那样，可以随心所欲地生活，想什么时候起床就什么时候起床，想找同伴玩就出去半天、一天，或几天；婚礼仪式结束后，每天必须早早起床，扫地、挑水、做饭、洗衣服、种田种地——要学会照料完家里“忙地头”；必须勤快，不能偷懒，家里家外的重活轻活，都要抢着做；老人安排做什么就得去做什么，让先做什么就先做什么；不会做的事情要多请教；想回娘家看父母、清闲下来想出去串门，或想上别的什么地方去做什么，要跟公婆说一声；要像待自己的父母那样善待公公婆婆；对待小姑子、小叔子，要像待自己的弟弟妹妹那样——因为他们“是小的”，要忍让；要尊敬哥哥嫂子……

婚礼仪式的举行（以上实际只是婚礼仪式刚刚开始时的一个情景），除起到了促使结婚当事人理解婚姻对家庭的重要性的作用外，同时也让其明白了仪式对个人举足轻重的重要作用。而参亲在此过程中，既承担着教化个体的作用，也承担着促使当事人深刻领会当地民俗文化的作用。

参亲教育功能的完成主要依赖于她们在仪式中的所说和所唱

(要八字歌、要花歌、铺床歌、撒帐歌、添喜歌，等等)。她们的所说所唱包含着许多方面的内容，有吩咐嘱咐、提醒祝福、期盼祈求，更多的内容则属于教育和指导。

2. 婚礼中的当事人

受教育者是教育实践活动的作用对象，人的可塑性和可教育性、教育的可能性和教育的必要性是人接受教育的基础条件。人的未完成性、非专门化等特点决定了人需要接受教育，需要以受教育者的身份存在。

有人把刚出生的婴儿当成早熟的人来对待，更多的人则认为婴儿“带着一堆潜能来到这个世界。这些潜能可能半途流产，也可能在一些有利的或不利的生存条件下成熟起来，而个人不得不在这些环境中发展。所以从本质上讲，他（们）是能够受教育的。事实上，他（们）总是不停的‘进入生活’，不停地变成一个人。”①

成为一个真正的人，是所有八连人的追求。婚礼实则是没有成年仪式的八连人的成年礼俗中的一个环节（生育儿女是其中最重要的环节，随后的分家立户仪式使得一对年轻人完成了“成为完整的一个人”的过程。也就是说，八连人的成年礼俗至少应该包括：结婚——生子——分家立户 3 个仪式、2 个阶段)。

婚礼仪式上，结婚当事人个体无疑是仪式中主要的受教育者，因为通过结婚仪式，当事人个体除能获取婚姻生活的权力，以及相应的义务与责任外，还能够通过婚礼仪式接受到来自各个方面的教育。例如，参亲通过为新娘梳妆、铺床、拜鞋等仪式过程，向当事人传授婚后在夫家生活应该具备的生活常识、道德准则，以及其他人的成功经验或失败教训，等等。

---

① 联合国教科文组织：《学会生存》，北京：教育科学出版社，1996 年，第 197 页。

婚礼过程中的受教育者不只限于结婚当事人，参加婚礼的所有其他人在作为“旁观者”的同时，也可能成为接受教育的对象。他们或借助婚礼仪式感知、学习到相应的乡土知识，或借助仪式进一步强化、加深，并修正自己以往已经形成的认知结构。“师即生，生即师”的内涵在当地人婚姻缔结的过程中得到了真正的体现。

3. 婚礼仪式中的亲戚和寨邻

双方当事人家庭的母舅家，在婚礼仪式中的地位独特而重要。在女方那边，女方的舅舅家必须送“大礼”——在从前，至少得送一床被子、一口柜子或箱子；女方家则必须邀请舅妈当“送亲”（将外甥女送到新郎家）。至于舅妈是否去送亲，要由她自己决定，决定去还是不去的理由一般有两个：一是家里有事，脱不开身，或实在太忙，没有时间；另外一个原因，也是最主要的原因，即要看姑嫂关系是否融洽。在当地农村，姑嫂纠纷的主要原因与财产毫无关系，主要取决于嫂子或弟媳是否孝顺公婆。舅妈对待公婆不好、不孝顺，虐待公婆的话，不论多远，姑嫂两家的关系至少在两个村里都会众人皆知。如果舅妈是一个不孝顺的人，而又不知趣地去送亲的话，会招致众人的冷遇、冷眼，甚至嘲笑、讽刺、挖苦。因此，许多与公婆关系不融洽的妇女会知趣地回避充当外甥女的送亲，以免被当成现成的反面教材。不去送亲只能避免面对面的尴尬，其实，女方舅妈的出场与不出场，都是众人关注的焦点，其为人，与公婆、叔嫂、姑舅家的关系，在外甥女的婚礼上始终是众人议论的中心之一，是教育即将为人妻、为人媳的外甥女以及其他女性的活教材。

男方一边的母舅家在外甥的婚礼过程中也担当着重要的角色：首先，男青年的父亲要随时向自己的内兄或内弟通报婚礼的准备情况，征求意见；举行婚礼时，舅舅家要给外甥购置一套新衣裤、鞋袜，还有一条必不可少的“红”（像哈达一样长宽的红绸带或红缎带)、一挑用糯米制做成的红粑粑(年糕);“拜鞋”仪式上(实为“认亲”仪式,新娘在新郎、女方参亲的陪同下,由男方参亲介绍,认识男方家庭的主要亲朋。新娘要向被介绍者敬酒,女方参亲则代表新娘、新娘的家人和家庭,将新娘自制的布鞋,或从集市上购买的棉鞋等当作礼物送给新郎家的至亲,说一些我家姑娘笨、不麻利、不懂事,以后请多包涵、多容忍、多指导之类的话。接受礼物的人则送给新娘数额不等的人民币,向女方的父母家人及其他亲戚道谢,说感谢把养大的闺女送给我们当儿媳、当帮手之类的客气话),舅舅、舅妈们首先被男方参亲介绍给新娘(如果外婆外公健在并出席婚礼的话,外公外婆为第一个被介绍“认识”的对象;如果有多个舅舅、舅妈,则依据年龄大小、血缘远近顺序进行介绍,即大舅大舅妈、二舅二舅妈、三舅三舅妈……堂大舅大舅妈、堂二舅二舅妈……大表舅大表舅妈、二表舅二表舅妈……);姑父姑妈们排在第二位;爷爷奶奶、旁系爷爷奶奶们排在第三位;嫡亲叔伯、伯母婶婶们排在第四位;余下来的人则按座位顺序介绍(男方参亲在做介绍的同时,会代表新郎新娘及新郎父母,感谢舅舅舅妈、姑姑姑父、叔伯姨父、伯母婶婶、大姨表姨,以及所有的三亲六戚,对新郎新娘婚事的关心,对婚礼的资助、支持等等);最后拜认(拜谢)父母——女方参亲将新娘家准备的礼物、陪嫁过来的箱子、柜子的钥匙,以及新娘本人,“全部交给”(托付给)新郎的父母,请求公婆要像对待自己的女儿一样对待“不懂事”的儿媳,等等。

婚礼期间,男女双方家庭都要宴请客人。女方家庭要准备晚餐、夜宵、早餐、正餐各一餐;男方家则要宴请晚餐、夜宵、早餐、中餐各两顿,外加一餐少午(中餐至晚餐间的简单饮食,在下午 3 点左右。有的人家吃米粉、面条,有的人家吃醪糟年糕)。宴请人数不等,一些家庭来客有上千人,客人少的人家也有好几百人参加。他们都会送来礼物和最真挚的祝福。因此,举行婚礼时，办客人家的来客人数、待客周到的程度，就能反映出当事人家庭和当事人平时的为人处世，以及对亲戚、朋友、邻居、寨子里的其他人的态度。如果某个家庭的成员们平时为人处世不错、与人为善、乐于助人、家庭成员人品好、口碑好，那么来赴宴的人就会很多，寨邻们就会尽心尽力地张罗着帮忙招待来客，反之，来客会很少，或者会发生没有人出力帮忙准备饭菜、陪伴客人等尴尬的场面。也就是说，如果当事人家庭平日里会处事，与村子里的人，以及邻居相处甚好，那么遇到家中有事时，村民们就会鼎力相助。

出席婚礼仪式人数的多寡，尤其是寨邻们在婚礼期间是否尽心尽力帮忙，是当事人父母、当事人平日是否尽心尽力帮助他人的反观。所有这些，都会引起客人们的注意，都是现场和事后人们议论的话题，舆论的好坏直接影响到主人家的声誉。如果评价不错，主人家会觉得很荣耀，如果评价不好，该人家及其家族成员就会觉得难为情。

女方家的送亲客除了能从男方家参加婚宴的人数、收礼情况、待客的周到程度等方面感知男方家庭成员平时为人处事的状况外，还能由此大致推断出男方家庭在当地的社会地位和经济收入情况，等等。

婚礼上，尽管习俗不把新郎新娘当成主角，如，晚上，新郎一方的年轻人与送新娘来的“送亲”中的年轻人会在新房外屋的火笼边（火塘边）聊天、说笑、对歌；中老年妇女会集中在堂屋或另一侧的火笼边对歌；新娘和伴娘、拉邀娘等，只能呆在新房里聊天、做针线活（新娘不能做针线活）、编织毛衣等。但是，送亲客里的年轻人人数的多少、男方一边前来陪伴、招待女方送亲客的人数，以及招待的周到、热情程度等等，也是衡量男女青年平日待人处事的标志和晴雨表。

寨邻是否尽心尽力帮忙，是衡量当事人家庭是否会为人处世的重要标志，人们的评价及舆论又成为督促、监控，甚至是纠正该家庭成员行为的工具。舆论不仅仅指向其中的某个个体，而且也指向整个家庭和家族。也就是说某个家庭中的每一个成员的行为都直接关系到其家庭、家族的荣辱。舆论、客人的数量、寨邻是否尽心尽力帮忙等等，以最直观的形式直接构成教育人们德行与价值取向的最好工具。

婚礼过程中所蕴含的教育，没有用文字或图像等形式、也没有用说教的形式呈现出来，而是凭借着一种气氛，一种让人随时可以感知到的气氛，对所有参与者的心理和灵魂产生冲击、造成影响，从而引发人们去思考问题，并用自己的身心全方位地感知现场带给自己的启示。这种情形，用教育上的术语来描述，即是指隐性课程在教育中所发挥的重要作用。

婚姻缔结过程中所运用的教育方法主要包括谈话法、讲授法、榜样法、情景教育法和演示法等。这种流行于民间的婚姻习俗，借助上述提到的这些有声或无声的教育方法，巧妙地将教育内容与每一个个体联系到一起，以至于很难将教育者与被教育者一一离析出来。情景性、直观性、形象性和生动性等特点，使蕴含于婚礼程序中的各种目的和期盼，得以依赖婚礼进程的展开逐一实现、自然完成。对于在场的很多人来说，每一种场景的氛围，以及由此引发的影响、记忆都将会是刻骨铭心的。它与个体的期待、向往、憧憬，以及忐忑不安、离愁别绪等诸多感情相互交织，也与众人的张罗、期待和盼望相互交织，个体、群体、现场气氛、现场的物件、器具，以及和与婚礼程序相关的各种因素之间的互动，构成了特别的教育方法。

新房的布置、关于彩礼嫁妆的评论、各种场景中人们的言语行为等等都是教育方法。与婚礼仪式相关的物品、参加者的心情、语言、行为和表现，参亲们的言说唱词和其他人的祝福、嘱咐所营造出的气氛，带给每个参与者或愉悦、或兴奋、或激动、或震撼、或伤感的心理感受。特殊的心路历程能自然而然地促使青年、少年和儿童，以及其他在场者的情感结构发生变化与自我意识的增强。促使他们自觉地遵循当地的行为规范与道德伦理，形成一定社区文化模式下人们独特的行为方式、认知能力、心理结构、情感和自我意识。

三、婚姻习俗与家庭、婚恋观的形成

1. 中国传统的婚姻家庭观

婚姻、家庭问题，是中国历代思想家，尤其是儒家学者极为关注的一个重要问题，在儒学伦理观中占有十分重要的地位。在中国古代儒学的典籍中，就有许多关于婚姻的界说，如《礼记·昏义》有“昏礼者，将合二姓之好，上以事宗庙，而下以继后世也，故君子重之…… 所以敬慎重正昏礼也。”这段话的大意是：举行婚礼、结成婚姻，其目的在于上祭祖先，下继后世，延续子孙；男女举行婚礼，合二姓之好，便组成了家庭；家庭作为人类生产（延续）自己生命的“工厂”，是由夫妻、父母和子女等组成的；没有婚姻、家庭，便没有人类的生存、延续和繁衍……所以，人们十分重视婚姻、婚礼。

家庭是一种沿袭已久的社会制度，是人类社会最基本的组织形式。中国传统的儒家文化认为婚姻是合二姓之好，只要二姓家长同意子女的结合，经过一定的仪式，婚姻便成立了。有了婚姻之后，男女双方便组成了新的家庭。

家庭的作用历来被儒家文化所重视、所强调。儒教的家庭观从一开始就不是作为一个独立的概念提出来的，而是与国家观、社会观密切相连，是一种“家国同构”的价值观。

传统儒学认为家庭是社会道德实践、社会政治实践的起点，家庭是缩小了的国家，国家则是放大了的社会。中国古人认为帝尧是“克明俊德以亲九族，九族既睦平章百姓，百姓昭明协和万邦，黎民於变时雍。”（《尚书·尧典》），即圣人都是从搞好家庭关系出发至感化亲族乃至天下万民的。所以儒家强调说：“一家仁，一国兴仁。一家让，一国兴让。一人贪戾，一国作乱。”（《礼记·大学》）。治国和治家的关系，上行而下效，一家人能够仁爱，一国的人就能兴起礼识。

“修身、齐家、治国、平天下”的目标中，齐家与治国有一致性，推其家而治国，治国必先齐家，家齐然后国治。

不仅如此，具体到家庭内部的各种人伦道德，不管是孝道、悌道还是夫妇之道都关乎整个社会的伦理道德，关乎国家的安定与发展。孔子常将父兄与孝悌并提，将孝悌看作是德之本，“出则事公卿，入则事父兄”（《论语·子罕》）；“其为人也孝弟，而好犯上者，鲜矣。不好犯上，而好作乱者，未之有也”（《论语·学而》）。《礼记》亦曰：“是故知为人子，然后可以为人父；知为人臣，然后可以为人君；知事人，然后能使人……故学之为父子焉，学之为君臣焉，学之为长幼焉。父子君臣长幼之道得而国治。”；《礼记 ·中庸》则云：“君子之道，造端乎夫妇，及其至也，察乎天地”。

中国传统家庭观的方方面面都反映出“家国同构”，即家庭是社会道德实践、社会政治实践和社会教化起点的家庭价值观，由此可知，家庭在中国人观念中的重要性。

相关研究成果认为：中国社会构造的根基在家庭，中国人缺乏集团生活而重家庭生活，借伦理而组织社会，消融了个人和团体的对立，被称为“伦理本位”的社会；西方人重集团生活而轻家庭生活，靠宗教（基督教）来统摄个人、凝聚社会，从而确立了个人的独立地位和自由权利，被称为“个人本位”的社会。

与西方社会不同，作为一个伦理本位的社会，中国的传统社会是以家庭为中心，按家庭伦理扩展而组织的。家庭伦理和家庭观念在社会生活中的影响和作用是一个决定性的要素。在中国社会生活中，家庭是社会的细胞，单位、社区在一定意义上是家庭的放大，国家的政治生活也渗入了家庭的影响，家庭观念是中国人极其重要的思想观念。

家庭的健康、和谐是社会健康发展的基础。一个家庭，涉及老有所养、少有所教、幼有所托、孤有所抚和夫妻婚姻美满等等方面。

家庭是社会的最小单元。俗话说，家和万事兴。家庭和睦不仅是人生的一大幸福，而且也是社会和平与安定的重要基础。联合国为此将每年的 5 月 15 日定为家庭日，其目的就是要让人们重视家庭在社会中的重要作用。

美满、幸福的家庭能给人带来心灵上的安宁，能把家庭成员塑造成善良温厚、正直豁达、充满正义、积极向上的人；良好的家庭环境可以保证下一代的健康成长，在很大的程度上能够促进社会的良性发展，而社会的良性发展，又会对家庭中少年儿童的养育和教育产生深刻的影响和积极的作用。

2. 八连人的婚姻、家庭观

(1) 婚姻观

适龄必婚。在八连，男女青年到了一定的年龄不结婚成家，会被当成“不成器”的反面榜样。不但本人得不到人们的尊重，会被当地的一些习俗排斥、被群体边缘化，就连其父母、家人也会被讽刺、挖苦、讥笑，致使其本人及家人会时时、处处感到“抬不起头来做人”。

择偶标准。古往今来，各个民族 、各种文化的择偶标准不外乎这样几个方面：门第（即社会地位）、经济状况、健康状况、容貌、素质、修养、受教育程度，等等。“门当户对”、“郎才女貌”、“生儿育女”等说法，是这些标准的另外一种表达。在八连人看来，在选择配偶时，不能不考虑对方家庭的经济状况、生活环境，以及容貌等等，希望在这些方面能尽量做到相互般配。但是，与容貌、家境等相比，村民们更注重对方的人品、性格，尤其是身体健康状况。

八连男性选择妻子，最为看重的，即必须首先考虑的是对方的身体健康状况。健康、匀称、高挑的女青年，即使其他条件一般，家人（父母、祖父母、外祖父母）一般都不会反对。相反，所有的父母、家人都会阻止自己的孩子选择身体纤细羸弱，弱不禁风，尤其是患有传染病的女青年做妻子。

婚姻条件。有至亲、姻亲等特殊关系者不能通婚。至亲是指血缘关系较近的人，包括母亲、女儿、姐妹、姑母、姨母、侄女、外甥女等等。姻亲是指通过婚姻产生的关系，如岳母、儿媳、前妻的女儿等。

禁止同宗同姓通婚，避免、反对同姓不同宗开亲。

择偶权利。20 世纪 50 年代以前，八连人择偶的权利往往不在当事者本人手里，而是掌握在他或她的父母或“监护人手里”。“父母之命，媒妁之言”定终身，必须“嫁鸡随鸡，嫁狗随狗”，当事人没有任何选择的余地。20 世纪 80 年代以后，八连的父母们变得更加开放和理性，更加尊重年轻人的择偶自主权。打那以后组成的家庭大多是通过自由恋爱、自主选择结婚对象的。

婚姻的缔结。婚姻的缔结一般要经过以下几道程序：男女相识、恋爱、媒人提亲、订婚、婚礼。青年男女相识、恋爱是婚姻的前提，但男方家必须在适当的时候请媒人前往女方家提亲，女方父母、家人会对来人客气地说：姑娘笨、还不会做多少事……感谢你们看得起她、不嫌弃我家笨姑娘……只要年轻人同意，做父母的就会尊重他们的选择……部分人家可能会省略订婚这道程序，但是，没有父母不替孩子，尤其是儿子、儿媳举行婚礼的。因为在当地，没有举行婚礼的婚姻是不被习俗承认的。

（2）家庭观

①夫妻双方的权利和义务

八连人重视家庭，崇尚婚姻稳定、美满，期盼夫妻能互信互爱、互帮互助、相濡以沫、白头偕老。当地习俗要求夫妻之间要互敬互爱、和睦相处 、同甘共苦、互相体贴、互相怜恤、互相理解和支持。

妻子的权利，丈夫的义务。妻子是丈夫家的一个重要成员，拥有和丈夫一样的可以管理和支配家庭中衣、食、住、行、用等物质生活资料的权利，但要求要适度，既不可以吝啬小气，也不能挥霍无度。丈夫必须爱护、关心、体贴妻子，不能无故怀疑、猜忌妻子，更不能打骂、伤害、虐待妻子。同时，要求丈夫在妻子忙不过来的时候，要尽量帮助妻子承担一些家务劳动，禁止到外面去鬼混、赌博、酗酒而不顾家。

丈夫的权利，妻子的义务。任何事物都有两个方面，权利与义务是对等的。妻子的义务主要包括：第一，忠于丈夫、尊重丈夫。夫妻之间的尊重、忠诚是相互的，丈夫要尊重妻子、体贴妻子，妻子也要尊重丈夫、忠于丈夫，做到自重自爱。比如，不能在无正当理由的情况下和非至亲异性长时间独处，以免招来流言飞语而引起丈夫的不悦。第二，料理家务、养育子女 。尽管养育子女、料理家务是夫妻双方共同的责任，但是由于女性的天赋秉性，使其比男性更擅长于料理家务和养育子女，如，在哺乳婴儿、关心孩子的饥饱冷暖、注意孩子的卫生健康等等方面，女性比男性更能做到无微不至和恰到好处。第三，保守家庭的秘密、维护丈夫的尊严。每个家庭都有一些不宜为外人知晓的事情，作为家里的女主人，一定要严守住这些秘密，不能将其作为茶余饭后的谈资，随便乱讲乱说。第四，保护家庭财产。财产是家庭存在的物质基础，妻子作为家庭中的主要成员之一，在任何时候都有义务保护好家庭财产，不能使家庭财产人为地外流、损失。第五，与丈夫同甘共苦，不离不弃。

总而言之，夫妻双方应该相互包容、互相容忍 、互相支撑、互相维护、和睦相处。金无足赤，人无完人，每个人都各有不足，也各有优点，夫妻相处时应该刚柔相济 、优势互补、承认缺点、发挥长处。

②父母与子女的权利和义务

父母的义务，儿女的权利。首先，任何一个孩子都拥有不可剥夺的生存权与机会均等的生活权，父母负有不可推卸的抚育儿女的责任和义务。每个孩子来到这个世界以后，无论他（她）诞生在贫穷的家庭还是富裕的家庭，都有生存与生活的权利。这个权利，任何人，包括父母都不能剥夺；父母不能因为贫穷或其他原因遗弃孩子，而是应该竭尽所能地照顾好孩子的生活。其次，在照顾好孩子的饮食起居的同时，要求父母必须要关心孩子的教育问题，尽量使孩子受到良好的教育（八连人心目中的良好教育主要包括符合当地民俗规范的品行教育、待人接物的礼仪，以及将来的谋生能力等等），以确保孩子长大以后能够成为一个自食其力的人。

父母的权利，儿女的义务。父母把儿女从小养大成人，长大后的儿女理应赡养父母 、孝敬父母，这是顺理成章、天经地义的事情。

如果一个人不孝敬父母，哪怕他有天大的功德，也不能算是一个真正的好人。而且对父母长辈的孝敬，不能只停留在提供物质赡养方面，也不能只停留在心里，还要在感情上时时给予宽慰，并要求经常用言语表达出来。例如，不论什么时候，见到父母时，都要开口问候、招呼，而且必须直呼“爸”（或者“爹”、“公”）、“妈”（或者“奶”、“婆”），不能使用“你”、“老爷子”、“老妈子”，或“哎”等词汇代替称呼。

八连人特别强调孩子要孝敬父母，把孝敬父母看作是衡量一个人道德品质的重要尺度，因此，多数老人都能够得到儿女们的尊重和照顾。至今，虐待老人、遗弃老人的现象，在八连仍然比较罕见。

③ 婚姻的终结，家庭的解体——离婚

八连人认为夫妻关系是靠夫妻双方的相互作用和影响来维系的，赞美互敬互爱、默契和谐的恩爱夫妻，倡导夫妇要齐心协力地共同创建和谐家庭。如果夫妻感情破裂，八连人理解并支持离婚，但同时又认为离婚是一件很“不好”、很无奈的事情。因此，要求人们要谨慎对待、反复权衡。村民们期盼美满和睦的婚姻家庭生活，把婚姻看作是一种社会契约。故要求夫妻之间要互谅互让，尤其强调丈夫要善待妻子，即使妻子有过错，也要讲究方式方法，妥善处理，以此来保证夫妻之间感情的融洽和相亲相爱生活的持续。但如果夫妻之间的感情已经达到破裂的边缘，一切调解均未奏效，无法继续共同生活时，妻子可以选择再婚，且任何人不得干涉，习俗一般不歧视再婚女性。

婚后多年不育，如果被确认是女方的原因，当地习俗文化认可、容忍男方家庭采用冷落、不理睬等方式驱逐无生育能力的女性静悄悄地离去。而无生育能力的女性多数只能选择改嫁有婚史并且生育有儿女的男性。

3. 婚姻缔结过程中教育的发生

婚姻是构成一个家庭的前提条件，婚姻观是家庭观的重要内容；恋爱是婚姻的前奏，恋爱观直接影响着婚姻家庭观。婚恋观和家庭观是婚俗文化的重要内容，至今仍然基本遵循固有婚俗的八连人的每一桩婚姻的缔结过程，对于该村的孩子来说，就是一次接受有关婚姻、家庭观教育的过程；在生活中展开的婚俗，对于该村的每一个人，尤其是青少年和儿童来说，无疑就是一本本生动、形象的教材，是他们习得相应的家庭观和婚姻恋爱观的直观课堂。

八连似一个大家庭，村里的适龄青年的恋爱婚姻绝不是他们个人的事情，村民们像关心自己的孩子一样关注着每一个孩子的婚恋，而且还会不时地“掺和”其中。当他们选中了对象需要去订婚（或者男方家来订婚）“吃小酒”的时候，各户村民都要派人携带礼物前去庆贺，这种时候，当地习俗允许学龄前儿童随家人（奶奶或母亲）一同“去吃酒”。在参加订婚仪式的过程中，孩子们会或多或少地获得恋爱当事人、当事人家庭，以及当事人相识相恋方面的一些信息；而没有机会参加订婚仪式的其他家庭成员，尤其是孩子们，会向出席仪式的家人问及他们感兴趣的各种问题。出席者的相关解答，对孩子们婚恋观的形成具有重要的影响作用。这种时候，也是家人、父母对孩子进行婚恋观教育的最好时机。很多父母会把自己对婚姻、家庭的看法、想法、理解，把选择配偶的标准、把男女交往的各种规范等等，有意无意地在回答孩子们问题的时候，通过对当事人的恋爱过程、对当事人的恋爱对象的评价，将自己的恋爱观、婚姻价值取向，甚至人生观、处世观，用举例的形式叙说出来或直接感叹出来。这种做法常常能起到“说者有心、听者无意”和“润物细无声”的潜移默化的教育效果。

例如，在回答孩子的提问：甲的对象是哪里人？听说他的对象比他大——她是属什么的？他们是怎样认识的？……这样一些孩子感兴趣的简单问题时，大人们就可以在回答孩子的问题时，把自己知道的当地婚俗常识，以及与婚恋有关的许多观念传授给孩子。

“甲的嬢家（甲的女朋友家）那地方和我们这地方不一样，娶那地方的一个姑娘得给她家很多钱。（而且）那地方的姑娘吃不得苦（个别除外），（因为）那个地方的女的就只兴做家头的事情（家务事），不做外头的事情（不干农活、不砍柴、不割草等等）”——这样的回答是在告诫孩子们，甲的女朋友的出生地的风俗与八连的风俗习惯有很大的差异，缔结婚姻有可能会遇到很多的麻烦。即使圆满地解决了婚姻缔结过程中遇到的各种麻烦，娶进村子里来的媳妇也不容易适应当地的生活和劳作。你们以后最好不要选择某地的姑娘做对象！

“甲属蛇，他的对象属牛，大他 4 岁；大也好，是和的（虽然她比他大，但他两的属相是允许婚配的）”——这样的回答准确无误地传递给孩子这样一个信息：在八连人的观念里，婚配看重的是属相是否相配，不在乎女性是不是大于男性，即，婚配时，没有必须要求男大女小的观念（一些地方婚娶时反对女性大于男性，有“女大一，哭啼啼”的说法）。

“他们是乙介绍认识的。乙认得那个女的，乙知道她能干，又能吃苦——她们一起出去广东打过工，乙讲她踏实、本分，为人又真心又爽快，长相差点，也还看得过去。乙就把她介绍给甲了。他们两个见面后，觉得还合心（感觉都不错），就让家里去商量订婚了”——以上这些即使只是陈述性的回答，也能起到教育孩子的作用：选择对象要把人品——本分、踏实、真诚、豁达、肯干、能干放在第一位，长相是否漂亮放在人品之后考虑。

……

八连村民在回答孩子的提问时，还经常会利用当地流行的谚语、俗语教育孩子。

如：“男大当婚，女大当嫁”、“女大不中留”——用来表达男女到了适当的年龄，就应该把恋爱结婚当成头等重要的事情（第一要务）来对待。

婚姻是人生的大事，必须慎重择偶，不可草率行事。“种田不好只一季，夫妻不好是一世”、“买错东西是一时，配错夫妻是一世”等等，既是一些前人择偶失败的教训，也是今人物色对象时必须牢记的警句。

在对待婚姻的问题上，无论是男方、女方，还是双方的父母，都是及其慎重的。对男方而言，“庄稼不好只一季，媳妇不好一辈子”、“一代没好妻，三代没好子”。对女方来说，“男怕入错行，女怕嫁错郎”、“梳头不好一朝过，嫁夫不好一世错”。男女双方都认为找错对象会影响自己一生的幸福。

鉴于此，村民们总是互相提醒并教育晚辈：缔结婚姻必须坚持感情第一。“有心哪怕千里路，无心哪怕门对门”、“有心哪怕千里路，无心哪怕共条河”、“只要讲得情意合，哪怕跟哥住岩脚”、“有情三冬暖，无情六月寒”、“只要感情在，不怕天天吃素菜；只要感情深，不怕天天吃草根”、“有情吃水饱，无情吃饭饥”是广泛流传于八连民间的谚语 。它告诫人们缔结婚姻应以感情为基础，强迫的婚姻不和，因为“冷饭捏不成团”、“强扭的瓜不甜”、“压逼不成生意，捆绑不成夫妻”（“强买不成生意，捆绑不成夫妻”）。

年长者教育年轻人：择偶要择德，注重对方的人品、性格，应该是青年人选择对象时最重要的标准。因此，要将勤劳持家、善良豁达、合群助人等品德放在首位，长相、身材放在其次，即，品德重于容貌、性格重于身材。主张女性应该善良贤惠 、开朗豁达、热情阳光、能忍会让、勤劳能干、明事理。为了日后家庭生活的美满和谐，谚语告诫人们要以德取人，而不要以貌取人。“会找的看德，不会找的看色”；贤德的妻子不仅可以佐理丈夫，而且还会教育子女，“家有贤妻，丈夫出息”；如果择偶不慎，娶了修养或德行差的悍妇、恶妇，则为婚姻之大不幸，因为“子孙出外家”、“一代没好妻，三代没好子”。

八连人认为夫妻关系是家庭中最重要的关系，是家庭关系的核心；家庭中男女是平等的；在家庭经营中，妻子起着非常重要的作用；妻子是否善良、聪敏、能干、勤劳、大度、宽容，不仅影响家庭生活的质量，而且还会影响丈夫的处世为人、事业成就和子女的成才教育。女子健康的身板和娴熟的劳动技能受到高度的重视和赞扬。“爷好好一个，娘好好一窝”、“娘好好一窝，娘衰衰一泼”等等谚语、俗语，形象生动、言简意赅地说明了家庭中妻子的重要作用。

夫妻关系是家庭中最重要的关系，是确定和支撑整个家庭存在的根本因素。如果夫妻和睦、相亲相爱，家庭就会安稳幸福；相反，如果夫妻不和，甚至反目，家庭就会动荡不安，甚至离异破裂，也就是说夫妻关系不仅决定着一个家庭的幸福指数，还决定着一个家庭的聚散离合。因此，亲戚、寨邻们总是教导已婚夫妇要互敬互爱、互帮互助、互谅互让，家庭应以和为贵 。因为即使到了 21 世纪的现在，村里一家一户的小农经济生产方式仍然占据主导地位，一个家庭就是一个生产单位，如果夫妻感情不和，轻则影响这个生产单位的生产效益，重则会使这个单位解体。日复一日，年复一年的平淡生活中，虽然夫妻之间的争吵是避免不了的，但夫妻间彼此理解 、相互体贴 、相互尊重 、平等互助，是千千万万模范夫妻的经验之谈和治家之道。

村民们经常开导、教育青年夫妇：“公鸡打架头对头，夫妻吵架不记仇”，要明白“舌条和牙齿也有相碰的时候”；要珍惜夫妻情缘，要理解并深信“前世姻缘”、“百年修来同船渡，千年修来共枕眠”、“一日夫妻百日恩”、“少年夫妻老来伴”等等谚语、俗语中蕴藏着的深刻含义及其基本的逻辑和道理。

村民们反复叮嘱、教育男子要牢记：“好夫不打妻，好狗不咬鸡”、“再有理，也不能动手”、“谁先动手谁错”这样一些当地人认为是夫妻之间相处的最基本的原则。

教育是一个“复杂的适应性系统”，该系统有许多“作用者”、“多层次组织”或“小生境”，并且每一个小生境都可以被一个能够使自己适合在其间发展的作用者所利用。在教育者、受教育者和教育影响三者之间，既构成多层次组织，产生许多小生境，但同时又彼此独立。可以说，这三者个个都是变量，每一个变量都有可能发生质与量的转化，尤其是教育影响在复杂的教育过程中可能再进行分化并构成相互独立的因素。

教育影响是教育者与受教育者之间的中介，是教育目的得以实现的途径、手段和工具。该影响既包括作用于受教育者的影响物，也包括运用这些物质材料实现影响的方式、方法。教育内容、教育方法、教育的时空关系、教育环境等因素构成了教育影响。从八连人的婚俗程序分析，教育影响至少包括以下几个方面的内容：

从学校教育来看，教育内容是教育者作用于受教育者的重要事物，以教材的方式呈现出来。在八连人的婚礼仪式中，教育内容具体以双方所延请的参亲、拉邀嬢、拉邀哥、娘舅外家、双方宾客的对说、歌唱内容，以及各种禁忌、习俗等等体现出来；在婚礼仪式展开的过程中，参亲等人的所言所唱，反映出八连人对真善美的追求与传承。如果予以细分，可以将婚礼习俗所蕴含的教育内容具体分为行为规范教育、道德伦理教育、传统文化观念教育、乡土知识的传授等等。

对幸福婚姻的向往一直是人类所努力追求的目标之一，是世人公认的婚姻价值标准。在女青年家堂屋正中央书写八字、跪求八字和送子花神，新郎跪在新娘家神龛前穿戴、接受祝福，新娘经由堂屋从大门出嫁、从大门进入新郎家等等习俗，说明八连人将婚姻、生育看得极其重要和神秘。让祖先为婚姻见证的行为使婚姻显得庄重、神圣，能起到促使年轻人产生承担婚姻家庭重任的责任感。同时，祖宗见证的婚姻仪式，能从客观上起到保证婚姻及家庭稳定的作用，这样，就能够为儿童的成长提供有利的环境，能够为儿童建立起生命最初阶段的安全感，为儿童完善人格的形成、稳定情绪的保持和心理健康的获得打下坚实的基础。事实亦是如此，在八连，偶有夫妻闹别扭、吵架的小问题，但夫妻打架、离婚事件极少发生。

八连的父母，即使再苦再难，也要倾其所有，甚至举债为儿子举行婚礼。只有举行了婚礼、没有领取结婚证的婚姻，鲜有领证不举行婚礼的婚姻。也就是说，八连人不靠法律文本来约束婚姻，更重视婚礼仪式所蕴含着的承诺。人们把一定的社会共同体所约定俗成的行为规范当做生活秩序的保障，在生活中，违反习俗规范者会遭到舆论的谴责、遭到众人的排斥和孤立。

八连人的恋爱婚姻习俗，处处要求当事人和当事人家庭持认真、谨慎的态度，恋爱婚姻方面的行为规范、道德教育内容丰富而具体。其缔结婚姻的许多程序环节，反映出人们对婚姻美满、儿孙满堂、富足安康的美好生活的憧憬，以及求善、求真的良好愿望。其婚姻缔结过程中的每一道程序，不仅是对新人，也是对社会共同体中所有成员的道德教育。而其婚姻缔结过程实则是与当地习俗融为一体的恋爱婚姻行为规范的集中展现。其重仪式承诺的婚姻，对青年夫妻塑造负责任的自我意义重大，对社会共同体中的其他年轻成员亦是一种行为示范，这本身便具有重要的教育价值。可以毫不夸张地说，村子里的每一桩婚姻，对于八连的青少年，甚至对村民自己来说，都是一本本活生生的有关幸福美满婚姻生活的教科书。

村里曾经发生过这样的一件事：某男青年的父母多次挑剔儿子所选择的对象，在其做出第 N 次选择时，其父母又对这位候选媳妇不满意，迟迟不为儿子提亲、举行婚礼。两位年轻人为捍卫恋爱与婚姻自由，索性来个“生米做成熟饭”——选择同居、怀孕，逼迫父母。从表面上看，这样做有点离经叛道和违反道德规范，但这是年轻人在使用一种习俗规范促使另一种习俗规范得以实现的无奈选择，习俗默认这样的做法。因为在这种情形下，当地的习俗已经不允许任何父母再找任何理由强迫儿子做其他的选择。事件的最终结果是，为了挽回儿子、儿媳的面子，为了儿子对女方不离不弃的承诺，为了修补亲情，其父母只能遵照当地习俗，为他们举行结婚仪式。

通过婚姻缔结过程，教育当事人以及其他青年人的内容当然不只限于婚姻和家庭的主题，更包含着怎样与邻里相处、怎样做人、怎样才能生存得更美好，以及怎样适应环境等主题。长辈们还借结婚仪式对后辈进行传统文化传承教育，使青少年们懂得要尊敬老人、爱护幼者，懂得做人的规矩等。借助和谐或不和谐的气氛，使个体在耳濡目染的过程中，学会各种乡土知识、传统文化观念和流行于当地的各种习俗规范。道德伦理教育的内容，用轻松活泼的、情景性的方式展开，实现了文化传承和人性塑造的双重目的。

八连婚俗中有许多禁忌，如，不允许未婚（未举行结婚仪式）先孕者在众人的注视下从大门出嫁（人们认为未婚先孕者从娘家大门出嫁，会给娘家带来灾难）。这一禁忌的起源虽然无法用一言半语叙说清楚，但其警示效果、要达到的目的却十分明了，可以说是不言而喻，即，警示、迫使青年人不得不自我约束婚前性行为。如果违反、触犯，将会由习俗规范来羞辱、惩罚；如果犯忌，将会成为永久的反面教材。

八连曾发生过一名被亲朋怀疑是未婚先孕的女性坚持从大门出嫁，与兄嫂、弟媳争吵、不和的事件。女青年×××，60 年代生人。80 年代初期，与某男青年自由恋爱后准备结婚。举行婚礼仪式时，其兄嫂、弟媳及其他亲戚猜测该女青年已经怀孕，在兄嫂、弟媳的娘家人以及寨邻中一些人的鼓动、支持下，其哥哥嫂子、弟弟弟媳坚决反对她出嫁时从大门出去，而该女青年及其男方家来接亲的人则坚持非大门不走。双方谁也不让谁。最后，该女青年“不顾娘家家族利益”，坚持（任何人都劝不住，也拦不住，怒气冲冲地、桀骜不驯地独自）从大门出去（闯出去）。其兄、其弟愤怒至极，把兄妹、姐弟情谊抛到九霄云外，在女青年走出家门的即刻，用竹竿将房屋上的瓦片杵落一地（当地的一种送死亡者魂灵出门的仪式习俗），该女青年则为报复其兄嫂、弟媳，频频回头张望娘家房屋……

据说，该女青年出嫁后十余年间，与其兄、其弟家皆不往来，见面也互相不搭理。直到最近几年，才又开始往来。

对八连人而言，结婚仪式不仅仅是个人获取作为“一个人”所应该享受到的特定权力的机会，也是个人开始承担家庭义务与责任的契机，对个人、对社会都有着极其重要的价值。尽管仪式表面看来是新婚者个人的事，但对整个社区而言同样重要，仪式具有浓厚的社会属性，与整个社区的生活密切相连。

仪式中“命好”、有威望妇女“参亲”的参与与主持，全体村民、外村亲朋的共同参与，新婚夫妇盛装拜见至亲长者，双方家庭、寨邻对亲戚朋友的热诚款待，仪式过程中的对歌、对说、嘱咐、叮嘱等等，所有的这些行为事项都表明，从表面上看，仪式好像只是个体家庭的事，而实际上却是由全村人，以及全体有关联的亲戚朋友共同参与的事件。祭祀祖先、亲戚朋友及全部寨邻出席婚礼、拜见至亲，实质上是在向这些人宣布，新郎官家又多了一个新成员，这个新成员的到来将给这个家庭的经济、人口、地位等诸多方面带来改变。

结婚仪式的深层含义是：八连人通过仪式使结婚当事人个体成为“一个成年人”。而其教育价值与深刻的教育内涵是，通过仪式达成以上目的的本身包含了文化传承与人性塑造的重要使命，因为仪式促成的个体权力、义务与责任的获得，以及仪式所促成的个体的社会角色的转化或深化，等等。毫无疑问都是当今的教育所极力追求的目标。

八连人婚俗程序的展开，实则是一种独特的民俗文化教育过程，其教育空间的拓展是明显的，其提供的民俗文化教育内容与教育方式亦是十分独特且极富成效的。

四、婚俗与生育观的形成

生活在距今约2000年前（公元一世纪时）的历史学家、犹太人约瑟夫认为："除了夫妻间的自然结合外，法律不承认其他的性关系，而夫妻的结合只是为了生育后代。"

英国思想家、哲学家罗素则更加直接、更为明了地指出："婚姻的主要目的是补充世界人口。"①

一些从事社会学研究的学者认为，人类缔结婚姻、组成家庭的目的主要经历了三个特征较为显著的发展、演变时期："初以经济居先，生殖次之，恋爱又次之；次以生殖居先，经济次之，恋爱仍次之；最后始以恋爱居先，生殖次之，经济再次之"；从生产力低下的原始社会后期开始，贯穿整个农业社会，直至工业化社会初期，生殖是婚姻的重要目的或主要目的。②

生育行为是人类社会再生产活动内容的最为重要的组成部分，生育观念决定生育行为，是决定生育行为的主导性因素。凝聚在现实生活中的人们头脑里的生育观念，作为构成人类文明的有机组成部分，与其他的文化现象一样，受到自然环境和社会物质生活条件等的制约。生育观念不仅具有鲜明的地域性、民族性、社会性，还具有极强的历史性和时代性。特定人群的生育观念总是折射出特定历史文化背景下的众多社会信息。

在社会心理学的研究中，关于生育观的定义有广义和狭义之分。广义生育观泛指对生育问题的一般认识、看法和各种思想。狭义生育观则是指生育主体在一定环境的作用下自觉或自发形成的，内含着一定的生育认知和价值观，渗透着一定生育需求和情

① 罗素著，靳建国译：《婚姻革命》，北京：东方出版社，1988年，第157页。
② 陈顾远：《中国婚姻史》，台北：台湾商务印书馆，1961年，第330页。

感的关于对某种生育方式的评价、构想和行为倾向。[①]

生育观是生育文化的重要组成部分、是生育文化的核心内容，它建立在个体对价值判断的基础之上。就生育观本身的含义而言，主要包括以下两个相互联系的方面：1. 个体对生育目的和意义的看法——从家庭利益或个体利益的角度去考虑生育对实现个体价值目标的大小，即对孩子效用的认识，也即“为什么要生”的问题；2. 个体的生育意愿，即个体对自己生育行为的主观期望，其中包括性别偏好——偏好男性还是女性、无偏好，或是希望儿女双全；理想子女数，即对生育数量的期望；个体对子女质量的期望，即希望子女“成为什么人”的问题。在这里，生育目的制约着生育愿望和其他因素。

至今，八连村民中的绝大部分人口仍然生活在农业社会里，主要以农业为生。八连人的婚姻，从本质上看，主要是一种对子孙繁衍的期冀，生殖是村民们缔结婚姻的重要目的或主要目的；婚姻是家庭、家族的事；男女结婚的主要目的是为了家庭的需要，为了繁衍子孙和赡养老人。

笔者对八连村民组的调查结果显示：多数夫妇为早婚早育；没有村民愿意不生育，或者说选择不生育；村民们认为最理想的子女数是：“两男一女”。在只能生育两胎的情况下做选择时，60岁以上的很多村民回答说在他们那个年代（即在他们处于生育期的年青时代）的确曾希望生育至少两个男孩，但如果当时的条件、环境像现在这样的话，即如果是现在（能重新）做选择的话，他们中有超过半数以上的人希望生育一男一女。60以下的村民，尤其是中青年夫妇，选择希望生育“一男一女”的村民人数，超过该年龄段总人数的90％以上；但没有一个人选择希望

① 郭克敏、张义泉：《影响生育观形成与转变的社会心理因素》，载《信阳师范学院学报》，1996年第4期。

生育“两个女儿”的。

八连村民现阶段的生育观与我国传统的生育观基本一致，即：重生育，希望传宗接代、人丁兴旺、养儿防老、儿女双全、重男轻女、早婚早育等。其生育观蕴涵于流传至今的众多习俗中。

重视子嗣，把能够生儿育女当成衡量妇女价值的基本标准。因此，八连男性选择妻子时，首要考虑的是对方身体的健康状况，健康、匀称、个高的女青年，即使其他条件一般，家人（父母、祖父母、外祖父母）一般不会反对，相反，所有的父母都会阻止自己的孩子选择身体虚弱，尤其是患有传染病的女青年做妻子。

禁止同宗同姓通婚，避免、反对同姓不同宗开亲。

未婚男青年不能吃猪蹄子，否则会找不着媳妇（找不着媳妇，就不可能拥有自己的儿女，就会绝后）。

男女青年到了一定的年龄不结婚成家，会被当成“不成器”的反面教材和榜样，不但本人得不到人们的尊重、被为数不少的习俗排斥、被群体边缘化，就连其父母、家人也会被讽刺、挖苦、讥笑，常常会感觉到“抬不起头来做人”或是“腰杆直不起来生活”。

举行婚礼时的“要八字”（或是在婚礼仪式前“举办”的“要八字”仪式）“要花”仪式，有必不可少的、寓意从娘家请走生育神的“要花”程序；除嫁妆外，娘家必须送给新娘新郎一对染成红色的熟鸡蛋，而且规定这对鸡蛋不能送给别人，只能由新婚夫妇自己吃掉；举行结婚仪式时，新娘要由两个有福气的妇女（即儿女双全、家庭富裕的妇女）“参亲”拉进堂屋磕头、牵进新房，并由 4 位参亲为新人铺床（选择儿女双全者担当参亲，其寓意不言自明，即，希望新婚者家庭也能像参亲一样儿女双全、人丁兴旺）；婚礼期间，要在新房里，由男女双方家庭请来的 4 位儿女双全的妇女参亲主持举行期盼新人“来年生育”的“添喜”仪式……

婚后多年未育，或者多胎皆为女婴者，婆家、娘家要联合起来，延请巫婆或巫师为其举行“做桥”仪式，祈求“花婆”赐予孩子或男孩。

婚后多年不育，如果被确认是女方的原因，男方有“充足”的理由迫使妻子离去，村民们能理解、谅解以不育为理由的“休妻”行为。以此为理由的“休妻”习俗表明，具备生育能力是女子能够真正在夫家站住脚、得到夫家家族认可的前提条件。

从上述被列举到的习俗事项可以看出，八连的婚姻习俗、八连人的婚姻缔结过程，从始至终，都贯穿着祈望新娘早日添丁、多生子嗣，使夫家的香火得以延续下去的理念。而与婚姻、家庭相联系的各种习俗，也没有一样能与对子孙繁衍的期冀相脱离。

八连农户家庭，不论族属哪个民族，即不论是布依族、侗族、苗族，还是其他什么民族，都是典型的父系家庭，其家族世系均按父系计算，财产由男性继承。葬礼中的“提亲奠祖”仪式，只有亡者的儿子（无儿者，由侄儿代替）才能“滴血奠祖”，即便是人缘极好、威望极高的上门女婿，也不可能代替本家族男性成员行使这一职责；新坟前摆放的“孝棍”是按亡者家族下几代（比亡者本人晚一辈以下的）男性成员的人数计算的，具体代表本家族下几代的每一个男性成员；男人死后归入父系祖宗的行列，妇女死后只能归于丈夫家族祖宗的行列；入赘男子不改姓，他不仅仍然属于他自己的家族，而且他的下一代全部都属于他自己家族的成员而非女方家族的成员（孩子随入赘父亲姓氏，按父亲家族辈分排序取名。虽然有三代归宗的习俗，即入赘男子的第三代改姓女方姓氏，但在心理上，人们仍然认为上门女婿的后代是男方家族的血脉）。所以，没有儿子不仅意味着生前有可能无人养老送终，还意味着死后到了阴间没有人祭祀，要忍饥挨饿、受苦受穷。因此，人们对男孩特别看重，求子时的重点亦是祈求能生育至少一个儿子。

在八连人的实际生活中，一个没有后代或没有儿子的家庭经常会遭遇一些不愉快——遭到一些人言语或行为上的轻视。既有儿子又有女儿的家庭，其地位则相对较高，普遍受到人们的敬重或敬畏——用当地人的话说，就是“至少没有敢欺负”。

表现在生育观的性别选择上，八连人重男轻女的观念特别强（在养育上，很多人家对男孩女孩基本上都能做到一视同仁、平等对待）。接近百分之一百的具有生育能力的夫妻，不论是否超生，都会一直要坚持到孕育出一个男孩后才会停止生育。因为没有儿子的家庭，不仅夫妻等人会遭遇当地习俗的歧视（如，当事人没有资格当“参亲”，没有兄或弟的女孩没有资格担当“拉邀孃”，等等）和村里一些人言行上的欺负。更要命、更可怕的是，未生育有儿子的夫妇以及其家庭中的其他成员，如祖父、祖母等，会自觉低人一等，会认为自己的一生“不赶伴”。和其他村民一样，他们也认为“生不出儿子”（更不用说不能生育了）是自己人生最大的失败。

八连民间虽然有“儿多母苦”的谚语，但是，很多人，尤其老年人认为孩子超过七八个以上才算是“多”。

村民们忌讳被人，尤其是被自己的女儿说他们有重男轻女的观念，在村里经常能听见“姑娘崽崽（儿子）都一样。姑娘也是崽（儿子），（就像）螃蟹也是鱼（一样的道理）”、“养姑娘是福气，养儿子是名气（有名无实）”等等强调“男孩女孩都一样”的说法。但大多数时候，这些话都是有儿子的人用来劝慰别人的，无儿子者及其家庭成员，很少会因为得到这样的安慰就真的认为有儿无儿一个样儿。

以上习俗表明，直至今日，八连村民仍然重视生育，人们在生活中所奉行的是传宗接代、养儿防老、重男轻女、儿女双全的生育观。在这种观念的强大压力下，当地妇女视生育为己任，把生育儿女当作自己生活的主要目标，以生育男孩来证明自身的价值，获取自己在家庭和社会中的地位。

作为我国传统生育观的有机组成部分，八连村民的生育观无疑具有我国传统生育观的一般特征。如：家族延续至上（不能绝后）、以男性父系为本位、生育动机和目的主要是“养儿防老”，即主要考虑经济因素，等等。但相对来说，程度不高的生产力发展水平、独特的自然环境和生存环境，以及村寨的发展历史等因素，使得八连村民的生育观与以汉族为代表的中国传统生育观相比，呈现出极为鲜明的个性特征：

① 实用至上。从人类进化发展的每一段进程来看，种的延续是所有族群在生育问题上的主要追求，占中国人口百分之九十以上的汉族也不例外。而实用这种生育观则是由小农经济社会背景下的生产力水平极其低下的各种生产、生活条件决定的。在中国封建社会演进、发展的过程中，随着生产工具的改进和劳动生产力的逐步提高，汉族地区的经济取得了显著的发展，汉族社会经济文化空前繁荣。在特定时间段内，曾达到工业化之前世界经济文化发展的顶峰。而儒家孝文化的不断传播、深入和强化，使得追求因生育带来的精神方面的满足，在汉族的生育动机中逐渐萌芽、生长，并最终占据重要位置，成为主流观念。因此，可以这么认为：汉民族民众中广泛流行的“早婚早育、多子多福、重男轻女”的传统生育观念，虽然有经济因素方面的原因，但更主要的还是为了家族和个人的“面子”和荣誉——主要是为了获得心理上的极大满足。因为“不孝有三，无后为大”，只有儿孙（仅指儿子和孙子）满堂才能光宗耀祖，相反，则是“脸上无光”，则会遭到社会的歧视。八连村民的生育动机中虽有因生育而带来的精神上的某种满足，但在生育的主要目的方面，我们认为村民们考虑的主要还是生育所能带来的经济价值和经济效用

（即实用），如养儿防老、增加劳动力等。在大多数家庭中，情感和精神因素方面的考虑只占其中的一小部分。

② 在生育观念上“重男轻女”，但同时又渴求儿女双全——“重男不轻女”的养育方式即是最好的说明。八连人的生育观念虽然有重男轻女的倾向，但与汉族相比，其重男轻女的意识远没有汉族那么强烈，在很大程度上，村民们表现出对儿女双全的心理渴求。在八连村民看来，儿子才是家族的继承人，有女无儿意味着断根绝种，因此，他们的终生努力（人生目标）就是避免成为断子绝孙的人。“断子绝孙”、“独和尚”、“五保户”等词语（在实行一对夫妇只能生育两胎的计划生育政策之前，“独崽独瓜根”——指兄弟姊妹多人，但只有一个男孩的情况，也是揭人短处的、骂人的狠话），在当地是杀伤力最大、伤人程度最深、侮辱人格程度最重的言词。而有儿无女，虽不断根，却表明福气不够。流行于当地的俗语“有崽（儿子）是名气（名誉），有姑娘是福气”，即是村民们这种观念的最好说明。因此，一个美满的家庭应该拥有男孩并同时拥有女孩，而且最好是多儿多女。这与汉族一心只求生育儿子，儿子越多越神气、越光荣，女儿则可有可无的传统生育观具有较大的区别。

特定区域内特定人群的生育观决定着生活在该区域内的人们的生育模式，而这种生育观与生活于该地域的人们的祖辈们所经历的历史，与当地的社会经济发展程度，与劳动工具、劳动生产力发展水平的高低，以及当地的生存环境、生存条件等等有着密切的关系。

虽然平浪镇至少在明代就已经有人居住（相关史料记载：早在明洪武十六年，即1383年，就置建了平浪长官司），但从年长者的回忆、讲述中，仍然可以感知20世纪50年代以前该镇辖区内民众生存环境的险恶：没有公路，甚至没有稍微宽阔一点的大路，只有崎岖的山路（因为通行的人太少，所以道路上荆棘丛生）通往现在的都匀市区；食盐等日用品只能到都匀市中心或到独山县城里或平塘县城里去买，但去都匀、独山，或平塘县城时必须得至少两人以上结伴一同前往，原因是在通往这些地方的山路上，随时都有可能遇见豺、狼、豹子，或者老虎；八连周围的山上、河沟边，甚至居家附近，经常会有豺、狼、虎、豹出没。当时的人们，不论是上山砍柴割草、下地种庄稼，或者外出走亲戚，等等，都必须在太阳落山前返回到家里，闩紧门、点亮灯……这样的日子一直延续至20世纪50年代中期之后。

新中国成立前，平浪没有医院，疾病流行，人口大量死亡。据调查，新中国成立前，八连的婴幼儿死亡率超过三分之二。在部分家庭中，婴幼儿成活率只有百分之十几。

在这样艰难的生存环境里，人口的出生，特别是男性人口的出生，不仅意味着增强了抵御大自然的能力，而且是家族得以存续、延续的基本保证；人口的出生甚至意味着增加了伙伴，减少了势单力薄带来的忧虑、不安和恐惧。

20世纪80年代，八连村民组仍然属于一个自给自足的自然经济社会，人们遵循着日出而作、日落而息的生活方式，人畜耕作、广种薄收。男人犁田耕地、砍树劈柴、捕鱼打猎，妇女管理家务、照看小孩、饲养牲畜、种地、织布、制衣，兼做家庭其他生产劳动的重要助手。在生存环境极为恶劣、封闭、生产力极端低下的情况下，人口的出生就意味着增加了劳动力和帮手，所以，人口的出生就显得极为重要和必要。

按照马克思主义理论的观点，生产力的变革和发展，在资本主义生产过程中是以劳动手段为起点的，在简单劳动的自然经济中则是以劳动力为起点的。而获取劳动力的一个主要的，同时也是最简便、最有效，成本最低的方式，无疑就是通过人口增殖来增加劳动力。因此，较为封闭的生存环境和落后的生产力水平，迫使人们把生存和发展生产的希望寄托在后代繁衍上，于是大家就渴望增丁添口、养儿防老，崇尚早婚早育、多子多福。

在山高坡陡、沟壑纵横、野兽横行的恶劣自然环境中，体格相对高大、健壮的男性与体态娇小、柔弱的女性相比具有体力上的明显优势，因此，村民们在性别取向上表现出了和汉族一样重男轻女的倾向。

然而，在八连，为了生存而必须从事的生产劳动所需的技术含量较低，而且，从事生产劳动所需耗费的体力可以巧妙地分解后进行——如此，男女都可以加入到生产劳动中。这在一定程度上削弱了村民们对男孩的偏好，表现出对“儿女双全”的崇尚和追求。

在生产力发展水平不高的小农经济社会里，家族势力的大小、家庭社会地位的高低，多半取决于男丁人口数量的多寡。为确保父系血缘的纯正，追求父系血统的繁衍绵延等等人生理想和人生目标，也强烈地刺激着个体的生育欲望。为了血缘宗族的绵延繁衍和兴旺，要求妇女不仅要能生育、多生育，而且必须生育男孩，这又无形中强化了建立在小农经济基础之上的传宗接代、多子多福、重男轻女、人丁兴旺的生育价值观。

第二节　丧葬习俗及其教育内涵

葬礼葬俗具有重要的教育价值，其将教育空间成功地拓展到生命的消亡过程中，使得教育与丧葬礼俗融为一体。丧葬习俗是某一特定地域，或某个民族独特的灵魂观、生死观、命运观，以及祖先崇拜观念等等的表达与传承，是民俗文化的一种特别的传承方式。八连人的灵魂观、生死观、命运观、祖先崇拜等观念，通过葬礼葬俗等仪式在村民中代代相传。葬礼葬俗既传承了村民们对人类生死问题以及对生命价值的思考和认识，又促成了村民们平和、坚韧、达观、幽默的性格。为村民们对下一代开展教育提供了独特的教育内容与教育方式。

一、八连的葬俗

八连农户为正常死亡者（长寿者；育有儿女，且儿女已经长大成家的壮年以上的去世者）举办的丧葬仪式极其繁杂，前后有将近20道程序。主要程序有：装殓、择日子、报丧、葬礼（超度——开路、散花解节、提亲奠主、发引、打井、砍沟、上山、落圹、磊坟、开锅）、供灵、百日（也称作“烧灵”或“做百日”，包括祭灵、烧灵、安龙谢土、扫家和安神龛等数个主题不同的仪式）和新年上坟。

村里有人生重病，家家都会派人前去探望、问候；病人病危的日子里，有劳动能力的青壮年寨邻们，在每天晚饭后，不管多累多困，都要前往探望、守候病人；已经不再承担家庭主要劳动的老年男女们，则不分白天黑夜，只要身体能撑得住，几乎会一直陪护在病危者近旁，随时察看患者的病情和病状。

1. 落气—装殓

一旦守护人发现病危者弥留时间不会太长时，会即刻将消息传给村里所有人家，得到消息者会在最短的时间里赶来帮忙，做各种准备工作。

病危者要在自家堂屋正中央落气；落气时要求儿子、女儿都能守在身边；忌讳在自家堂屋以外的地方，如卧室的床上等地停止呼吸，尤其忌讳“死在外头”（“外头”指属于自己或儿子所有的住房以外的任何地方，包括出嫁的女儿家里、医院里，等等）。

因此，要在病危者即将停止呼吸的前几分钟，由儿子或至亲晚辈将其抱至堂屋正中央的椅子上坐好，而且要求儿子要一直站在其身后将其身体稳住。寨邻们则忙着做各种准备：迅速把大门打开；快速上楼用大斗或升子装满水稻谷子后搬到堂屋，将病危者的双脚踩在谷子上；将侧门的一扇门板卸下来，准备临时停放亡者尸体……女儿、儿媳要守护在弥留者身边，他们中的一人要将数百元人民币让病危者握在手里（想方设法让其握住钱币），另一人将红布包裹着的一枚银元放到病危者的双唇间——想方设法让银元不要从唇间滑落下来。待有经验的老人们确认重病者已经完全停止呼吸后，要在大门外的吞口处燃放一挂鞭炮；众人随即将去世者平躺到门板上，并立即为其净身，穿戴上之前就已经备好的“老衣”（寿衣），系上“绊脚索”；将棺材清理干净后，摆放到堂屋正中央，随即将尸体移至棺木内。合上棺材盖时，要留有两寸左右的缝隙。

在神龛上供上“倒头饭”。

点亮“脚灯”放至棺材下。

落气至装殓，村里聚拢来帮忙的人，一般都会超过 30 人。

2. 择日子

入殓结束后，人们要象征性地用餐。食物是在其中一部分人为去世者梳洗、收拾、装殓的时候，由其他一些寨邻快速烹制出来的。

大家边吃边商议“送亡人上山”这件村寨中眼下最重大的事情。丧家首先要做的第一件事是“择日子”——选定出殡下葬的日子。据说以前很多人家择日子时，需要带上亡人的生辰八字和其辞世的时辰，以及作为谢礼的大米、白酒、人民币等，专程去找老道师推算。现在，居住在八连的农户，除了几户水族、苗族人家还坚持到老地方找当地的水书先生或巫师测算外，大多数人家都只遵循避开龙、虎日和死者的本命日不能出殡上山这几条俗规旧制了。也就是说，现在不少农户家举行葬礼的日子是村民们集体“择”出来的。

3. 报丧（也称“说亲戚”）

出殡日期确定下来之后，丧家需要分派寨邻前去告知亲戚朋友前来参加葬礼，一般需要 3—5 人：1 人去老地方通知家族，1 人去通知“外家”（母舅家），另一人负责通知其他亲戚朋友。现在，不少人家已经改用电话通知远处的亲朋故友。

4. 葬礼（办酒）

参加葬礼的人数各户不等，少则三五十桌（一桌 8 人），多达一百二三十桌。八连村民组的村民除去完全丧失行走能力的人和身患重病者外，基本上是全体参加。

亲戚朋友多于出殡日头一天的午饭之后陆续抵达丧家，第二天上午将亡人送至墓地后离去。

[葬礼期间，村民们必须全力以赴地、无条件地帮忙，人人参加，人人出力：

要为几百，甚至千余参加者准备 4 餐饮食：出殡日头一天晚上的晚餐和宵夜，以及出殡日当天的早餐和午饭；

要招待道师、协助道师做各种仪式；

要派人上山打井（挖墓坑）；

要安排人抬棺材、送葬、磊坟……]

(1) 超度—开路、散花解结、提亲奠主

最简单、最基本的超度仪式包括“开路”、“散花解结”和“提亲奠主”。这种简单的超度是八连现今所有的家庭都必须要为正常死亡者操办的仪式（只有个别家庭会就去世者生前的愿望或要求，为其在葬礼上做三天、七天或九天的大型超度仪式，即“做大斋”），通常情况下，需要由本村村民 1—5 人协助从邻村请来的道师们共同完成。准备工作始于出殡日头一天的上午，要制作灵牌、写挽联、搭建灵堂、准备仪式用品，等等。

超度仪式正式开始于“喜酒”（出殡日头一天的晚餐称为“喜酒”，出殡日当天的正餐称作“正酒”）那天晚上的九、十点钟。开路、散花解结仪式在堂屋进行；提亲奠主仪式在堂屋和院坝两处轮流举行。

每一道仪式大约进行1个小时，一般在深夜12点前后结束。超度结束后是宵夜时间。

(2) 发引

"发引"，即将亡人移至屋外。发引的时间是由道师推算出来的，必须在推算出来的某个时辰内完成。

发引前要封棺，封棺前要将棺木盖子揭开，让亲人们和亡者做最后的告别；道师要行法术、诵咒语等，驱使亡者的魂魄进入棺木中，并将所有生者的魂魄从棺木里招引出来。

棺木封好后，在所有在场者都做好准备的情况下，燃放鞭炮，将棺材抬出屋子，摆放到离家几十米远的路旁。

其中，发引的一个主要内容是在棺材被抬出家门的即刻，要求帮忙的寨邻要以最快的速度将家里所有的屋子清扫干净，并将垃圾全部搬到屋外焚烧。

将为亡者净身时直接从其身上换下来的衣物，以及其病重期间使用过的垫床草等等，拿到河沟边烧掉；女孝子们要聚集到距离遗物焚烧处不远的地方哭孝。

(3) 打井

打井一般安排在出殡日当天的早餐后，必须参加的人有亡者的儿子和风水先生（有时由道师头目兼任），其他参加者（大约十余人）均为男性。

抵达墓地后，道师首先要举行仪式祭祀自己的祖师爷，祭祀完毕后，其他人方可挖掘墓坑。

第一块被挖起的泥土要小心保存。掩埋棺木时，亡者的儿子要反戴围裙（将围裙系在背后），将这块泥土捣碎后兜着撒在棺材上，之后，其他帮忙的人才能填土磊坟。

(4) 上山（送葬）

上山的时间也是经过推算的，要求必须准时出发；一般情况下，要求棺木上山前，要安排所有参加葬礼的亲戚朋友吃完正餐；送葬开始前，要由道师举行“砍沟”仪式；从将棺木抬起来的即刻开始直到抵达坟地，途中不能让棺木着地。

(5) 落圹—磊坟

棺木抬至墓地后，先停放在距离墓坑不远的两条长凳上。

道师随即举行“扫井”仪式，仪式结束，众人将棺木移至墓坑中。棺木被安放妥当后，道师接着举行“招灵”和“喊魂”仪式。“招灵”和“喊魂”仪式结束后，去世者的长子反戴围裙，兜着打井时掘起的第一锄泥土爬上棺材，在棺材上将泥土全部撒完抖净，然后四肢并用爬行至棺材的顶端（死者头部枕着的那端），对着死者喊道：妈（爸）跟我回家！连喊三遍。喊毕，爬出墓坑，对周围的帮忙者说道：麻烦大家帮我撮土埋了我妈（爸）！随即，手捧亡者灵牌，由一人手举黑伞伴送或独自撑着黑色的雨伞、捧着灵牌回家（要求路上不能回头张望，不能与人答话）。

帮忙的人则在其离开墓地两三米远后，在唢呐、芦笙、鞭炮等的喧嚣声中，用泥土将棺木掩埋，并在墓坑正上方垒出蝌蚪形状的坟墓。

(6) 烧锅底

新坟头垒建完毕返回丧家后，寨邻中的几位年长者又一次前往墓地，在坟墓正前方宰杀公鸡一只，退毛、煮熟。用从家里带来的糯米饭、刀头、酒，以及在现场制做的鸡肉等等祭供在坟前，燃烧蜡烛、线香和纸钱。随后，大家围坐在一起喝酒、吃饭。与此同时，大家你一言他一语地嘱咐死者：我们已经来为您“烧锅底”（另立做饭的锅灶）了，从今天起，您要自己找柴、打水，自己开火做吃的，自己好好地过日子；孩子们已经长大成人，不必挂念，不能回去打扰他们的生活；您的墓地周边有很多坟墓，埋着很多您很熟悉的人，只能去找他们“做伴”，绝对不能去找活着的人，不能去干扰他们的生活；要守好自己的“家”，本本分分地在自己的“家”里呆着，不要离开墓地，更不能随便回到村子里……

（7）供灵

从前，丧家一般要在堂屋的一侧摆放香亭100天，而且每天正餐前都要用饭菜等祭供，之后，在满百日那天举行“做百日”（烧灵）仪式。现在，很多人家都选择在举行“开锅”仪式之前或之后，即在出殡安葬日当天就举行烧灵仪式。

（8）做百日（烧灵）

“做百日”（即，在亡者去世100天举行的祭祀活动）时，要请道师（人数五、六人）主持相应的仪式。届时，只有至亲和村寨里被邀请到的部分村民参加。“做百日”仪式包括：烧灵、安龙谢土、扫家和安家神等程序。

① 烧灵

“做百日”那天上午，先由道师们在堂屋唱经“祭灵”几十分钟。之后，将香亭等物送至墓地焚烧。

② 扫家

扫家的意思是指将举办过丧事的屋子“清扫”干净。

可在出殡日当天，由花灯队用“龙”、“狮子”等等组成的队伍，逐屋“清扫”——一人念咒，“龙”、“狮子”等做驱赶性动作。也可以由道师们念经、念咒、举火把、抛洒并燃烧用松枝制成的粉末、贴符咒逐屋进行“清扫”。

④ 安家神

因为举办丧事，打扰了供奉在堂屋中护佑家人的土地神和家神，为了安抚他们，要重新举行安家神仪式，即需要重新裱制神龛。

此仪式也由道师组头目主持，全体道师参加，要念经、杀鸡，并用新对联等将堂屋重新裱糊一遍。

(9) 新年上坟

家中老人去世，儿女们要在第一个春节的初一至初三（至迟不能晚过正月十五）的任意一天，携红公鸡或花公鸡（禁止使用纯白色公鸡和母鸡）、香、烛、纸钱、水果、糕点等到新坟前祭供。这次上坟，要求已经出嫁的女儿必须想方设法亲自前往，如果实在不能亲自前去上坟，也必须请求他人代替自己前去尽孝，否则会遭到舆论的谴责。

在八连，只有做完了上述这些事情，才可以称说是“完成了一场丧事”。

从不同地方迁居到八连的不同民族的民众，其服饰、建筑、节日、婚礼等等习俗，随社会变迁而发生变化的幅度极大、极快。对于衣食住行、部分节日和庆典的变化，八连人的态度是：要按当地（即八连）的规矩办、要入流、要“赶伴”。唯有葬礼葬俗，尤其是与死亡有关的许多观念意识、处置方式等等，变异幅度极小；不同民族的农户自始至终，基本上还是传承着、固守着“老地方”（祖籍地）的安顿死者的习俗。

现如今，在八连，不管是什么民族，安葬正常亡故者时，都要择日子、办酒席。

水族人家，一般要到“老地方”（祖籍）去找懂水书的巫师推算安葬日。村里曾有一位水族老人去世时，经该户人家“老地方”的水书先生推算，认为当年不宜出殡安葬，丧家于是只得将装着亡者尸体的棺材停放在家中的堂屋里（用河沙掩埋）长达数月之久。

布依族、侗族等民族推算日子的方法比较简单，大多数上了年纪的人都会测算。一般是避开龙、虎日，以及死者属相日这三个日子，即除了这三个日子不能出殡外，其他日子都可以送亡者上山安葬。

不同民族（相同民族的不同家庭）停放死者的方式、位置不同：布依族等其他民族，老人停止呼吸后，要立刻为之梳洗、穿戴，随即入棺，并将棺材顺梁或垂梁（“脚蹬大门”）摆放在堂屋正中央。村里的吴姓苗族人家，则是将死者的尸体停放在堂屋的大门背后，不入棺。出殡那天，将尸体和棺木板分别运到墓地（用竹子做成的架子运送尸体），在墓地将棺木板子合成棺材放至墓坑里后，再将尸体移至棺材中，之后才用泥土填埋、磊坟。

有的水族人家要为亡者“砍历”（宰杀水牛数头）。

非正常死亡者（未成年人、未婚者、已婚未育者、已婚已育的年轻人）的丧事比较简单，一般为头天死亡，第二天埋葬，不举行葬礼；因难产和患传染病致死者，多火化后埋葬；死在自己家房屋外的“冷尸”，不能移入家中（当地有“冷尸进房，家破人亡”的俗信），只能在屋外搭建临时棚架停尸祭悼。待将亡者送上山安葬后，要择日请道师举行仪式，念经数日，将亡者的亡灵接至家里供奉。村民们深信如不举行仪式，该死在屋外的亡者的亡灵就会永远也进不了自己曾经生活过的家门，到堂屋里接受子孙们的供奉和祭祀，只能流浪乞讨、受苦受穷。

已生育有子嗣者，尤其是老年人的葬礼，力求热闹、隆重。

有生便有死。某个民族的丧葬习俗典型地代表了这个民族对生死问题的看法和理解，是一个民族生死观的表达。

八连习俗，老人过世，其儿女、侄儿侄女们不论多远，都应该在下葬前赶到丧家；不论什么民族，都要择日子（据说，苗族人家从前不兴择日子，老人头天去世，第二天安葬）、办酒席、看风水选坟地、做开路、散花解节、提亲奠主等等仪式。

笔者调查时，村里最年长的村民回忆道：“新中国成立前，只有有钱人家才做得起这些（指葬礼），穷人家没有钱，做不起这些。好多人去世都备不起棺材，有的人家只能用破席子裹了（死人）去埋葬，饭都吃不饱……哪家有人死了，找几个人抬到山上埋了，就了事了……也想按老风俗为死去的人做各种仪式，但没有能力，实在是没办法……”

“不是不想择日子，是因为没有条件择日子，是兴不起。人（死人）在家多留一天就多一天的花费，活人都没有吃的，就管不了那么多了。也没有办法（自由地）选坟地，山、地都是别人家的，你家看上了，人家不一定会让你家埋人，只能埋到荒山野地里……”

“没有钱办酒席，办也没有人来！只有几个至亲、要好的出面帮忙……家里有哪样就吃哪样，实在没有的人家，借点米煮顿饭招待帮忙的就完事了！”（以上为出生于 1918 年的八连村民伍兴文的回忆）。

也就是说，八连现在流行的葬俗，是在新中国成立后，尤其是改革开放以来，村民们在有能力支付葬礼开销后，才逐渐从自己家族的“老地方”（本民族聚居地）和周边其他地方“学来的”。

因为是“学来的”的，所以现在的葬礼有越来越繁琐的趋势，程序只增不减，即不同民族、不同家庭的葬礼，一方面顽固地坚守着老地方的传统习俗、固有程序，如苗族人家至今固守出殡前不将尸体放进棺材，而是将尸体“脚西头东”停放在大门背后；伍姓布依族人家固守“脚蹬大门”停放棺材的做法（部分布依族人家为“顺梁停放”）；部分水族人家坚持“顺梁停放”棺材、为亡者“砍历”等习俗。另一方面，则是在不断地增加在其他民族中流行的、被大家认为是对死者和丧家“好”的新元素，如，超度，以及近年逐渐流行开来的“请唱戏的”、请乐队、燃放礼花，等等。

二、葬俗与灵魂观的形成

调查中，绝大多数八连村民对“有没有魂、鬼之类”问题的回答多是“说不清楚”——尽管八连人“说不清楚”人是否真有

“三魂七魄”，但生活中，尤其是葬礼上的所有民俗事项，以及葬礼过程中参与者的所作所为，都在向世人昭示其灵魂观念的真实存在。

一些年长者的讲述准确无误地说明了这一点：

听老辈人讲，每个人都有魂、有“三魂七魄”；人的肉身会死，但灵魂不会死（灵魂不灭）；人死了以后，一个魂要回到祖先的发源地与祖先们一起生活，一个魂生活在墓地及其墓地附近，一个魂通过灵牌被子孙们接至他们家里的堂屋正中的神龛处，接受晚辈的供奉，看护家人、保佑家人。

儿童的魂魄最容易走失，婴幼儿最容易“落魂”（尤指婴幼儿被惊吓后魂魄失落或逃离和魂被诱引后稀里糊涂地离开两种情形）。

新去世者的魂最喜欢把一些体弱者的魂诱引到它的新家——坟墓里，因为它刚过世，刚到死人居住的地方不久，不太适应那边的生活，容易产生无聊、孤独感和寂寞感，所以就经常返回阳世来“找伴”。

魂被诱引到墓地里去的人会出现各种各样的异常反应：经常梦见亡者、害怕、恐惧、食欲不振，甚至发生暴病、重病等等危及生命的症状。出现上述情况中的任何一种，都必须要尽早举行“偷魂”仪式，要到墓地去把患者的魂从坟墓中“偷”回来，才有可能使之恢复正常，恢复健康。

因为人有灵魂，所以人不能死在蚊帐里；万一有人死在蚊帐里，一定得把蚊帐剪破，从剪破的地方将尸体搬出来，否则该亡者去到阴间后会变成一个“懵懂”（弱智者）。笔者认为这种做法与当地土著先民（布依族等民族）的文化有极为密切的因果联系。生活在当地的布依族，苍蝇、蚊子和魂同为一个词。蚊帐能罩住蚊子，当然就能罩住魂，没能携魂前往阴间的死者，按推理就只能变成弱智。

在病危者要启程前往另一个世界去生活时，不仅要避免魂灵被蚊帐罩住，还要尽量避免有其他障碍灵魂出走的物体存在。因此，在重病者垂危之时，要将其住屋里所有挂在墙壁上的物件都迅速放置到低处。村民们对这种习俗的解释是："这样做对亡者好"、"老古老就这样兴的，老辈人只讲这样做对快要断气的人好。至于怎么个好法，没听讲过!"。高处挂着的东西会阻碍蚊子飞行，当然就有可能会对灵魂的离去形成阻碍。为了能让魂灵快速、顺当地离去，尽早到达它应该去居住的阴间，是万万不能耽误其行程的。因此，病人垂危时分，要将高处挂着的物件放至低处，要敞开家里所有的门，尤其是大门。

为死者梳洗、穿戴，让其手里拿着阳世通用币、手帕，往死者暂居的家（棺材）里塞满阴间要用的纸钱，也是为了达到让亡者满意地、顺利地、快速地远行，并尽快抵达目的地的目的。

对点长明灯、烧香、燃蜡烛，村民们的解释是：死者回归祖先驻地的路途都是黑夜，如果没有这些充当照明的东西，死者就找不着前往祖先驻地的路，就无法与祖先团聚，就会成为居无定所的孤魂野鬼。由此会导致亡者在阴间的生活"无着无落"，亡者因此就会回来搅乱生者的生活……（笔者认为野兽怕光、怕火，烧香、点灯、燃蜡烛应该是起源于古人为避免尸体被野兽吞食的一种努力行为。这些民俗事项在经历了几千年的传承后，其原始意义被人演绎、曲解。）

开路、散花解结、提亲奠主，或者做大法式，明显是当地汉族文化的移植。这是八连人对操办葬礼所持有的态度——只要"对亡者好，对生者有利"，就应该尽力而为的观念所致，这种习俗取向同时也受当地人追求"赶伴"人生的心理和生活理念所驱使。

封棺前的招魂仪式，上山前的"砍沟"仪式、下圹后的招灵、叫魂仪式，都是丧家力图通过巫师、道师的法术，做着让

“死者魂入，生者魂出”、“死者、生者的魂魄都到他们应该去的地方”的各种各样的努力。是人们期盼死者能顺顺当当离开、一路顺风地抵达目的地，让生者能平平安安、健健康康地生活的心愿的体现。

为亡者举行的“烧锅底”仪式——在新坟前方宰杀公鸡一只，煮熟后，用从家里带来的糯米饭、刀头、酒、鸡肉等等供在坟前，大家围坐在坟前一起吃饭，你一言他一语地嘱咐死者：我们已经来为您“烧锅底”（另立做饭的锅灶）了，从今天起，您要自己找柴、打水，自己开火，自己好好过日子；孩子们已经长大成人，不必挂念，更不能去打扰他们；要守好自己的“家”，一刻也不能离开外出……事实上，从人们最后的行为来看，这些做法明显具有一定的欺骗性。但人们认为，如果不这样骗死者，他就不会留在坟墓里，他的魂就会到处闲逛、乱窜，甚至回家，给活着的人们带来麻烦。生者对死者善意的欺骗，是人们希望死者能在他们应该呆着的地方好好地过日子，其根本目的是避免生者的生活被亡者的魂灵扰乱。

八连的葬礼葬俗表明：安葬亡故者的遗体、抚慰亡故者的灵魂——竭尽所能地帮助死者顺利抵达另一个世界，完成生与死的转换，是蕴含于丧葬仪式全过程的主要目的。

从各种葬礼习俗事项的表面看，丧葬仪式处置的对象是亡故者可见可感的遗体。但深究其里，我们就会发现葬礼真正要安抚的对象，实际上是亡故者看不见摸不着的灵魂，也就是老百姓所说的鬼魂。在不管出生于什么民族的八连村民的观念中，鬼魂是一种真实的存在。人们相信“人死了要去老地方”，“老地方”可能在很遥远的某处很深的地底下（即阴间）；活人看不见死人居住的阴间，但死人却能够看得见活人们生活的世界；阴间生活着的故去者同阳间活着的人们一样，过着或富足或贫穷的生活，有愿望、有感情，要干活、劳动，有亲朋故里等多种多样的社会关系；亡故者的灵魂与生者之间更具有丰富复杂的关系，它可以让生者生活顺畅、平安、富有、发财、发家、幸福、美满，也可以给生者制造小麻烦、大挫折，或带来灾祸；它甚至还可以完成它的生命载体生前所未能实现的愿望，表达其未尽之情或发泄其难泯之恨——总之，亡故者肯定要到某地去居住、生活，虽然那个地方的确切位置在哪里谁也说不清楚。

阴间，或者类似阴间的故去者永久生活的特殊世界的存在，形成了八连人对待死亡的看法，决定了八连人对待亡故的态度，致使村民们相信死亡不仅仅是人们可见可感的物质形体——人的肌体的变化，同时也是某种看不见、摸不着，但又曾经真实地存在过的事物的隐遁或消失。而且，这种不可知的神秘的转化或改变，只是人类形体和灵魂的转移和迁化。因此，在村规民俗中，人们对待亡故者的态度、处理生者与死者之间关系的方法体现在许多方面，丧葬仪式只是其中比较重要的一部分内容。

对八连人来说，阴间这个被构想出来的特殊世界的存在，为人们在人生的终点有可能回到永远的家园与祖先团聚提供了充满遐想和慰藉的空间。所以，葬礼上必须要做的事情，就是要妥善地处置亡故者的遗体，以安抚其因为要重新面临新的环境、新的选择而显得不知所措或犹豫不决的灵魂，使亡故者顺利地抵达另一个世界，顺利地重生，并且获得满意的生活，实现生者使其“安不思返”、“乐而忘返”的最终目的。

对于任何人、任何家庭来说，老年人的死亡是自然规律使然。因此，在老年人辞别人世时，最需要考虑的是亡故者的灵魂将怎样才能顺畅地抵达它应该前往的地方、它到达另一个世界后的生活，以及亡故者将会以一种什么样的态度对待生者之类的问题。显而易见地，这里就遇到了类似人们日常评判事物好与坏的标准问题，即灵魂观念的两重性问题。该问题的核心包含着这样一些重要内容：亡故者的灵魂对待生者态度的好坏，亡故者的灵魂在阴间是否得到安息——是否因为生者的各种努力和作为而使其顺畅地到达了它们应该去的地方，抵达后它们是否“赶伴”，能否在阴间安生、过上幸福满意的生活，继而安不思返、乐不知返……这些观念及信仰，促使生者的亲朋故友们要尽最大的努力、以他们认为是最好和最有效的方式对待亡故者的遗体，并竭尽所能地用他们认为是最好的方式安抚亡故者的灵魂。

葬礼的全过程，始终存在着三个“实体”：死者的尸体、死者的灵魂，以及生者——奠祭死者的亲人、朋友、寨邻等等。期间，除超度、祭灵、烧灵等活动直接指向死者的灵魂之外，其他的很多仪式活动，从表面上看均是以亡故者的尸体为对象，而实际上是以亡故者的灵魂为对象的活动。而且，这些活动所体现的明白无误的事实只有一点，即人们所有的活动和行为准则，都必须服从于对生者有利、为生者造福的功利目的。这一特征即便是直接以灵魂为对象而举行的超度、祭灵、烧灵等仪式，也是如此。可以这么说：丧葬祭仪及其与之相关的各种习俗规范的产生和实施的基础是灵魂不灭观念的存在；葬礼中所举行的各种仪式活动的实质是“一切为了生者”。

因为亡故者要去永久居住、生活的地方是一个和阳世间人们生活着的环境极为相似的地方，那里有穷人、富人，有命好的，也有命不好——缺衣少食、受苦受穷的。而且，亡故者是否能够顺利到达他们应该去的地方、去的途中是否吃尽苦头、去了阴间是否有满意的生活，是与活着的亲朋故友们对待他们葬礼的处置态度、处置方式有极为密切的关系的，即与人们是否按习俗、按规矩办了、是否尽力而为了有关。因此，八连人认为对待葬礼，活着的亲人应该持有这样的态度：要把所有能做的仪式都为亡者做到；要倾其所有，要尽心尽力。

按习俗做相应的仪式，同时也是为了感谢亡者，“可怜他（她）”为支撑整个家庭辛苦了一辈子，要让他风风光光地走。因为不倾其所能为死者做死者羡慕得到的、别人家为其故去的亲人都会举行的仪式，则会对不住死者，总之，不能让死者“不赶伴”，否则会问心有愧、会被人笑话、被人议论的。

此外，在举办丧礼时，要尽心尽力地按对亡者有利、对活着的亲人（包括阳世间的其他人）无害，最好是有利的传统习俗去做才行。因为在谁也“说不清楚”灵魂是否存在，鬼魂是否真的会造福或致灾于生者、是否必须善待灵魂这样困难的问题上，最恰当的选择只能是宁可信其有，在处置相关问题时，要尽可能做到对生者、死者都有利才行。去世者的亲人们一般都不得不这样来考虑问题：按习俗操办葬礼无非是多花费、多破费一点罢了，为了故去的亲人、更为了活着的亲朋故交，做事一定要力求达到心安为止——因为“如果不按老规矩尽心尽力操办葬礼，事后，万一家人亲友中的哪一位有什么不好的事情发生，就没有‘后悔药’吃了！”

阴间可能存在的观念（宁可信其有）及不舍的亲情，是现在八连人对待死亡的态度及操办葬礼的基础。对待死者的态度，表现在许多方面，丧葬仪式只是其中的一个重要方面。

葬礼期间所举行的各种活动的唯一目的是安顿死者和保护生者。死者的最后、最好去处是顺利地抵达阴间。一丝不苟地按老地方的习俗安顿死者，是为了让死者满意地离去，并顺利地抵达祖先们居住的地方，与祖先团聚，过上好日子，和祖先们一起快乐地生活。为了让死者能满意地离去，顺利（少吃苦头）地抵达死亡者们都应该前往的目的地——不要到阳间来打扰生者的生活，而且，之后能保佑家人平平安安、顺顺畅畅、发财发家。生者需要做的事情就是要严格遵循习俗惯制，竭尽所能地、隆重地安葬死者的遗体、抚慰死者的灵魂，帮助死者在另一个世界重生。

死者魂安、生者心安！生者之祸福取决于魂灵的安与否——

这种关于生者与死者之关系的思虑曾经广泛存在于世界各地区、各种族的观念习俗中，并在现有的丧葬习俗中由不同的仪式，以及人们的行为举止等体现出来。

灵魂不灭观念及其信仰习俗起源于原始初民对各种物质实体的变化和精神变化，特别是对梦境的错误理解和阐释。初民们相信很多物质实体都有两个自我，一个是看得见摸得着的实体，一个是看不见摸不着的东西。前者以各种物质形态表现出来，如，人的躯体、河流、山脉、巨石，以及各种动物、植物等等；后者被称为灵魂——人有人魂，山有山魂、山鬼，河有河鬼、河魂，石有石魂、石鬼；认为人的死亡只不过是人的灵魂暂时离开某具特定的肉体，其另一个自我——灵魂却永远活着，即魂灵不死。

灵魂不灭观念的产生，反映出人类至迟在初民时代就已经开始高度关注生死现象、认真思考生死问题，同时也显示出原始初民的抽象思维能力已经达到相当高的程度，已经能够脱离眼前的物质实体及其相应的行为对象做思考和类推：从真实可见的、可以感知的现实世界、日常生活，推理、想象到死后的去向、死后的生活，并在他们认为是理所当然，实则荒谬至极的主观感觉和主观印象的基础上展开推理和想象，虚构出一幅让人感觉真实可信、能给人慰藉，因而能对失去亲人的生者的现实生活产生超强影响的曼妙图景。借此，灵魂的存在成为个体生命的延续，而灵魂的去向、行为等成为生者的重大关切。因为人们关于灵魂的联想、推理，对待灵魂的态度，以及对灵魂的处置方式等均与死者的年龄、身份、生前行为、死亡形式，以及特殊地点、特殊场合、特殊情境的感受、理解有直接的关联，致使灵魂观念和灵魂信仰中呈现出的两重性远较神灵观念信仰中的两重性复杂且多样。相关的调查资料显示，这种状况在世界上的许多民族宗教中体现出较大的趋同性、一致性。

对于八连人来说，在这一点上亦是如此。一般说来，年岁偏大、性格温和、本性善良、生前为人们做过很多好事、受到人们尊敬的人，特别是生育有儿女，即过世后有人祭祀的人，人们对这类人的亡故及其灵魂的态度是敬畏多于恐惧。因为在人们的观念习俗中，这种人的鬼魂多为善灵，它们不会因为生前的遗憾或妒忌而作祟他人。

对于非正常死亡者，尤其是被他人剥夺性命或死于非命的人，如，被枪决者、战死者，以及青壮年病逝者和“死在外头”的人的灵魂感知和态度则只有恐惧、厌恶、反感。村民们普遍认为非正常死亡者以及青壮年病逝者的灵魂只能变成孤魂野鬼、冤鬼或厉鬼，因为他们死于非命，活在阳世间的时间不长，对世人充满怨恨和妒忌，又因为他们死后大多不能顺利地回到祖先故地与祖灵安居，或者不能在节日庆典时回家接受儿孙们的祭祀，就会不分白天黑夜地四处游荡，忽而出现在山林河谷、荒郊野岭，忽而潜入村寨、旧居，随时随地都在找寻机会报复人、作祟于人，因此，对这类死亡者及其灵魂的态度和处置方式是要采取抚慰与驱逐并举的办法对付它们。

村民们对于正常死亡者灵魂的认知和感受是敬惧并存——因其具有极高的不确定性而恐之、敬之、避之、敬而远之，因此，选择抚慰、娱乐，以及诓哄、欺骗、恐吓等种类繁多的方法处置之。因为在村民们的想象中，这类灵魂有时可能是善灵，有时也可能是恶鬼，即有时为善，有时作恶；可以赐福于人，也可能会降祸于人。某人的鬼魂是善灵还是恶鬼，决定于阳世间人们生活的不同遭遇。就某个村寨社区而言，如果寨邻关系融洽、村民们身体健康、家畜不遭瘟病、没有火灾、风灾，则所有的鬼魂都成了善鬼；反之，即使活着时备受众人尊敬、爱戴者的鬼魂也都成了恶鬼。就一个家庭而言也是如此，如果家庭成员平平安安、没病没灾、家庭和睦融洽，孩子能积极进取……则厉鬼恶鬼、孤魂野鬼便都成了善鬼；反之，即使是最亲近、最信赖、最受敬重的祖先的魂灵也统统被当做恶鬼，要请鬼师、过阴等人“查”明缘由，要做各种仪式进行安抚或驱逐。

在乡村，丧葬祭仪处置的对象除了呈现在人们面前的死亡者的看得见摸得着的躯体外，还有蕴含在众多习俗文化中、隐藏在村民们观念里的死者的灵魂。而且，不管该灵魂生前的载体是儿童还是少年，是青壮年还是老人，是女性还是男性，是温和、善良之人，还是凶悍、恶毒之人，是有过于人的人还是有功于人的人；也不管其死亡原因是非正常死亡还是正常死亡，它与丧葬祭仪的操办者及协同者都有或近或远的亲缘和地缘联系，曾经有过在同一空间（如，同一家庭或同一村寨里）共同生活的经历。因此，村民们对于亡者及其灵魂的态度、处置方式多以安魂、慰魂、抚魂为主，驱魂为辅；既亲之又恶之，既祈之又惧之。

从以上记述可知：在八连，正常死亡者的葬礼有全体村民，包括少年儿童和婴幼儿都去参加的习俗。而每次参加葬礼的经历，期间的所见所闻、所感所知，对于少年儿童来说，其过程实则是一次长达数天，或十数天、数十天的有关灵魂观、生死观、命数观、人生观、生育观、为人处世观，以及当地行为规范的习得过程。

三、葬俗与祖先崇拜观念的习得

1. 八连的祖先崇拜现状

祖先崇拜是一种尊崇祖先亡灵，并认为祖灵有能力护佑儿孙、赐福儿孙的信仰。

宗教学理论认为，祖先崇拜是人类信仰生活中一种极为普遍的文化现象，它源于人类自然宗教中的灵魂观念和冥世观念，始于原始社会后期家庭制开始形成后，是灵魂崇拜与家族血缘观念结合的产物。

可以这么说，祖先崇拜是八连最普遍、最重要的传统民间信仰。至今仍有深厚的社会基础，在八连人的心目中占有其他信仰难以撼动的地位，是八连民间信仰文化的一个极为重要的组成部分。

祖先崇拜是由灵魂不灭观念发展而来的。八连人认为人死后，灵魂随即离开肉体，到阴间去变为鬼神，这些鬼神与阳世间活着的人们有着千丝万缕的联系，尤其是自己祖先的魂灵与其子孙的联系更为密切，它能使子孙们安康、顺畅、发达、富贵，也可以给他们带来麻烦，甚至灾难。这些灾害祸福取决于生活在阳世间的人们对待自己祖先的态度；祖宗至高无上，家族的兴衰胜败、家族成员的吉凶祸福都与祖灵有关。

流传于八连的民间俗信认为：人死后，灵魂会在节日庆典时回家接受子孙们的供奉；祖灵时刻关注着阳世间的亲人，并在他们需要帮助的时候护佑他们；阴间的生活与阳间基本一样，灵魂和人一样富有七情六欲，对子孙们的所作所为会有满意或不满意等等评价。因此，对于过世者，子孙们必须“事死如事生”，必须遵循传统习俗，在逢年过节，或举行庆典仪式时祭祀祖先，保障祖先在阴间的“生活”需要。

为了祈求祖先赐福消灾，八连人至今仍然十分重视祭祀自己的祖先，这体现在当地的民居建筑、丧葬仪式习俗以及节日庆典等方面。

在八连，有条件修建新房的人家，一般都建有堂屋，并在堂屋正中央位置设置神龛。

神龛一般由两部分组成——墙上的主体部分：裱糊着书写有祖先牌位的墙面，以及摆放着祖先灵牌、香炉等祭祀专用器皿的隔板。另一部分是专为祭祀制做的“大桌”（供桌）——在节日庆典祭供时放置供品的香案。供桌常年摆放在堂屋正中央。

八连人祭祖的固定时间是在节日里和庆典上，如，春节、清明节、四月八、端午节、七月半、重阳节；满月酒、立房子、进新房、订婚、婚礼期间，以及在家里举行的各种仪式上，如：安神龛、扫家、糊娘妈、糊马，等等。七月半的祭祀最为隆重，也最受重视，当是八连村民专门祭祀祖先的节日。

祭祀祖先的仪式一般是在家里的堂屋间举行，只有在清明节时才会到墓地祭祀、修整坟墓。

节日祭祀一般由家长负责；庆典时的祭祀由负责帮忙制作食物的村民代为制做祭品，由家中或家族中某一位暂时“有空”的人主持祭祀——摆放供品、烧香、燃蜡烛、烧纸钱、击磬；举行仪式时的祭祀，由家人或帮忙的村民负责制做供品，由仪式主持人（道师等人）主持祭祀——摆放供品、燃烧香烛、纸钱、击磬、祷告、诵读经文（部分仪式需要燃放鞭炮）。

大多数的祭祀活动，祭品使用人们用餐时的荤菜，即，使用为家人或来客们烹制好的食物，如：肉类制品（香肠等）、含有肉类的荤菜（蛋卷等）、油炸豆腐、米饭以及米酒等等。在滚水中停留过三五分钟的刀头（一块半斤左右的肥肉）、整鸡或者整鸭、猪头、动物血以及米酒，则是仪式庆典祭祀上的主要祭品。

农历七月半的祭祀活动最为隆重，八连人称七月半为“过小年”，村里每户人家都要给自家的祖先“烧包”——送钱币、衣物和其他家什。祭祀一般持续三天，即从农历七月十三开始祭祀，早晚各献祭品（半斤左右重的刀头1块、荤菜数碗、米饭8份、米酒8碗，烧线香、蜡烛各3柱，纸钱十数张——至少9张以上）一次。七月十五最为正式，要制作“封包”：用白纸糊制成长约一尺二、宽约八十公分的信封（或从专卖店铺购置），在信封上用毛笔书写：“×氏祖人×××收　　晚辈×××敬上”等字样后，往信封里装入纸制的衣服、裤子、鞋袜、金锭、银锭（现在有的人家开始流行装入从专卖“七月半”用品的小贩手里购买来的纸制人民币、美元、支票等）。装入数量的多少，通常由祭祀者与亡者的亲疏关系决定，父母、祖父母的封包内通常要多装一些。与男方有血缘关系的所有过世者，只要是有名有姓的，都要为之制作封包。另外，还需制作一个封包送给其他不知名字的祖先们。如果女主人的父母已经过世，也要为他们制做和男方父母相当的封包，但为女方父母制做的封包只能和为男方家族中“死在外头”的亡者的封包一起拿到屋子外头去焚烧，而不能在堂屋内焚烧。封包制作完毕后，要将其整齐地排列在堂屋的地上，要在堂屋宰杀鸭子（至少一只），将鸭血全部均匀地滴撒到每个信封上。接着用各种荤菜、米饭、米酒、在滚水中煮过一小会儿的半生半熟的整鸭、刀头等祭品祭祀祖先。晚饭后，要敞开大门，在堂屋中央（或到河岸边）焚烧掉所有的封包。主人要一边焚烧一边说一些诸如请祖先前来接受祭物，请祖先保佑家人健康、平安、顺畅、发财、发家等祈祷味极浓的话语。

晚上，要在房屋前的院坝一侧，竖立一个插满并点燃线香的“香瓜”，即将一根竹竿立于屋前的院坝一侧，竹竿顶端插上一只南瓜，在瓜上插满密密麻麻的线香。与此同时，还要在院坝接近菜园的地方，或在离家有一段距离的小路上，烧一排大约一两米长的“露水香”。

春节的祭祖活动也比较讲究，从大年三十的年宴饭开始，初一、初二、初三（部分人家正月初九还得供饭一天），每天早晚各献祭品一次，即在吃饭前，家长要恳请列祖列宗回到家里来与子孙后代们一起过年。要在供桌上摆上满满一桌子荤菜，八碗酒、八碗米饭；在神龛上烧香、燃蜡烛，在供桌下方烧纸钱、击磬；祈求祖先保佑全家人新年里平平安安、健健康康、发财发家、猪肥马壮、粮谷满仓。少年儿童对着神龛给祖先磕头，祈求祖先保佑学业有成、前程似锦……燃放鞭炮后，全家才能围坐到火笼边（兼具客厅和餐厅功能的房间称为“火笼边”，每户一般拥有两个“火笼边”）吃饭。

大年三十的祭品最为丰盛，需要有半只猪头、刀头、油炸豆腐、鸡、鱼、腊肉、香肠、肉丸子、蛋卷等各种肉类制品、荤菜、米饭、米酒等；初一至初三的祭品只需用为家人准备的食物中的荤菜祭祀即可；大年初九称为“上九”，要用半只猪头及其他肉类制品祭祀祖先。

过完年后，要送祖先“回家”。送祖归去时，要把猪肉（腊肉）、粑粑、布匹等物放到竹箩内，置于大门口，恭请祖先带到自己居住的地方去使用。

清明节，最简单的祭祀仪式是必须给每一座坟墓“挂亲”，即在坟头顶部插上“亲子”（亲纸）。“亲子”用极具柔韧性的、当地产的白纸剪制而成。正中用一小条红纸（宽约5厘米，长度适中的枣红色薄纸）系着，要捆绑在有竹叶，且必须有竹尖的、清明前后几天内新砍来的完整的斑竹或水竹的竹枝上；以分家单过的已婚男性家庭为单位，每个坟头插“亲子”一挂。

清明前后，当地人皆能从“亲子”的数量判断出某座坟茔的后代子孙的繁衍情况；没有人挂亲的坟茔，有可能是已经没有了后人的亡者的坟墓，那些坟茔有可能会遭遇一些人的不敬之举，如，随便攀爬、堆放杂物等。

清明节，已经单独立户之家，要给祖辈、父辈的坟墓进行修整加固，要砍掉每一座坟墓周围的荆棘，要给所有的祖先坟墓“挂亲”。还要给每座坟茔添土，把坟墓顶端的土添得凸显出来。因为坟墓形状凹陷或不整，有家业不振，甚或衰败之嫌。缺的补园，以示“补缺复园”、添福添喜。据说“挂亲”是给祖宗打伞、打斗笠“遮阴避雨”，同时，“亲标”及其数目也在昭示世人：此座坟茔仍有后代，以及后代的人数。

除必不可少的“挂亲”事项外，一些人家会在清明前后，带上大红公鸡、水果、糕点、线香、蜡烛、纸钱等，到血缘关系最近、最直接的亲人（如父母）的墓地去杀鸡祭祀；部分村民则合族凑钱，买猪、羊、公鸡、鞭炮、火炮等，到同一家族中最老的祖宗的墓地去祭祀共同的祖先。

节日不同，祭品也略有区别：清明节用“清明粑”（将一种长在田里地头、当地人叫做“清明菜”的野菜的叶子和花茎蒸熟捣烂，搅拌到生糯米和粳米面中，加水适量揉拌，捏成小团，用粽子叶包裹、用条状棕叶捆扎好后，放到垫有糯米稻草的甑子里熏蒸数小时制成的一种糕点）、四月八用花糯米饭（将枫叶和一种当地村民称作“黄果”的荆棘的根捣碎，用水浸泡一夜后，把糯米分别浸泡到用碎枫叶和碎黄果根制成的汁液里至少一天一夜，再将浸泡过的糯米直接放到甑子里，用大火熏蒸至成为能直接食用的糯米饭）、五月端午用粽子、九月重阳用糯米粑（年糕）祭祀祖先。

笔者对八连村民的祖先崇拜及亡魂信仰多年的追踪调查资料显示：100%的农户家庭都在堂屋设置有神龛，都备有专门为供奉祭品准备的供桌；100%的农户家庭至少在大年三十、清明节和农历七月半这三个节日里，举行祭祀祖先的仪式。

作为一种历史悠久、存续了数千年的民间信仰，祖先崇拜在中国有着深厚的文化渊源和广泛的社会基础。历史上，历代封建统治者对其积极鼓励、倡导，是其得以延续、深入民间的最直接的根源。

中华人民共和国成立后的历次破除迷信运动，尤其是“文革”期间，祖先崇拜也曾在八连这样的偏僻乡村一度受到冲击。据年长者回忆，在此期间，人们对祖先的祭祀在一些胆大的村民家里，仍在继续，只是由公开转变成偷偷摸摸地进行而已。改革开放后，祖先崇拜被当成传统民族文化不再被禁止，近年，祭祀活动有越来越被村民重视、仪式越来越隆重的趋势——出现这种情况的原因很多，因素之一是因为在八连人的观念里，奉祀祖先被认为是人的本分，是一种道德准则。

关于祭祀祖先的原因，很多人的回答颇具八连人的特点：祖辈传下来的习俗，大家做，就跟着做；别人家都做了，不做不合适，就不赶伴；饮水思源；希望能得到祖先的庇佑；对家庭成员进行敬亲和孝道教育，等等。

关于修建坟墓必要性的问题，以及为何抵制火葬、选择土葬问题的调查数据显示：超过70%的青壮年村民和100%的老年人都认为应该按老风俗办（应该土葬），否则将会发生“找不着祖宗、找不到根”的混乱局面。他们认为贵州的荒山那么多，不会出现平原地区那样死人占用活人耕地的现象，认为人埋在山上不会影响土地的利用。

村民们说得最多的一句话是：自己的爹妈、自己的祖宗都不祭祀、都在乎的人，怎么可能在乎别个（他人）?!

2. 祖先崇拜的文化教育内涵

祖先崇拜是儒家传统文化的基本特征和精髓。在汉文化开始大规模地、系统地向贵州地区渗透之前，生活在贵州的越人、濮人等等是不是已经存在着宗教学、人类学意义上的祖先崇拜观念和行为举止，因为缺少史料记载，所以在这里不敢妄言。

贵州有这样一则关于丧葬习俗由来的民间传说：很久很久以前，人死了不兴埋葬，而是由居住在丧家周围七村八寨的寨邻们分食亡者。有一个少年因为在山上放牛时看见母牛产仔不易，由此推想自己的母亲孕育、生产自己时，肯定也吃了不少苦、受了不少罪。因此，在其母亲去世时，因为无法想像母亲将被千刀万剐的景象，因为不忍心让众人分食母亲的尸体，于是偷偷将母亲的尸体埋葬，改用牛肉招待前来要求吃肉的寨邻。从此以后，其他人家也争相效仿，才改变了分食尸体的习俗。

另一则传说则是说，老古老的时候（很久很久以前），人老了，不能劳动时，就要被送到大山深处去等死。曾有一位老太太，被儿子送进山里后，自己又颤颤巍巍地返回家里，如此反复数次。最后一次，儿子背着老人走到半路时，两个人都哭成了泪人，儿子实在不忍心再往深山里走了，于是就将自己的妈又背回家里养了起来，直到她去世。从那以后，人们就再也不兴把丧失劳动能力的老人送进深山老林，让他们独自待在那里等死了。

一些汉文献的记载表明：西南许多少数民族本无姓氏，是汉朝统治者为建立户籍制度而将宗族制度引入当地的。

我们或许可以这样推论：是从秦汉之际开始，中原地区的文化开始不断地传入贵州，以及后来的大量移民、各个朝代逐渐加深的统治，使得汉文化逐渐渗透到当时生活在贵州的土著民族中，“教化”了贵州的少数民族，才促使祖先崇拜观念更加深入人心，并传承至今的。

不管起因如何及起源何时，但如今，祖先崇拜观念对八连人生活的影响是十分广泛而深刻的。在祭祀祖先的习俗中，蕴涵着八连人为人处事的基本伦理道德，以及对家庭、对社会架构的认识和看法，祖先崇拜观念及祖先崇拜习俗已经成为八连人价值观、世界观永恒的象征符号。

首先，产生于祖先崇拜观念之上的祭祀祖先的民俗事项的意义在于它确认了生者与祖先（逝者）之间的社会关系。而且，它意味着被祭祀的祖先们仍然存在于阳世间其子孙后代的社会网络之中。虽然已故者与生者的存在方式、生存空间、生存地域和环境等等不同，但人类与其祖先之间的关系是连续不断的，是任何人不论其愿意与否都摆脱不了的；生者与逝者之间始终保持着持续而密切的联系，而且这种跨越时空的联系可以通过丧葬仪式和各种祭祀活动而得以实现。

八连的丧葬习俗，在出殡的时候，必须在送葬的路上撒冥器做记号，以便让祖先记得回家的路，逢年过节时能回到家里接受子孙们的祭祀。

八连人认为，虽然祖先已经不在世间，但他们的灵魂一直在关注、关照自己的子孙。不仅在家庭举行重大仪式及过年过节的时候，祖先们会回家接受祭品；家庭成员内部所发生的任何或大或小的变故，小到夫妻怄气、吵嘴、身体病痛不适，大到结婚、生子等等，阴间的祖先们都看得一清二楚，而且会以各种方式发出警示或警告。当地人还认为，线香、蜡烛、磬声是沟通阴间和阳世这种时空阻隔的桥梁，青烟、烛光、击磬之声可以帮助实现阴间阳世的对话。

八连人的种种观念，以及与祖先相关的众多祭祀活动都表明，祖先与后代的关系是现世生活中长辈与儿孙关系的另一种存在形式。其家庭成员的纵向组成包括了在家中被祭祀的历代祖先，他们始终，并将永远都是家庭的一员，而且是家庭秩序的守护者、管理者和不可撼动的权威的象征。

其次，崇拜祖先、祭祀祖先的活动行为，体现了家庭中代际互惠的亲缘伦理关系，这种亲缘伦理关系表现在子孙的孝心，以及先辈对子孙的养育和福佑两个方面。长辈在世时于子女有生育和养育之恩，作为回报，子女必须在他们丧失劳动能力之时赡养、侍奉、孝敬他们，这种关系在他们去世之后改变为以祭祀的方式来表达和维系。丧礼，以及节日庆典和操办各种仪式时所举行的祭祀活动，体现的是生者对祖先的责任和义务。祖先——作为先辈在另一时空的延续和存在形式，则仍然有义务福佑子孙后代的兴旺发达与健康平安，就像当初他们在世时曾经竭力呵护自己的家庭那样呵护自己的血脉和后代。这正是八连人人伦规范和生活方式的重要组成部分，它所体现的是传统家庭中长辈与子孙后代的一种终生的互惠关系。这种代际互惠关系的持久性、永恒性，通过葬礼，以及节日庆典和操办各种仪式时所举行的各种祭祀活动的经常性示范行为而被反复强调，并由此得以世代相传。在这些象征代际互惠关系的活动中，祭祀者的诚心与孝心是最核心的因素，它含有返本报恩，不忘其祖的深意。

晚辈们通过葬礼以及各种祭祀活动，将自己的孝心和敬意敬献给祖先，祖先们则在领受晚辈的祭品的同时“完成”了他们对子孙后代的“福佑”，尽管这种领受和福佑实际上仅仅存在于生者的想象或精神领域中，是一种极富想象的推理。同一时间里的“互惠互利”只是互惠关系中的一个方面，互惠关系的始发点常常起因于子孙们期望能通过葬礼，以及其他祭祀活动来报答祖先在世时对他们的恩惠，这种互惠的实施是跨越时间（现世与过世）和空间（阳间与阴间）的。而生者通过葬礼以及其他祭祀行为报答父母等祖辈生育、养育之恩的同时，也表达了他们寄托于血缘延续之中的对理想的生存状态和死后世界的理解。在这方面，祖先正是生者的领路人和典范。因为生者在未来的某个时间里也会成为祖先，接受后人的祭祀与膜拜，并成为后续子孙后代的典范与福佑之源。

因此可以这么说，在传统家庭、家族的祖先崇拜中，葬礼及其各种祭祀活动的实际目的和意义是在重温代际间的慈与孝的血缘互惠关系。而这两种伦理关系一直是维系传统家庭纵向关系的基本纽带，且其中的慈与孝的纵向关系形成了家庭中横向关系悌与顺的基础。在人的生存本能，以及精神和心理需要的驱使下，家庭之“网”通过其对家庭成员的深刻影响而延伸到村寨社区和更宽远的社会中，使得家庭成员之间的关系成为社会中个人与他人之间人际关系的基础，家庭观念也因之而社会化。

作为基本的社会交际框架，八连人重家庭、家族，重血缘亲情，而且把这种家庭伦理观念社会化，用家庭、家族中的各种秩序关系和血缘关系去认知、构建，并阐释各种社会关系。这种家庭关系社会化的特点在当地村民对称谓语的使用上有十分明显的表现：表示家庭成员关系的称谓语如爷爷、奶奶、叔叔、伯伯，甚至爸爸、妈妈（例如，为某个小孩找到“保爷”后，该小孩要称“保爷”夫妇为爸、妈；女性之间“打姨妈”、男性之间“打伙计”后，相互间要称对方的父母为爸、妈）等被广泛运用于社会交际中。这样一来，家族、家庭成员中尊卑有序、“血浓于水”的亲情观念，就都成为处理社会生活中人与人之间关系的行为规则。

祖先崇拜是以血缘关系为基础产生的一种对人伦关系的关注，实质上是对血缘关系（包括近祖和远祖）的崇拜，它寄托着人们最基本和最本质的人文关怀。这种人文关怀一经社会化，一切社会关系都会被纳入“类血亲”关系的范畴之中。由此，泛化、抽象的，甚至是凭空想像和推理出来的血缘观念，以及在血缘基础之上产生的“饮水思源”的思维方式和思想意识与行为，也随之被运用到人们对“类血缘”关系的崇拜中。

饮水思源、报本答恩、友爱互助等朴素的仁义思想意识，深深地根植于八连农耕文化的语境中，这些观念其实是在血缘情结中产生的一种处理社会关系的潜意识，以及对自己“根源”的依恋心理。

在八连人的观念中，“义”首先是“报恩答义”，是对“根”的追思、追忆；“义”是通过“礼”来实现的，而礼是道德的实践层面。受人恩惠要牢记，获人资助要报答。在这里，“报恩答义”是一种对源头的追思与怀念，也是对现实生存状态的反观和反思。“报恩”心理因此成为八连村民一种普遍且深刻的文化心理，它在很大程度上支配着八连人的思维方式、精神生活，以及行为方式和待人接物的方式，成为世代相传的、个体必须携带的“文化基因”。

八连人以祖先崇拜为核心的家庭、家族信仰体系具有深刻的伦理价值意义。村民们对血缘关系的崇拜孕育了“饮水思源”的朴素意识和恩义观念，并进而将它们固化于世代相传的祖先崇拜的民间信仰和现实的人伦社会中，成为其中最基本、最稳定的要素。它其实是对传统儒家“孝悌是为仁之本”孝道思想做出的最好的“本地化”诠释。

八连人认为，孝顺的子女必须懂得报答父母的养育之恩，而孝敬父母，就意味着必须孝敬祖父母和祖先，即敬重、敬畏、孝敬自己的“根”。父母在世时，子女们应该尽己所能、尽职尽责地奉养父母，按照他们的意愿行事，尽量不辜负他们的期盼和希望，让他们满意。在他们去世后，除了要遵习俗、按规矩为他们操办丧事外，还必须在节日庆典，以及举行其他仪式时祭祀他们，如同他们在世时祭祀更早的祖先一样。这里，在“孝道”观和祖先崇拜的信仰中包含着八连人深刻而朴实的“感恩”、“报恩”思想，供奉祖先其实也是出于子女对过世的父母、祖父母和曾祖父母等等先祖的诚敬感念、感恩以及报恩之心。

四、葬俗与孝道教育

1. 孝与孝道的内涵

《辞海》中是这样解释“孝”的：①古代的道德规范。儒家指养亲、尊亲。②指居丧。如：守孝；戴孝；孝服。③保育。[①]

《汉语大词典》中“孝”的意义有五：①祭，祭祀。②孝顺，善事父母。③对尊亲敬老等善德的通称。④居丧。⑤指孝服、丧服。[②]

《孝经》中关于“孝”的解释是：“用天之道，分地之利，谨身节用，以养父母，此庶人之孝也。”[③]

孔子则认为：“所谓道，其实就是对自然的一种妙用；所谓孝，是人实践道而达到的最高德行。道包容天地，生育万物，形

① 《辞海》编辑委员会：《辞海》（中册），上海：上海辞书出版社，1999年，第351页。

② 《汉语大词典》编委会、《汉语大词典》编纂处：《汉语大词典》（第4卷），上海：汉语大词典出版社，2001年，第196页。

③ 汪受宽：《孝经译注》，上海：上海古籍出版社，2004年，第122页。

成万象，赋予事物的个性和生命，这功德最实在；但并不因此将万物据为私有，充当储藏万物的府库，不做万物的主管，不寻求人们的理会、了解，不占有任何东西，这就叫做道。道用在人身上，则叫做孝。所谓孝，就是敬奉父母的意思。”①

汉字“孝”最早见于殷商甲骨文，是最古老的汉字之一。出现在金文中的孝字的结构兼有象形和会意双重特征。从象形角度看，上半部结构为“老”字，似年长者披发屈背之形，表示长者、先辈之意；下半部是“子”字，为小孩形象，表示儿子、晚辈之意。从会意角度看，孝字“老”、“子”相连，蕴寓着这样一些含义：“老”扶着“子”的肩头，“子”支撑着“老”的身躯。因此，“孝”字的结构既可以理解为“子”是“老”的拐杖，有责任、有义务对“老”进行照顾和赡养；又可以看作是“老”以历经生活磨炼的手抚摸着“子”的头，向后辈传授做人做事的道理、谋生的手段和方法，托付生命传承的责任，等等。或许正是基于“孝”字的象形会意信息，东汉的大文字学家许慎才在其著作《说文解字》中解释说：“孝，善事父母者。从老省，从子，子承老也。”句中的善事父母，理应包括物质奉养和精神奉养两个方面的含义。

由此可以看出，“孝”字的结构蕴涵着“孝”的最原始、最本初、最质朴的寓意，尽管这些寓意其时仅仅处于一种萌芽状态，但却构成了后世中国传统孝文化的生长点。“孝”正是通过对“老”和“子”这种原发性的生命关系的延伸和提升，形成了内涵丰富、博大精深、独具特色的中国传统人伦文化。

文献记载显示，“孝”最初仅限于人伦的范畴，后经历朝数代的弘扬和发展，“孝”才逐渐具有丰富的文化内涵。

---

① 李殿元、王定璋、杜国志：《论语外编》，成都：四川人民出版社，2001年，第125页。

《孝经》有："夫孝，始于事亲……孝子之事亲也，居则致其敬，养则致其乐，病则致其忧，丧则致其哀，祭则致其严"。也就是说，孝首先表现为对父母的关爱和尊敬；父母在世时，儿女们要礼待他们；父母过世后，儿女们必须按照礼俗的规矩安葬、祭祀他们。其具体表现为：

（1）物质方面的孝亲

即要求子女们要在生活上照顾好父母，给他们以衣、食、住等物质方面的供养，这是孝道的最基本要求。孔子倡导："孝子之事亲也，居则致其敬，养则致其乐，病则致其忧，丧则致其哀，祭则致其严，五者备矣，然后能事亲"；《尚书·酒诰》把孝和养联系在一起，有"肇牵牛车远服贾，用孝养厥父母"的说法；孟子则认为孝的主要内容是赡养父母，他在《孟子·离娄下》中这样说道："世俗所谓不孝者五：惰其四肢，不顾父母之养，一不孝也；博弈好饮酒，不顾父母之养，二不孝也；好货材，私妻子，不顾父母之养，三不孝也；从耳目之欲，以为父母戮，四不孝也；好勇斗狠，以危父母，五不孝也"。孟子心目中的理想社会是"老有所养"的社会，其在作品《孟子·尽心上》中所描述的理想社会图景是："天下有善养老，则仁人以为己归矣。五亩之宅，树墙下以桑，匹夫蚕之，则老者足以衣帛矣。五母鸡，二母彘，无失其时，老者足以无失肉矣。百亩之田，匹夫耕之，八口之家足以无饥矣。所谓西伯善养老者，制其田里，教之树畜，导其妻子，使养其老。五十非帛不暖，七十非肉不饱。不暖不饱，谓之冻馁"。由此可知，孔孟之孝道皆强调赡养老人。而赡养老人其实是人类社会发展进程中特定历史阶段的一种作为子孙后辈的不可推卸的义务。

（2）精神方面的敬亲

孔子在《论语·为政》中论及孝道时曾指出："今之孝者，是谓能养，至于犬马，皆能有养；不敬，何以别乎？"即孔子认为奉养父母，必须要待之以诚和敬，即要诚心诚意地、发自真心地去孝父母、敬双亲；孝亲不仅仅是养亲，而且是敬亲。养亲和敬亲意义不同，养亲是义务，敬亲则是一种内在情感的表达，二者是不可或缺的。对父母，只养不敬就等同于对待犬马。孟子也认为："孝子之至，莫大乎尊亲"（《孟子·万章上》），即尊亲才是孝之至，否则不能视为孝；关爱父母，不仅仅是给父母提供衣食方面的赡养，其实质在于敬亲，在于尊重。从内在的情感来看，孝敬父母要求儿女们要怀有真挚的感情和真诚的态度，要做到"笃于亲"，只有在心里对父母有诚挚的敬爱之情，才能做到"事父母，能竭其力"和"又敬不违，劳而无怨"。晚辈对父母的孝行是有不同层次和境界的，核心是尊敬。曾子对此阐释得更加清楚明白："其孝有三：大孝尊亲，其次弗辱，其下能养。"

《孟子·离娄下》有这样一段记载："曾子养曾皙，必有酒肉；将撤，必请所与；问所余，必曰'有'。曾皙死，曾元养曾子，必有酒肉；将撤，不请所与；问所余，曰'亡矣'。将以复进也。此谓养口体者也。若曾子，则所谓养志也。"从这段描述中可以看出，曾子赡养曾皙不仅仅是物质奉养，还包含了敬养的成分在里面；曾元养曾子则只是口体之养而无敬意。中国传统孝道更多地强调晚辈对长辈的敬养，认为只有物质上的供奉而没有精神上的敬养，会使长辈滋生出自己是多余的、遭人嫌弃的累赘的想法，父母虽然衣食无忧，但日子过得并不开心愉快，因此，只奉养、不敬养的子女自然不能被社会认为是孝顺的晚辈。《盐铁论·孝养》中有这样一段话："周襄王之母非无酒肉也，衣食非不如曾皙也，然而被不孝之名，以其不能事其父母也。君子重其礼，小人贪其养。夫嗟来而招之，投而与之，乞者由不取上。"这段文字的中心意思可以这样来概括：人们对待素不相识的乞讨者尚且需要尊敬，更何况对待给了自己生命、辛苦养育自己长大成人的父母。

(3) 终老方面的祭亲

对终老后的长辈的“孝”主要体现在葬礼和祭祀上。从外在形式上来看，举行葬礼和祭祀仪式时，要求子孙后辈们表示孝敬的方式和行为举止必须庄重严肃、必须合乎“礼”。曾子在《论语·为政》中主张对待父母要做到“生，事之以礼；死，葬之以礼，祭之以礼”；《中庸》认为理想的“孝之至 ”是“事死如事生，事亡如事存 ”。也就是说，儿女与双亲的血缘亲情血浓于水，即使父母已经离开人世，子女们的那份哀痛、思念、敬爱之情仍可以通过“葬之以礼”及“祭之以礼”得以体现出来。《论语·阳货》记载孔子在回答宰我关于三年之丧的提问时这样反诘道：“子生三年，然后免于父母之怀。夫三年之丧，天下之通丧也。子也有三年之爱于父母乎?”由此可知，古人认为葬礼以及各种祭祀活动不仅仅是一种慎终追远的情怀、是儿女们对父母表达敬爱之情的一种方式和途径，更是孝行必须包含的重要内容。传统孝道所提倡的葬、祭之礼俗固然有繁琐及浪费财物和时间的一面，但其最终目的却是出于为了天下众生“民德归厚”的良好愿望。

(4) 孝的其中部分内容是自我珍爱和自我关怀，即在孝的思想意识里，包含着重视自我生命价值和善待自己的基本内容

《礼记》认为：“父母全而生之，子全而归之，可谓孝也。不亏其体，不辱其身可谓全也。”、“君子无不敬也，敬身为大。身也者，亲之枝也，敢不敬与？不能敬其身，是伤其亲。伤其身，是伤其本”。孔子主张：“身体毛发，受之于父母，不敢毁伤”；为了生命安全，要做到“不登高，不临深”，即不处险地；违科犯禁、伤风败俗的事情绝对不能为之。《大戴礼·曾子本孝》阐述得更清楚，即只有“不辱其身，不羞其亲”方“可谓孝矣”。

在家庭、家族本位的社会文化背景里，强调对自身生命和身

体的珍爱，同时体现出人们对宗族血缘生命系统传承的责任意识。王祥龄先生认为："人对自我存在、自我生命的重视，正表现出人对生命的崇高敬意。因为人的生命源于父母，父母的生命无限地往上追溯则来自天地，故人对自我生命的敬意就好比对父母、对天地的敬意一样。"①

（5）追求生命的自然延续是中国古代生命意识的重要内容，同时也是孝行的基本内涵之一

如前所述，孝字"老"、"子"相连意味着家族生命及血脉亲情的传承和延续。宋金兰先生根据孝字的异体写法推论："孝"的原始字形传达的信息是男女交合，生儿育女②；周予同先生在20世纪20年代也考证认为孝与古人的生殖崇拜行为有密切的关系。③两位学者的解释有相通之处，他们的推论有一定的道理。因为从生命的自然本性来看，任何一个个体的生命都是暂时的、有限的，因此，要使生命延续不断，实现生命的永恒，就不得不考虑传宗接代的问题。而生命的延续和传承是通过家族延续的形式表现出来的，这样，家族生命的延续与家族昌盛的价值观念就会自然而然地联系起来了。由此，婚姻便成了人间的大事。《礼记》有："天地不合，万物不生；大婚，万世之嗣也"，即男女成婚是为了传承祖先的生命，生儿育女是保持家族生命兴旺、延续的重要手段，是人生至关重要的义务和责任。孔子因此主张"父母生之，续莫大也。"孟子说得更直白、更具体，即"不孝有三，无后为大"。

孝的以上这些文化内涵，通过一定的思想或物质形式展示出

---

① 王祥龄：《中国古代崇祖敬天思想》，台湾：学生书局，1992年。

② 宋金兰：《孝的文化内涵及其嬗变》，载《青海社会科学》，1994年第3期。

③ 周予同：《孝与生殖器崇拜》，载《周予同经学史论著选集》，上海：上海人民出版社，1983年。

来，成为中华民族独具特色的孝文化，其延伸渗透的部分，则成为有别于西方文化的东方文明的精神支柱。

2. 孝的重要性

“百善孝为先”、“道由孝生”；孝是“立人之本”、“人伦之本”；“孝”是亲情的一种表现形式，也是个体形成个人品德之根源。

“羊有跪乳之恩，鸦有反哺之义”。自然界中的不少动物都有报恩反哺的举动，人如果不知道感恩、报恩，对父母长辈不孝，就比畜生不如。

孔子认为孝行是一切道德的根本，仁爱是所有道德的根源，所以，对民众的教化应该从最基本的孝道开始。即“夫孝，德之本也，教之所由生也”[①]、“孝悌也者，其为人之本欤”[②]。孔子还强调天地间万事万物中人是最贵重的，而人的行为举止中，孝道则是最重要、最本质的品行。他认为：“天地之性，人为贵。人之行，莫大于孝”[③]、“夫孝，天之经也，地之义也，民之行也。”[④] 即孝道是天经地义的，不孝是可耻的、是犯罪，因此，“五刑之属三千，而罪莫大于不孝。”[⑤]

被后人尊为儒家经典的《孝经》主张：孝是“德之本也，天之经也，地之义也”、“教民亲爱，莫善于孝”。《吕氏春秋》认为“夫孝，三皇五帝之本务，而万事之纲也。”

从以上记述我们可以看出，“孝”在古代的中国被看成是一切道德的起点与根本。

孝是中国传统文化中最基本、最重要、最悠久，且影响最深

---

① 汪受宽：《孝经译注》，上海：上海古籍出版社，2004 年。

② 李殿元、王定璋、杜国志：《论语外编》，成都：四川人民出版社，2001 年，第 30 页。

③ 汪受宽：《孝经译注》，上海：上海古籍出版社，2004 年，第 42 页。

④ 汪受宽：《孝经译注》，上海：上海古籍出版社，2004 年，第 30 页。

⑤ 李申：《论语精粹解读》，北京：中华书局，2001 年，第 125 页。

远的伦理思想，也是中华民族区别于其他民族的特质。在中国传统社会里，孝或孝道是调控家庭代际关系最主要、最重要的行为规范，它通过个体的社会化这一方式和途径，内化成人们的自觉意识和行为 。人们普遍认同对父母尽孝是作为人的最起码的道德标准、是天经地义之事。同时，孝也是广大民众现实生活的需要，孝敬父母、赡养老人，是做人最基本的道德规范，是儿女们义不容辞的责任和义务。

孝道是中华民族的传统美德，数千年来一直受到文人志士的倡导（自然避免不了有被统治阶级利用之嫌），也备受历代中国民众的崇尚，在培养人的道德品质方面起到了起始和基础的作用，这主要表现在：①“孝”是立身之本、“立人之本”和“人伦之本”。在古代，“孝”被人们看作是一切道德的根本与起点；孝的本质也被看成是一种爱与敬的情感与行为，是一切道德之本源。②孝是美德之首。“孝”之所以能够成为中国传统道德的根本和核心，就在于它蕴涵了中华传统伦理道德的基本精神，即仁、义、礼，以及其所体现的整体主义、利他主义和追求协调和睦的价值取向。而传统孝道中重视人伦关系、崇尚人伦和谐的道德传统，促进了中国社会生活中良风美俗的形成。③孝是维护社会稳定的精神力量。有研究者认为，孝最初起源于统治集团政治传承制度的需要，传承制度是家天下的基础，要想政权稳定，首先需要一个稳固的家庭。孝行、孝道是以父权为中心逐渐形成并发展起来的、以巩固家族组织和秩序的道德观念。孝在规范个体行为、维护社会稳定方面发挥着重要的作用，曾是历朝历代维护社会稳定的精神力量。

古人将“孝”与“文”组合为“教”，说明教育的本旨，即宣扬孝德是教育的首要任务。

3. 八连人的孝道观以及孝道教育

（1）孩子成人前

幼小的时候，要求对年长者讲话时态度要恭敬、语气要柔和、亲切；听从父母的指导和建议；不顶嘴；不发脾气；不让父母生气；外出之前，要告诉家里人自己要去哪里、去做什么、大概什么时候回来；如果不能按时回来，要设法将延迟的原因等等告知家里人；吃饭时，要尽量等家人都到齐了一起吃，好菜要先让给家里最年长的人；要为年长者盛饭；不向父母提过高的要求；自己能做的事情自己做，而且必须尽力帮助父母做一些力所能及的家务活。

成年前孝的主要内容可以总结为：勤开口、勤问好、讲礼貌，让父母舒心；多帮忙，让父母省心；走正道，让父母放心；遇难事，勤请教，让父母称心；遇矛盾，能宽容，让父母顺心；重推恩，能迁移，人缘好，让父母开心。

这一时期，不做太出格的、让父母烦心的事，并且努力遵守社会习俗规范、遵循习俗惯制的孩子，就可以称得上是孝顺的孩子。

十七八岁，成为一个青年后，能基本按照当地的习俗行事，该恋爱时，认真、积极地按习俗标准找对象、谈朋友；该结婚时结婚，该生子时生子；主动为父母承担部分劳动，踏踏实实地生活的人，被视为孝顺。

一言以蔽之，对于这一年龄段的孩子来说，拥有健康的身体、优良的品德、勤劳朴实的生活作风，是父母的企盼和他们眼中最大的“孝”。

(2) 孩子独立后

如果分家单过，或者父母自动放弃管理家庭生产、经济的权力，退居辅助地位后，成了家庭内外务主管的年轻夫妇，能做到重活、累活自己干，不让父母太过劳累；在物质生活上关怀、照顾老人，能保证父母在物质、金钱上的最低需求；有好吃、好喝的，能想到父母。

不管老人是否有病，要经常询问老人的身体健康状况；如果父母行动不便，要精心照料，就像每一个刚来到世间的人，没有父母的精心照料，就活不成、长不大一样，要求儿女们要能用同样的心态去照顾老人。

能从细节处关爱父母，留意父母的一切变化，特别是身体健康的变化，发现异常，如，老人没有像往常那样早早起床，或者睡得很早、吃得很少等等情况时，能尽快（专程前去）探明原因。

看到老人身体不适，能主动提出陪老人上医院去看病；父母生病时，能迅速、积极地为其求医问药，早晚探望、问候，也是对身为儿女者的基本要求。这种时候，医院要去，民间治疗也不能不做——只有在患病者极端不信任、强烈反对的情况下，才可以选择放弃当地民间流行的巫术治疗，否则，会被认为对父母不尽心、不孝顺。

民间巫术疗法本身不具有任何与孝道有关的含义，但，选用巫术疗法的做法，是孩子希望父母早日恢复健康，希望父母能继续活在世上，没有把年迈的父母当成负担，千方百计寻求治疗方法（当地人所谓的“死马当成活马医”）的真诚之心的体现。而患者儿女尽己所能为其探病、问病、治病的行为，对于其孙子孙女等等来说，则是一种孝行教育。

要从行动、言语等方面让父母体会到子女对他们是尊重的。这具体表现在：有关家庭方面的大事应主动征求老人的意见；比较重要的决定要请示父母、与父母商量；见面时，要主动跟老人打招呼，并尽可能回答老人关心的所有问题；老人心情不畅、情绪不佳时，儿女不能任意顶撞老人；即使老人错了，也不能当众驳斥老人；更不应该刻意去改变父母一生形成的观念、生活习惯，等等。

对老人的合理要求，必须尽可能满足他们；不能满足时，要多做些解释，以求取得老人的谅解。

生前礼待父母是孝，父母去世后，尽己所能按习俗操办葬礼、祭祀父母也是孝道所蕴含的重要内容。

死亡是亲人永远的离去，是亲情的消失。人死不能复活这种无可挽回的事实，通常能促使儿女们思考亲情、体味亲情，并真正懂得亲情，从而学会珍惜亲情，会对自己双亲中仍然健在的另一位更加孝顺，更加关爱。

五、葬礼与命运观的形成

1. 命运观

命运是指人的生命主体与其赖以存在的环境在相互作用中形成的生存状态及生命历程。个体生存状态的内容包括生死康病、富贵贫贱、吉凶祸福、成败得失、悲欢离合等，依次指涉人的生理状态、经济状态和政治状态、主体在某种意外情况下受到外界客体的肯定或否定状态、人生事业的情况和状态、心理状态。生存状态并非人生命运的全部内容，生命历程也是其不可或缺的一项重要内容。前者从存在的角度对人生的命运作横向观察，后者从发展的角度对人生的命运作纵向观察。[①]

在人类哲学思想史上，古今中外的许多思想家都有关于命运的思考和解释。在中国的先秦哲学中，形成了以儒家的知命观、道家的安命观、墨家的非命观为代表的三种典型的命运观。[②] 中国儒家思想的鼻祖孔子就相信命运的存在，他在《论语》中对命运曾多次发出过慨叹，如“死生有命，富贵在天”、“亡之，命

① 蔡永宁：《解读命运——关于人生命运的哲学思考》，北京：人民出版社，2001年第22期。

② 赵明：《评先秦哲学中的命运观》，载《江西教育学院学报》，2005年第1期。

矣夫”。

近年，学者们从不同的角度展开研究，又提出了一些不同的观点，形成了多种命运观。如余高峰、苏富忠的《论“命运”与具体命运观》一文，将命运观分为4种：（1）宿命论的命运观；（2）机遇论的命运观；（3）自我规定的命运观；（4）否定的命运观。[①]马志政在《反思：命运和命运观》一文中提出这样几种命运观：（1）命运神定论；（2）命运命定论；（3）命运环境定论；（4）命运自定论或命运人定论。[②]

在西方的历史发展进程中，关于命运问题的思考主要有3种基本思想倾向：（1）神意决定论；（2）必然决定论；（3）偶然决定论。[③]

现如今，在中国民众中流传最广、影响最深的命运观有3种，它们是天命论（天意定命论）、道德定命论，以及因果定命论。

（1）*天命论（天意定命论）*。天命论即命运命定论，指命运由一些说不清的因素决定并支配。通俗地讲就是“认命”，就是孔子所说的：“死生有命，富贵在天”。天命观信仰在中国民众中具有较高的普遍性。

在天命论者的观念中，说不清的神秘力量操纵着个体的命运。其具体体现在人的生死寿夭、婚姻家庭、官职禄俸、贫富贵贱等各个方面。

关于人的生死，天意定命论认为，一个人何时生、何时死以及如何死等都无法由自己的意志决定，即便身为皇帝、高官，或

① 余高峰、苏富忠：《论“命运”与具体命运观》，载《周末文汇学术导刊》，2006年第2期。

② 马志政：《反思：命运和命运观》，载《浙江大学学报》，2001年第5期。

③ 蔡永宁：《解读命运——关于人生命运的哲学思考》，北京：人民出版社，2001年，第11页。

富甲天下的有钱人，也不能逃脱命运的安排。

人的贵贱、贫富也是天定的，即每个人的生死、官禄、贫富都是“命中注定的”、“命里带来的”（命里要来的，想躲也躲不了；命里没有的，怎么争也争不来），甚至连商人做生意时应该获得的利润也都是有定数的，如果贩卖货物所得的利润超过定数，说不清的神秘力量也会掠而夺之。

（2）道德定命论。除天意定命论外，人们还普遍相信道德定命论。道德定命论实质上仍然是相信神秘力量在控制、管理着人的命运，但这里的神秘力量不再是神秘莫测、虚无缥缈、任意妄为的存在，它是在依据人的道德品行来安排、管理人的命运。道德定命论认为个人的命运并非完全由天意决定，而是由个人的道德行为决定或受个人道德行为的影响和左右，也就是人们通常所说的“善有善报，恶有恶报”。在道德定命论看来，具有良好道德品行的人一定能够得到老天爷的奖励，给予他们长寿、富贵、高官厚禄等等。相反，一个人如果做了坏事（不管他人是否知道），他一定会受到惩罚、遭遇种种灾难和不幸。比如，如果官员因断案失误而误害人命，他迟早都将逃脱不了受惩罚的命运。其他如无端占有他人钱财、搜刮民脂民膏、妇女因嫉妒害人等行为，必将都会受到相应的、不同程度的惩罚。在八连，村民们尤其笃信如果虐待老人、糟蹋粮食（不管是有意还是无意），注定会遭到惩罚——这样的人，迟早会挨“雷劈”的。

（3）因果定命论。不少人认为，许多看似偶然的事件实则都是命中注定的，至于为何命中注定有此种结果，缘由可以追溯到该人在此之前的言行举止。即，一个人的某种行为一旦实施，无论时隔多久，相应的报应都会降临到他或他家里人的身上，这个时间差可以是几天、几年 、几十年，一世、二世乃至几百世之后。而且，如果此生犯有不可饶恕的过失，那么，来世便有可能会投胎变成畜生，供人奴役、使唤，以偿还生前的“欠债”。

2. 命运观的产生和形成

相关研究显示：天意定命论由来已久。早在远古时代，由于人类认识自然和社会的水平有限，人们普遍认为冥冥之中有一种神秘的力量在主宰着人的一切，这便成了天意定命论起源的土壤。到了春秋战国时期，天意定命论已经相当流行，我们能在诸子作品中发现很多相关的说法，如：“死生有命，富贵在天。”（《论语·颜渊》）、“莫之为而为者，天也；莫之致而致者，命也。”（《孟子·万章上》）

在两汉魏晋南北朝时期，天命论开始广泛流传，如贾谊在《鹏鸟赋》中这样写道：“命不可说，孰知其极……天不可与虑，道不可与谋，迟速有命，乌识其时？”① 南朝刘峻在《辨命论》中认为：“命也者，自天之命也。定于冥兆，终然不变。鬼神不能预，圣哲不能谋，触山之力无以抗，倒日之诚弗能感。”②

道德定命论肇始于周代。周灭商后，为了证明自己政权的合法性，广造舆论，提出了“天命论”的观点和主张，认为上天总是将人世间的统治权和管理权交给最有德行的人或族群。这一说法最初只是为了解释王朝之间的更替，但很快便被人们广泛地应用到解释个人的吉凶祸福等命运上，即，认为上天是根据人的道德行为来确定其命运的。春秋战国时，道德定命论已经相当流行，如《周易》有：“积善之家，必有余庆；积不善之家，必有余殃”；《老子》中有“天道无亲，常与善人”；《左传》认为“鬼神非人实亲，惟德是依”，等等。秦汉时期，道德定命论受到文人学士的肯定、追捧、倡导和宣扬，如汉初的大学问家陆贾就认为：“故安危之要，吉凶之符，一出于身；存亡之道，成败之事，

① 班固：《汉书》（卷四八），北京：中华书局，1962年。

② ［梁］萧统：《文选》（卷五四），北京：中华书局，1977年。

一起于善行。”①

魏晋南北朝时期，道德定命论更加受到人们的推崇和提倡，例如，戴逵在《释疑论》中主张：“‘天道无亲，常与善人’，斯乃圣达之格言，万代之宏标也。”② 在道德定命论看来，具有良好道德品行的人常常会受到天道的奖励，天公会给予他们富贵、长寿、高官厚禄等等。

唐代开始以后，一般民众对道德定命论便开始笃信不疑。如，四川人孟熙因至孝而成巨富，就是当时广泛流传于民间的极为有名的故事。

在各种民间命运观念中，因果定命论观念出现得最晚。据考证，它是东汉以后随着佛教的传入才发展、兴盛起来的。东晋名僧慧远依据佛教经典《阿毗昙心论》阐释、传播，并发展了佛教中因果报应、业报轮回等思想。慧远提出并论述了“三报论”，认为“业报有三：一曰现报，二曰生报，三曰后报。现报者，善恶始于此身，即此身受。生报者，来生便受。后报者，或经二生，三生，百生，千生，然后乃受。”③ 在“三报论”的基础上，慧远还解释了为什么现实生活中会有恶人得福、善人致祸的情形。他坚持认为，报应是客观存在、不可变更的；只要时机成熟，报应一定会降临；祈祷、智巧都将无能为力；而现世之所以会有“积恶无殃”、“积善无庆”者，是因其今生的善恶行为，要在来世或后世中才会有报应。④

盛唐之后，因果定命论在民间迅速流传并广泛盛行开来，这种现象从大量的文人墨客们留下的笔记、小说等文献中可以窥见

① 王利器：《新语校注》，北京：中华书局，1986 年，第 216 页。

② ［唐］道宣：《广弘明集》（卷二十，四部丛刊本），上海：上海书店，1989 年。

③ ［唐］道宣：《广弘明集》（卷五，四部丛刊本），上海：上海书店，1989 年。

④ ［唐］道宣：《广弘明集》（卷五，四部丛刊本），上海：上海书店，1989 年。

一斑。

关于命这种外部世界（环境）施加给人的、无论愿意与否都必须接受的、谁也说不清楚的神秘的绝对力量，对中国人的思想观念和行为方式影响极深的儒家文化一方面强调“知命”（《论语·尧曰》）、“知天命”（《论语·为政》），即清楚地知道什么是人力可以控制的，什么是人力不能控制的。另一方面，儒家又倡导人们要本着“谋事在人，成事在天”的原则，努力追求、积极进取，有时甚至主张为了理想信念，可以“知其不可为而为之”。

道家则主张“知其无可奈何而安之若命”（《庄子·人间世》），告诫人们“无以人灭天，无以故灭命”（《庄子·秋水》）。因为道家认为：“死生存亡，穷达贫富，贤与不肖，毁誉，饥渴寒暑，是事之变，命之行也。日夜相代乎前，而知不能规乎其始也。”（《庄子·德充符》）

3. 八连人的命运观以及命运观念的习得

八连村民普遍相信人的生死、富贵、贫贱、祸福皆是“命中注定的”、是“命里带来的”。“命里该来的，你躲也躲不了；命里没有的，你争也争不来”、“生死由命，富贵在天”是当地人时常挂在嘴上的几句话。

葬礼上（实际上是从得知去世者病危的时候开始），聚拢到丧家来帮忙的村民们，少不了会就死亡、葬礼、人生等等，谈一些自己的看法。他们会由某一个人的病情谈到其他更多人的病状病情，由此人的死亡谈到彼人的死亡，张家的葬礼谈到李家的葬礼，张三的一生谈到李四的一生……他们的言谈、慨叹，蕴含着他们对生老病死的看法，是其人生观、幸福观和命运观等的间接却十分具体的表述。

其实，早在得知村里某人生了重病的消息后，寨邻们便会相互转告，并相互邀约着三人一群、五人一组地一同前往探望。他们或安慰、宽慰病人和病人家属，或提供各种相关的治病信息。

也就是说，一般情况下，村民都会对患者的就医过程，以及患者家人为患者治病的努力了如指掌。因此，在患者病危时，年长者们会对聚拢来的村民们，尤其是对病危者的亲属们说道：大家都希望他好起来，所有的人，尤其是亲人们都尽心尽力了，他却好不起来，这是他的命了，没有办法！他要去，谁也拦不住，只能认命！现在大家唯一能做的就只剩下早做准备，为他安排后事，好好送他离去了……

葬礼期间以及此后的一段时间内，村民们会对各种年龄段的死亡者的死亡及其葬礼发出各种各样的慨叹，述说自己对死亡、对人生的看法和见解：

对年长"有福"者的死亡，多数村民会说：

"哪个都想要他老人家多在点！命只到这点，没有办法！"（我们大家都舍不得他离去，希望他能活得更长！但是，他命里规定的寿数只有这么多，谁也没办法！）

"他老人的命好！姑娘、崽、孙都有了；崽们、姑娘们都过得不错；对他也好（儿孙们对他也很孝顺）；他先苦后甜；样样都有了，活得也值得了！"

对年长"命苦"者的离去，不少人会这样慨叹：

"他老人哪样都做了，人也好好的，就是苦，苦一辈子，这是命头带来的，没有办法！"（他老人家这一生做过各种各样的努力，为人处世也不错，但就是达不到村民们认为的有福气的标准，这是因为他的命运就是这样的，而且这种命运是命中注定的，没有办法！）

对壮年人的死亡，村民们说得最多的是：

"刚把崽（孩子们）盘大，刚刚苦完，可以享点福了，他就走了！他没有福气！姑娘崽们都留他，留也留不住！他命里就是来受苦的，没有享福的命！"

对未成年人、年轻人的死亡，村民们一般都说他们是"讨债鬼”、“是来讨债的，讨够了，就走了！”

在正常死亡者的葬礼上，与“命数观”相关的信息主要来自儿女们操办葬礼的情况：棺材是不是很好；来客是不是很多；祭祀用品的品种和数量是不是很多，质量是不是很好，如：有没有人给亡者买棺罩，花圈、花伞、花吊是不是摆放了一大片地方，来客对丧家的招待用品、答谢品的满意度，亲戚、朋友，以及村寨里的人是不是尽心尽力地帮忙等等情况。所有这些，都能从侧面反映出去世者的家庭背景和该家庭成员为人处世好坏的程度，以及该家庭的经济状况等等。

葬礼办得好，会有这样的评论：××真是命好！——活着也风光，死了也风光！活得千值万值！

如果在某台葬礼上，儿子或儿媳表现得“出格”——不按习俗为老人尽孝，草草操办葬礼，让老人“冷清”、“凄凉”地走完人生最后的一程。人们也会认为那是命里带来的：“命里汤倒这样的崽！命里汤倒这样的媳妇！没办法！”（命里有不孝的儿子！命里要遇到不孝的儿媳！没有办法！）。

儿女不孝顺或不成器（不学好），村民们也认为那是“命里汤倒的，没有办法！”（儿子女儿不学好，或不孝顺，是命中注定的，没有办法！）

村民们认为自杀、意外身亡（如，溺死等）是鬼作祟的结果：上吊是由于上吊者遭遇到吊死鬼的迷惑所致；溺死是因为遇见了溺死鬼……而遭遇意外、自残自杀等事件也是命中注定的，是无法避免的。

遭雷击，可能是因为被击中者在无意中糟践了粮食，或是做了虐待老人的不道德的事情。

对于非正常死亡，亲属们的表现多是震惊和悲痛欲绝。寨邻们除了震惊、惋惜外，会产生害怕、恐惧的情绪，会发出众多的感叹。而关于非正常死亡者的死亡本身及其葬礼，从始至终，寨邻们都会用命数观念来做解释或注解，用命数观去安慰、宽慰死者家属：

“他的命只到那点!”（命中注定他或她只能活到这个岁数）、“他没有命受!”（他命里没有和你们家人同甘共苦的份儿）、“他命是这样了，早去对他早好。”（既然他或她命中注定只能活到这个岁数，那么他或她的离去就是“早死早成佛”）、“他命是这样了，没办法!”（他的命让他只能活到这个岁数，任何人、任何努力都不可能挽救他）、“不用怕！该死不得活、该活不得死！皇帝老子也不能除外!”（活着的人用不着总是担心会遇到意想不到的事情，也不必害怕鬼呀神的；命数到了，不论是谁，即便是天王老子皇帝他爹，再希望活下去，也活不了；命数没到，想死也死不成）……

村民们在自己熟悉的人离去时，涉及去世者一生的言谈，很多时候就是村民们关于人生观、幸福观的最真实看法的流露，从中可以窥见村民们对诸如：命运是否可以改变、理想生活应该是个什么样子、如何看待死亡，以及对孩子教育问题的看法（例如，教育是否可以改变人的命运），等等。

通过对收集到的资料进行分析（笔者 2007 年夏天在八连的一位老人的葬礼举行过程中的调查资料），笔者发现八连人笃信天命论、道德定命论，同时也相信因果定命论。其命运观呈现出多元并存的现状，即八连人的命运观具有多元取向的特点。

以下为村民们就笔者的提问：命运可不可以改变？是否可以通过学校教育改变命运的议论和回答：

“命就是命！命是命定的！命是改不了的！生来是个农民，你不可能去当官！”

“哪个都想好！时时都在攀，攀一辈子！有的人可以攀到头，有的人就攀不到头。这不是命是哪样?!”（谁都希望自己能有好职业，谁都希望自己能过上理想的生活！而且一直都在努力，一辈子都在努力！但是，有的人能实现目标、能成功，有的人却不能。这难道不是命里注定的是什么?!）

“打个比方，打伙都去做生意，有些人发了，有些人没发，有些人赔掉老本，有些人赔掉小命。这不是命是哪样?!”（比如，有几个人一起去做生意，一些人能赚钱，一些人没赚也没赔，一些人赔了家产，还有一些甚至赔掉了生命。同是做生意，会有如此不同的结果！这种事情不是命定的是什么?!）

“命是命里注定的，哪个也改不了!”

“命里该有的，打不脱，迟早会来；命里没有的，你再咋做也没有!”

“读书读去读不去在人来。读得去，是命定呢；读不去，也是命定呢!”（能否通过学校教育后谋得好职业是命中注定的）

“长大做哪样都行，只要肯做就行。”

“读得去，出来找不到工作，也白读。”

“随孩子自己嘛，读得去就读，读不去就算。”

“他们想读就读，不想读也没得办法!”

“读书人也有穷的，没读多少书的人也有富的。这些都是命!”

“人是有还是穷，（生活）是好还是坏，哪个时候生、哪个时候死，生在什么地方、生在什么人家，嫁（娶）个什么样的人，一辈子会遇到什么好事或难事，会遇到哪些沟沟坎坎……都是命中注定的，是命头带来的!”

……

村民们的经历和遭遇，隐含着她们相信命运及命定的感受。几乎没有人认为自己可以改变自己的命运，相信通过自己的努力能改变自己的命运。

通常，人们将安命论理解为对人生困境的顺从，或在必然的命运面前，以一种达观的态度淡然处之。安命论不能实质性地改善人的生命存在状态，也不可能改变任何人的命运，但对于遭遇不幸或身处逆境的人来说，虽不能解决实际的困境，却可以部分地化解精神上的苦闷和折磨，达到精神上的超越，并转化为积极的人生态度。笔者的调查显示，持安命论的中年以上的八连村民人数接近99%左右。

“哪个都想有好命，命里没有，没办法！那也得活啊，好活赖活都得活！现实就这样！”——面对现实，安之若命。

“命就是命，咋改?！既来之则安之，只能这样，还能做哪样?!”

八连人也相信道德定命论和因果定命论，但村民们避讳用这两种命运观来解释、论及同村寨村民的命运。葬礼过程中，抑或在其他什么场合，谈到相关话题时，村民们所列举的例子大多都是外村或外地人。

不少研究者认为命运神定论和命运命定论蕴含着过于浓重的神秘色彩，很容易把人引向不可知论的命运观，属于应该屏弃的消极命运观。

通过实际考察，笔者有一些新的发现，不完全同意上述观点，因为持消极命运观的人，其人生态度并不一定是消极厌世的。八连村民虽然相信“生死由命，富贵在天”的“宿命论”，但他们仍然在踏踏实实地做事、认认真真地生活，都在朝着一定的人生目标努力，想方设法改善现有的生活状况。

即便是持安命论（不否定命运的必然性带给人生的种种遭遇）的人中，也只有个别人表现为对这种必然性的顺从，大多数人都表现为超越这种必然性的束缚，呈现出一种不因幸运而喜，不因不幸而悲的达观态度，从而求得某种心理上的满足与平衡。因此，可以这么认为，在一定程度上，这种原本消极的命运观实际上是可以与较为积极的人生态度并存不悖的。

其实，对于命这种外部环境施加给人的无论愿意与否都必须接受的绝对力量，村民们一方面强调“知命”、“知天命”，即明白什么属于人力能够控制以内的事情，什么是人力不能够控制的东西。另一方面，他们实际上也在本着“谋事在人，成事在天”的原则，积极行事、努力进取。很多人都是在经过各种努力皆未达到目标后，学会以平常的心态对待命运中的祸福得失，为自己在世间找到一个安身立命的正当理由的。

六、葬礼、葬俗与生死观教育

生与死、生命的诞生与躯体的消亡、永生的期盼与死后的归宿、生者与死者之间神秘莫测的联系——这些都引发、深化，并增强了人们的哲学思考、价值选择、宗教追求，以及在文学艺术创作上的表述；影响了人类社会生活的诸多方面，如生育观念的形成或改变、丧葬习俗的变迁、家族主义的形成、巩固或弱化、老年文化的强化以及对祖宗神灵的终极关怀、祖先至上的心理依托等等。一言以蔽之，关于生与死的思考，影响了不同地域、不同民族文化发展的轨迹。

不同人群的生死观体现在这些人群对待生与死的观念及行为中。而生死观的形成，有多方面的因素，但其中起决定作用的是该民族的传统生命价值取向。对一个民族生死观的继承，就是对该民族传统生命价值取向的认同。从这个意义上来说，丧葬习俗让后人在继承其丧葬习俗的传统程式化步骤的过程中，让参与者们了解并习得了当地人的生死观，又认同了其生死观所承载的生命价值取向，使这种生死观与价值取向在民族共同体内部代代相传，成为民族文化传承的一种方式。

亲朋故友的离去，是早已熟悉了的音容笑貌的消失，是其身其影永久的离别，是早已成为习惯的旦夕相随的感情的泯灭。对于在动物界中最富于情感和思考的人类来说，生离死别是一种透彻心肺的痛，因而死亡也就成为一个从古至今都在被思考的问题，而且，人类各族群同时都把对生与死的思考完整地体现在葬礼葬俗中。

丧葬习俗是一个地区、一个民族生死观的直接表述与传承。葬礼、葬俗中同时饱含着人类关于生命意义，关于如何看待死亡和对待死亡，即生死观的教育。

八连人认为老年人的死亡是自然规律所致，对此，任何人都无能为力。因此，面对自然死亡，村民们显然很冷静、很平静、很平淡，也很豁达。丧葬仪式中，虽然有女儿、侄女、表侄女等晚辈抵达丧家时，必须前往棺材两侧大声哭丧的习俗，但这只不过是一个程序而已。多数人心里最记挂和操心的是怎样做才能够在遵从当地习俗惯制的基础上，把亡者顺利地送上山去安葬，达到“落土为安”的处置亡者遗体的目的。

村民们认为寿终正寝是一件值得庆幸的事，亲人们不应该悲伤到不能自我克制的地步，不能因为悲伤影响正常的生活。更何况老年去世者其实并没有死，他们只不过是到另一个世界里去继续生存和生活。

怀生畏死是动物的本能，有生必有死是自然规律。经历过许许多多生与死的八连的年长者们，都能够超然地看待死亡、轻松地谈及死亡。

在八连，超过60岁，或者儿女都已经结婚成家自立的50余岁的村民，手头一旦有了一些积蓄，便开始为自己备制棺材、寿衣，准备寿碗和办酒席用的木炭等等。待感到自己身体状况欠佳、将不久于世时，又开始张罗着为自己选择墓地、安排后事。村民们经常幽默地相互调侃道：“六十不制板，阎王骂你好大胆!”、“人活六十古来稀，阎王不请自己去!”……

守护病危者时，一些年长者会对奄奄一息的病危者说：看您痛苦，我们也很痛苦！您的儿女们已经想尽办法挽留您——去了那么多医院，看了那么多的医生，吃了那么多的药，各种方法都想尽了、用到了，该做的都为您做了，您就是好不起来。我们大家也舍不得您离开我们，但是，我们没有办法、没有能力让您好起来……您的儿女们已经能够自食其力了，您已经为这个家，为能让自己的身体好起来尽已所能了，实在挺不住了的话，您就不要再痛苦地挺着了，您就放心地离去吧，去那边好好地生活，善待自己、保佑儿女们……

葬礼上，在劝说伤心哭泣的儿女们时，村民们总是说：老人走老路！可怜他（她）疼了那么久了，走了对他老人（亡者）是好事（八连的年长者们认为：老年人的去世是自然规律使然，无法抗拒！死亡解除了去世者的病痛，对亡者是一种解脱。并认为人如果能吃不能动，或者是不能吃又不能动，需要人照顾，不但创造不了价值，反而会拖累家人，活着就没有意义了）；他在世时，你们已经尽心孝敬了……家里还有孩子需要照顾，活着的人只能往前走，向前看；去世的老人的最大心愿就是希望活着的子孙们健康、富足、快乐……他不希望亲人们痛苦、不快乐……因此，“哭点做礼信算了，哭多了就蟀了。”（哭一哭缓解情绪后就应该振作起来，如果不能调剂情绪，总是哭泣，长时间沉浸于痛苦之中不能自拔而影响正常生活的话，就是傻子了。）

或许是为了缓解生离死别的痛苦，很多八连人选择了宁肯相信阴间存在着、灵魂会在人死后前往祖先居住地开始另一种生活的古老的传说。这种没有人有足够的事实证明亡者去处的存在，使得去世者在亲人的情感和意识中的生命得到了延长，即人们借助灵魂不死观念使人的生命得到延长的做法，客观上能减轻活着的人们的痛苦和遗憾。

杨知勇在《西南民族生死观》一书中介绍说，原始初民处理生死关系的原则有两个：生命一体性原则和不间断的统一性原则。生命一体性原则认为死亡不过是死者生存空间的转移，即由地面转入地下，由房舍转入坟墓，而地下的、坟墓中的生存是永恒的，因而，生命的价值并不会因生存空间的转移变换而消失。生命的不间断的统一性原则认为：每一代人之间形成了一个独特的不间断的链条，死者的生命由新生的生命所延续，因而死亡并不是各代人之间的分界线。

八连人对生与死的看法源自原始初民，或源自本人对"人走了，亲人再痛苦、再哭泣，他（她）也回不来了；活着的人还有自己的事要做，还有自己的路要走"的真切感受，或是源自以上二者，我们很难做出确切的推断。但八连的葬礼葬俗，以及村民们对死的认识、态度，能让亲历其中的人切身感受到村民们对生的热爱，学到对死的达观却是无争的事实。

在八连，丧葬仪式的繁简、"闹热"程度，寓意丰富而且深刻。未成年人、未婚者、已婚未育者的葬礼简单、冷清，令村民感到害怕、恐怖。冷清的葬礼在八连常常能产生这样的教育功效：要生养孩子、爱孩子；生孩子是人最重要的生活内容；拥有儿女是人一生最大的成就；养育出有出息的儿女是人生最大的成功。

"绝后"（在八连，"绝后"指生未育有男孩）对八连村民而言是一个无法接受的事实：不但意味着老年生活困苦或无着落、死时无人为之举行热闹的葬礼，更意味着死后无人供奉、祭奠、挂亲、修理坟墓等等，也即死后去了阴间也不"赶伴"，只能在阴间受苦受穷，永远做边缘人……葬礼、葬俗及其文化内涵，也是八连村民们"教育"年轻人不能不生育、不能不努力拥有亲生儿女的实用主义生育观的课堂和教材，同时也是村民们原有生育观的强化课堂。

七、葬礼与处世观教育

在八连的村里村外，这样的事情几乎天天都在重复着：无论在什么地方（山路上、田边地头、赶场的路上等等），年轻人遇见老年人，身体强壮者遇见体弱者，甚至是年轻人遇见年轻人，老年人遇见老年人，只要有一方负重，遇见的人都会主动分担。人们的共识是：一百二三十斤重的担子，由一个人来挑会很吃力；由两个人来分担，就会变得轻松许多；由三人以上分担，就会变得“像做玩意”（像做游戏）一样愉快，完全没有了负重前行的感觉。

民间俗语“井水抬不干，力气用不完”、“力气去了去了又来”是八连人对体力和精力耗费的理解——干活累了，休息一段时间之后，身体又会很快恢复，即帮助他人“是不会用完力气的”。更何况，活在世上的人，都得“人靠人”、“人帮人”、“你不帮别人，别人怎么会帮你?!”、“你不帮别人，咋好意思要别人帮你?!”。

八连人重视寨邻关系，人们说得最多的谚语是“远亲不如近邻”。生活在村寨里的大多数寨邻，邻里关系都十分融洽，都能做到互帮互助、互通有无、互谅互让。

谁家有事需要帮忙时，当地习俗要求得到消息的人要迅速赶到。至于在钱、物上能提供多少资助，要视各自家庭的经济情况而定，讲究量力而行。但是，如果谁家发生突发事件，得到消息的人行动缓慢，或迟迟不露面，就会遭到舆论的谴责。

村民们一边又一遍地重复着下面这样一个故事，用来教育和提醒晚辈们：互帮互助、相互依存是人们能够和谐生活的基础条件；“帮别人其实就是在帮自己”，因此，在他人陷入困境需要帮助时，要提供力所能及的帮助和资助。

很久很久以前，有一个很有钱的大财主。他自认为钱多势力大，不管哪样事情，都只有别人去求他，他决不会去求人。因此，他就时常把“万事不求人”挂在嘴上、显在脸上。

许多寨邻、乡亲见他狂妄自大，十分不满，但又没有办法劝说他。只有一些真心诚意的亲友时常对他讲：“千万不要把话说得太绝，说不定以后总会有那么一两件事要求人的。”

财主争辩道：“我家钱多势力大，我又不犯法，还会去求哪个?!”

他家的一个亲戚半开玩笑半认真地说：“以后你家老太公（即财主的父亲）百年归天，你总该要请人抬上山吧？未必你一个人就有本事把老太公抬到山上去不成?!”

财主不但嘴上说“我不求人”、脸上显着“万事不求人”的样子，还从来不帮村里的任何人。

几年以后，财主的父亲死了，他家的长工们或是上山去砍柴、割草，或是出去放牛、放马吃草，或是跑到某处的田里地头去种庄稼……反正个个都有事情干，没有一个“无故”待在外头的。其实，这是因为他们平时就讨厌财主的为人处世方式、憎恨财主，所以就一个接一个找借口出门“磨洋工”（假装干活，消磨时间）去了。

葬礼期间，财主家虽然杀了十几头大肥猪，寨邻们就是一个人也不露面。他家里冷冷清清，格外凄凉，完全不像别人家办白喜时那样，人出人进，样样事情有人帮忙、有人做，热热闹闹的。

连续两天两夜，都是这样地冷清、这样地凄凉。远处来悼念的亲友，没有人招待，连饭都吃不上，只好自己动手煮饭吃，有的半饱，有的挨饿，只能互相埋怨和争吵。一些人实在怄气得很，不等灵柩上山，就借故先回家去了。

财主家有几个住在城里的内亲，想帮他在城里出高价请人来帮忙，但略知内情者，谁也不肯来。有一帮厨子和二十几个青壮年，被人从其他地方哄骗来到他家做帮工，待知道缘由后，也都甘愿白跑路、不要钱，全都散伙回去了。

眼看发引（把死者灵柩抬出堂屋，停放到离家几十米远的路边）的时间在即，需要有人将棺材移出堂屋，需要有人煮宵夜；第二天清早寅时，需要派人上山去打井（挖掘埋葬亡人的土坑），事先还要有人在深夜丑时起来为他们制做早餐；上午辰时，需要有人把他家老太公的灵柩送上山。这些事情都需要有人做，虽然他家愿出高价请人，也没有一个人愿干！他家的亲友，绝大多数都未干过重活，自知干不了，只好陪着财主干着急。

亲友们纷纷议论：常言道“远亲不如近邻，乡里相亲的，天天抬头不见低头见，谁家有事不需要帮忙?！只怪你说话过头、做事过头……”

这件事最后由财主的妈出面，让财主和财主的大舅哥去向各位寨邻磕头赔礼道歉之后，寨邻们才前来帮忙煮饭，帮忙招待亲戚，帮忙将老财主送上山去安葬。

从那件事以后，村里的人，包括财主都真正明白了这样一个道理：即使家财万贯、有权有势，也还是做不到“万事不求人”；千万不能乱说自己“万事不求人”；“千万不能在能帮人时不出手帮人”。

从前几节的叙述中我们已经了解到，在八连，当村里谁家有事的时候，村里所有的人家都会前来帮忙，这实际上是一种独特的互帮互助的道德教育形式。如果一个人生前做了很多好事，他和他的家人在当地普遍受到别人的尊重，他去世的时候，别人就会即刻聚拢来为他准备后事；反过来，如果他生前做得不好，或者他的家人做得不够好，招致别人的反感，当他死亡时，前来帮忙和祭奠他的人就不多。从这个意义上来说，丧葬习俗亦是一种为人处世的教育。

结　论

习俗是某个地域的人们在长期的生活、生产实践中逐渐约定俗成的习惯，积淀了该地域人们千百年来的经验总结、价值取向、道德规则，是其社会文化的重要组成部分。习俗在乡村社会里起到了调节人们行为规范、维持社会结构正常运转的功能。美国人类学家本尼迪克特曾指出："我们必须看到，风俗习惯对人的经验和信仰起了决定性的作用，而它的形式又是如此的千差万别……每一个人，从他诞生的那一刻起，他所面临的风俗便塑造他的经验和行为"。①

个体对习俗的习得主要源于三种途径：一是个体在满足生理需求的同时，认识、了解本民族（本地域）习俗；二是在社会角色塑造的过程中，学习、掌握本民族（本地域）习俗；三是通过教育的方式来理解、认同本民族（本地域）习俗。这是一个循序渐进的过程，从个体诞生的那一刻起就受到习俗的浸染，直至习俗内化为自己行为准则的一部分。

就习俗教育的特点而言，一方面是非强制性的社会力量，如，参与节日庆典、婚礼、葬礼、祭祀等社会活动；另一方面是强制性力量，如，禁忌、禁规、惩罚，等等。

家庭和村寨社区是民俗文化传承的主要场所。对儿童而言，在相关乡土知识的习得过程中，不仅习得了村民们关于自然、社会和人的认识，还习得了一种他们认识和思考事物，继而处理事

---

① 露丝·本尼迪克特著，何锡章、黄欢译：《文化模式》，北京：华夏出版社，1987年。

物的方式。前者是显性的，后者则是隐性的。就八连人而言，由于其学校教育的现实困境，其教育大多是在学校以外的其他时空，特别是在家庭和村寨中进行的。

八连曾因地处边远、交通不便、自然环境的险恶与封闭，自然地阻隔了与外界的联系，以传播主流文化为主的学校教育的进入始于20世纪50年代初期。截至目前，八连人的各种习俗没有因为学校的介入而消失，相反，各种习俗的教育价值依然紧密地依附在当地人的民俗文化中，在其传统的习俗文化和现代社会主流文化交混的土壤中存续，在当地的文化传承和人性塑造中继续发挥着重要的作用。

对于生活在一个扩大了的“家庭”中的八连人而言，人们成功地将教育延伸至个体生命成长的整个过程之中，将教育与家庭生活习俗和村寨社区内人与人之间的交往习俗等等，紧密地联系在一起。

八连的生、养育习俗，以及人际交往习俗，为其儿童的成长拓宽了教育空间。家庭和村寨社区成为人生各种经验习得的重要场所，亦成为民族文化（乡土知识）传承的主要途径。它为教育提供了独特的教育内容和教育手段。

民俗教育是人类教育的古老形式，在八连，这种历史悠久的教育形式至今仍然具有鲜活而积极的功能。流行于八连民间的每一种民俗、每一个民俗事项，包括发生在当地的各种或大或小的事件（因为人们对待、处理事件的方式方法是按当地的习俗规范展开的），对于每一位亲历者来说，就是一本本生动的教材和课件；每一次民俗活动，实则就是一次教与学的“教学”过程；民俗活动中的主持者、当事人、年长者、民间文化人等等，多数时间里是教师，而其他参与者既是学生，有时也是“老师”（比如，活动过程中，某人因为在某个环节上表现突出，成了众人议论的对象，成了榜样，这种情况下，他或她就成了“老师”，成了正面或反面教育的典型）。八连的事例说明，民俗文化在少数民族地区儿童社会化的过程中，至今仍然起着巨大的作用；少数民族地区的绝大多数少年儿童是因为耳濡目染，抑或通过主动（或无意识）的模仿、观察，习得各种习俗文化的；习俗文化的教育内涵和教育功能深藏于各种习俗的每一个环节之中。

从对八连习俗文化的教育人类学考察中我们发现：八连有着独特的教育文化，其传承靠的是灵活多样、不拘一格，与生活习俗融为一体的文化传承方式。这正是八连人在其学校教育相对薄弱，以及学校教育中地方文化传承缺失的情况下，其独特的习俗文化传统得以代代相传，并保持着浓郁特色的根本所在。这种文化传承借由当地文化自身独特的结构体系，在当地人生命成长过程中的各个环节、各种仪式，以及日常生活中，通过口耳相传、言传身教、潜移默化等方式，将本地人在适应生存环境中总结出来的各种知识、经验和智慧传递给下一代。

教育人类学认为，要对教育做出全面、正确的理解，就必须考虑一个在教育方面有意义的关系范围的拓展，这种拓展要超过以往把教育视为一种孤立现象所探讨的范围。在这里，赞同克里克先生称之为功能教育的东西是我们正确理解“教育”含义的基础条件。我们把这种功能教育理解为环境对成长着的一代人无意识的、无心地产生的一种塑造作用。与“意向性”教育，即有意识的教育的影响不同，功能教育是一种无意识地进行塑造的力量，这种塑造作用是由打上深刻烙印的团体对新进入其团体范围中的成员所产生的。习俗文化便是这样一种教育，其教育都是在生活中进行的，以一定的习俗、行为规范为依托。这种教育的独特形式，其教育效果远远超过儿童在学校中所接受到的教育所能起到的所有效果。

八连的个案显示：截至目前，在少数民族地区，儿童受正规教育体系的影响较少，其成长更多地与父母、家庭，以及所生存的村寨共同体相关联；习俗文化对儿童的成长与发展过程有着重要的影响；习俗文化的濡化过程是儿童社会化的主要内容和方式——这样一种事实，对少数民族教育改革和有效教育途径的寻求具有重要的思考价值。

因此，在解决今日民族地区学校教育所面临的问题、困难，力求为其找到一条有效途径的时候，我们应该首先了解当地儿童的实际生存状态、实际的教育需要，并逐步打破将教育看做仅仅是课堂教学或在学校中所接受的教育，将教育形式仅仅看成讲授及传授知识等等的旧观念，找寻出教育改革新的突破口；将教育空间延伸到儿童的家庭和社会生活中，采取更加灵活多样的教育形式，使儿童在生活中获得生命的成长。这是我们通过对八连习俗文化做教育人类学解读时获得的重要启示。

附　录

个案 1
（语言教育民俗个案）

时间：2005 年 7 月×日　　　　地点：八连

6 口之家：老夫妇五十余岁、年轻夫妇二十几岁、孙女五岁、孙子几个月。

家庭类型：老夫妇（2 人）单独生活型家庭；儿子一家 4 口组成的核心家庭（年轻夫妇、孩子）。

老年男性在农忙时，协助妻子、儿媳完成两个家庭的农闲时节，在没有抢时间、赶季节的农闲时节，和村里的其他一些男性在附近村子里做一些木匠活等，挣得一些除销售农畜产品以外的额外收入；青年男性最近几年里，百分之九十八以上的时间在外省打工，偶尔回家呆上十天半月。

清晨 5 点过，青年妇女轻轻起床，拿着梳子到屋子外梳头、洗脸，接着冲洗头天夜里浸泡在盆里的孩子和自己的衣服。洗完衣物，进屋。几分钟后，背着农用喷雾器、提着农药走到大门外的吞口边，放下农药，走进父母居住的屋子。

青年妇女：“妈，我单（爸）出门了?”老年妇女：“天还没亮，他们（一起干活的同伴）就来喊，走了。”

青年妇女：“今天去哪点做?”老年妇女：“没晓得！晓得是去打线（地名）闷是去破卡（地名）呕！（不知道是去打线还是

去破卡)”

青年妇女:“我去打秧虫,小京(化名)他们还在睡,您帮我听他们喏。小京醒来啊您喊小静(化名)来喊我喏。”

老年妇女:“你去嘛,他醒了我喊小静去喊你。”

青年妇女出门后,老年妇女用扫帚清扫二楼晒台,挑着几担谷子倒在晒台上(因为晒台还有一些潮湿,没摊开);接着剁猪菜,剁完猪菜后,开始一边做饭,一边扫屋子、擦桌子、喂猪、喂鸡;熬好粥后,洗自己和老伴的衣服,待她将自己洗完的衣物和儿媳妇洗好搁放在水池边上的衣服搬到二楼晒台上准备晾晒时,听见了孙子的哭声和孙女“妈、奶!妹醒了,快点来要妹(抱、哄妹妹)!”的呼喊声。

老年妇女一边答:“听见了,来了来了!”,一边快速下楼走进儿媳妇卧室。

老年妇女:“哥醒了?崽饿了?崽哭了?奶来抱了!”抱起孙子,对孙女说:“你妈在大田角打虫,去喊你妈来”。孙女小跑出门,跑到离家几十米远的坡地上,大声喊道:“妈!妹醒了,快点来要妹!”

老年妇女一边为孙子把尿,一边对孙子说:

“去喊妈来喂妹,妹饿了!妹饿了,妹就哭了!”

“妈去哪点了,不来要妹?妈去做活路了,去田头了,去做活路才有饭吃、才有新衣裳穿……妈去打虫了,虫吃秧了,不打虫就没有米吃了……”

把完尿,老年妇女抱着一脸哭相的孙子,一边摇晃着,一边道:“妈,快点来,我饿了,我要吃 mie(奶);饿了,我们就哭;没有 mie(奶)吃,我们就哭!崽哥快点大!大了,能吃奶做的(饭)了,就不犯于(稀罕)等妈来喂了,是不是?崽哥快点大,等我们像姐号大了(那样大的时候),就能帮妈的忙了,就能帮奶的忙了……”

青年妇女回家奶完孩子、吃过早餐后又出门干活去了。老年妇女用背袋背孩子，一边摇晃孩子，一边对孩子说："妈又忙去了，妈又忙去打虫了，田坝热得很，我孙跟奶在家凉快，天阳晒不到，蚊子叮不到，在家好多了！……"

接近中午，几个月大的婴儿在睡了一觉醒来之后，又开始哭闹着找吃的。老年妇女又差使孙女去自家责任田里喊儿媳回来哺乳，抱着孙子走动、说话……年轻妇女回家奶完孩子，吃完中饭，接着又出门干活去了，老妇人又将孙子背到背后，接着摇晃和说话……

个案 2
（语言使用习俗个案）

时间：2007 年 8 月初×日　　地点：八连

2007 年一个夏天的午饭后，太阳很晒，几位妇女（笔者用 A、B、C、D 指代）带着手工活，为问候一位 70 余岁生病中的妇女，聚到该老妇人家里。

询问病情的进展、天气、庄稼、牲畜的话题结束后，其中一位妇女提到这样一个话题：

A："我听别个讲，花花（化名）有点调皮、不听老师的话——你们听没听见哪个讲哪样？"

另一个妇女 B 问："咋调皮法？"（从接下来的对话看，该妇女这是在故意深入话题，她其实是已经听到了相关传言的，但好像不愿意随便说。）

A："我听好几个人讲了。他们讲花花在学校（市区里的职业学校）经常不去上课，天天晚上和朋友去歌厅、酒吧，玩一晚到亮（玩通宵）。"

沉默了好一会儿后，其中一位年龄比较大的妇女C开口说：“听到过一点，不晓得是真是假？半年多以前就听别个寨子的人讲点讲点呢！”

另一位妇女D说：“上个赶场天，小兰（化名，相隔十几里的另外一个村寨的女孩）阿妈问我：听讲前不久花花带朋友去跟别个打架，着（被）拉去派出所，问我有没有这回事。这之前，我从没听到过哪样。”

接下来，几位妇女你一句她一句道：

“不晓得真假！又没有人亲眼看见！”

“可能是真的！小菊（家住另一个寨子，花花的朋友）阿妈讲，小菊和她讲过（花花的事），小菊和她的伙伴们经常劝花花，她不听，还怄她们、不章（理）她们。小菊还让她妈跟花花妈讲（将小花的行为告诉小花的妈妈），让她家里人管管她。”

“她讲没讲？（小菊的妈告诉花花的妈没有？）”

“没讲，她讲她不晓得咋讲（小菊的妈妈说她不知道该怎样开口告诉花花的妈妈花花的表现）。”

“真的不晓得咋讲！”

“小娃不乖，（让）大人晓得了，恼（烦恼）！”

生病的老年妇女说：“不好讲也要讲！小娃（孩子）的事情，不管是真是假，大家在外头听见别个讲哪样，都要让他们家大人晓得了才好！”

一阵沉默后，大家你一言我一语地就教育孩子的话题议论开了，最后大家一致认为确实有必要让花花的家长知道“传言”，并反复强调：同一个寨子的人，听见什么，不管是真是假，都要尽快让当事人或当事人的家长知道，这样做是大家互助互爱的一种表现。

接下来，大家把告知花花家人这件事“委托”给跟花花妈妈关系比较好的一名妇女，对该妇女的为难——不知如何“开口”

提出很多建议，并最终找出最佳方案：你装着去串门，装着无意的样子问花花假期去干什么去了？怎么没回来？是不是打工去了……一边讲一边观察她妈的反应，看她是不是一点也不知道花花的事情，再根据情况、根据即时的观察判断，慢慢地把听到的传言转述给她妈妈……

该妇女只好领命前去。

留下来的妇女们接着议论道：其实很多人都或多或少听到了关于花花的事情，没听说的可能只有花花的家人了；要告诫寨子里的其他人，遇见花花时要像以前一样，装着没听见什么，否则，她会不好意思，会伤自尊心的……

事后得知：花花的家人确实一点也不知道孩子的“不良表现”；在获知孩子的情况后，家长对孩子进行了提醒和教育；不久，孩子便知错、认错、转变过来了；为此，花花的家人再三感谢那几位将孩子的“情况”通报给他们的妇女。

个案 3
（村民互助习俗个案一）

2005 年 8 月×日，八连村民组所辖山林中的一条叫大雁冲的山谷里。

傍晚时分，山谷里的山路已经变得有些模糊。一位 60 余岁的老年妇女挑着一担近百斤重的柴火缓慢地往山下走，一位 30 出头的妇女和她 10 岁左右大的女儿从山上薅地结束后返回家里，走近老年妇女时，年轻妇女一边将自己担着的约有三四十斤重的箩筐放下，一边说：“您老咋抬好大挑嗑！来，我帮您抬几脚。”（您老人咋挑那么重！让我帮您挑着走一段路吧），一边在老者的话“你们忙你们去你们呢，我慢慢来……”还没说完时，从老者肩上抢过担子，站到路坎上，让老妇人担着自己只有几十斤重的箩筐走到前面去。老妇人则执拗地要走在后头，说："你都帮我抬了，你们就先去，不要等我，我腿脚慢，耽搁你们，走个！走个！走个！放在你家门口就多承了。"

年轻妇女见争执无效，嘱咐女儿道："跟奶你们赶后慢慢来，走慢点吧，奶老了走没快了。"，接着又对老妇人说："奶，那你们两奶孙慢慢来，我先走了呐"。

年轻妇女没有将老年妇女的柴火放在自家门口，而是直接送到老妇人家里后，才又返回自己家。

老年妇女和小女孩一路聊着一路往回走，比年轻妇女晚了大约二十余分钟才走到村里。

个案 4
（村民互助习俗个案二）

2005 年 8 月×日，距离村子十一二分钟路程的一个坡地上（村里很多人家菜地集中处）。

上午 10 点过一点，一名约 40 岁的妇女提着青椒、西红柿、小白菜、嫩南瓜等从自家菜园里出来，经过另一户人家菜地的时候，看见一位年长的妇女正准备挑着一担一百余斤重的玉米秆回家，遂快步走过去挑起就走。年长的妇女小跑着追上年轻妇女，拽下她手里的菜篮，两人一番客气后，一边聊着一边往村里走。走到村里人经常洗菜、洗衣服的小河沟边时，老妇人让年轻妇女把担子给她，想自己挑着回去。年轻妇女说洗菜只需要几分钟，让老年妇女坐下稍等一小会儿……客气的结果是：两人一起洗菜、洗凉结束之后，年轻妇女挑着担子将老年妇女送到家门口，绕道回家。

个案5
（村民互助习俗个案三）

2007年7月的一个赶场天（五天一个集市日）。

上午10点左右，三位妇女每人挑着或提着10斤或20斤重的大米去赶场，走到村口时，遇见一对年逾五十的夫妻正往机动三轮车上搬大米——他们也准备到集市上去卖米。

机动三轮车的男主人道："拿哪样去卖？怕不怕破（是不是易碎物）？不怕破就拿来我帮你们拉去咪！"

妇女们："是米。怕倒不怕破，只怕你们难拉。"

机动三轮车的女主人道："是车子拉，没是我们拉！不怕我要你们的好东西喽，就拿来上车——怕就算了——可怜车子累喽（怕累着车子的话），你们就个人扛。"

……

一阵玩笑后，妇女们将所有有重量的包都放进车厢里，说笑着准备走到集市上去。

机动三轮车的女主人道："打伙坐车去算了？"

妇女们："车抖很，抖到场坝肠子都快抖出来了，我们空脚空手的（我们不负重，够轻松的了），坐我们的两脚车舒服多了！"

"一刚我们去米行找你们（待会儿我们去米行见面）。"

……

下午4点过，村里五名60—70岁的妇女走在回村的路上，两名中年妇女和村里的七八个孩子（5—13岁）赶完集后也在往回走。走到老年妇女们身后时，大家开始问候，老年妇女们则一边搭话一边让道。

其中一位中年妇女问道："哪个老人家的包重？拿来我们拎来！"

她话一出口，另一名中年妇女和几个孩子就开始抢夺那几位老年妇女的背包或提篮。一阵推让后，五位老人的包或竹篮子很快就被妇女和孩子们挂到了自己的肩上或提到了手里，她们全部又变得"空手空脚"了。

其中一位老妇人道："人老了，只很吃，不很做了！哪样都靠你们帮！你们就受累喽！你们就出力气，我们就出嘴巴喽！"

年轻妇女们回答说："力气去了去了又来呢（力气用不完的）"、"哪个都会有老的一天！"、"我们也会老，也会变得吃得做不得！也会要别个帮！"

……

老妇人们："我们几老妈（几个）腿脚慢了，你们忙你们去你们的（你们有活路等着要做，快走吧），不要等我们……"

"我们要讲姨妈话（知心语），你们在，我们不好讲，快点走！快点走！你们不走，有人要怄气了……"

年轻妇女："那你们几个老人慢慢摆慢慢来，我们拿你们的东西放在××家（进村后最靠近路口的第一户人家），你们一刚去那点要。"

老年妇女："晓得了！""多谢了！""累你们了！"

……

个案 6
（村民互助习俗个案四）

2007 年 7 月中旬的一天

八连农户××家：老夫妇接近 60 岁，儿子（20 岁余）结婚多年，分家单过；青年夫妇育有一儿一女，长女 5 岁多，长子 10 个月。

上午 9 点钟左右，寨子里突然有些忙乱，人们匆匆赶往××家。路上，几个妇女七嘴八舌道：“不知×××成喃了（得什么病了），听讲要送去医院，我们去望回呢（看一下）。”、“我咋没听讲?”、“我赶前才听她们讲!”、“你们先去一脚，我来 nié（追赶）你们!”……（在八连，寨子里如果发生突发事件，例如，有谁生重病急需送去医院，即使再忙，人们都会放下手里的活，每家至少会有一个人前去探望、帮忙）

现场，该农户家大清早外出干活的儿子、儿媳已经赶回家，正和其他几位寨邻一起，一边忙着往发病者弟弟（50 岁出头）借来的、准备送病人上医院的农用三轮车上铺垫稻草、棉被等等，一边回答、讲述×××近来经常发生的异常症状。

四五个男寨邻用棉被将患者兜上三轮车安顿好。

病人的妻子、弟弟、儿子、儿媳均准备随车去医院。

很多寨邻都表示如果需要的话，一起送到医院去。病人妻子道：“我们这几个人就够了，大家都忙忙呢，用不着去那么多人。”

车快驱动前，几名妇女突然发现不该让病人家的儿媳妇背着孩子去医院，坚持让她把孩子留下来。“不要背崽去——背崽去医院做哪样?!”、“留给我们帮你看来把!”。

寨邻们目送三轮车离去，待三轮车完全离开视线后，才陆陆续续离开。

几位上了年纪的女寨邻主动承担起照看孩子、“帮忙守家”的任务。

孩子被其母从背上放下来交给寨邻的时候，哭了几声。随即被人背到看不见其母的地方，被“哄乖了”（转移注意后，忘了与母亲分离的事）。之后，一位老妇人抱着他去跟几个大孩子“玩”，“玩累了”，另一位老妇人接过孩子抱在腿上，让其姐姐找来孩子平时喜欢的玩具哄孩子玩。

接近 11 点半的时候，一位邻居送来一大盆稀饭，说是家里人想吃稀饭了，做的时候就顺便多做了点送过来给孩子吃，省得大家要单独给孩子做吃的麻烦。大家夸她想得周到，她解释说是顺便，不是特意。

一位老妇人用小碗盛了一点喂孩子。另一位老人则给在场的几位年纪稍小的孩子（大概是 3 岁以下）一人也盛了一点。

老人们一边喂食，一边问：“好不好吃？甜不甜？奶做的稀饭香不香？……”

在近旁吃着稀饭的其他几位孩子答道：“好吃”、“好吃好吃呢”、“甜”、“甜甜呢”、“香”、“香香呢”……

患者家孙子一边大口大口地吃着，一边看看这个，看看那个，显得愉快、兴奋，早把妈妈忘一边去了。

12 点过一点，患者家的儿媳妇匆匆赶了回来，手里还提着从街上买回来的几斤猪肉、几块豆腐，说是怕大家肚子饿了，赶回来准备做饭。老年妇女们告诉她：你娘（婶婶）在她家做了，喊她不做她要做……年轻媳妇于是让一个孩子把菜（肉、豆腐）送去婶婶家做成中午饭的“下饭菜”。

接下来，她才一边喂哺孩子一边回答大家早就提出的问题（她之前最关心的是帮忙的人们的中午饭）：“你单（公公）的病咋样了?”

“一进去就打了一针，我来家阿刚（我回来的时候）开始打盐水（吊针）——医生讲先在平浪治看好点不好，不好转的话，可能要转去都匀。”

中午饭过后，又有寨邻陆陆续续前来探听病情。

第二天，病人在其妻、其弟，以及其儿子的陪护下，转到都匀住院。

住院期间，很多村民多次抽时间前往患者家询问病情，有人专程或顺道赶去医院探望。有几个村民分别花了一个上午，或一个下午的时间，协助患者家独自留在家里的年轻媳妇将自留地里待收割的玉米、黄豆全部收到家里。邻近的两三位老年妇女，一直轮流着帮助照看该户人家的孙子孙女，直到病人出院。

个案 7
（儿童交往习俗个案一）

时间：2007年夏天×日　　地点：八连

幼儿×××，男孩，3岁半，走进邻居A家，东瞧瞧西看看，突然直奔饮水机而去，动手玩弄起热水开关——开水、关水、再开水、再关水，看见的几个人（来A家串门的一男一女和女主人）同时或用话语，或用行动制止他。并告诉他不能玩弄热水机的原因：热水会把皮肤烫伤——烫伤了的话，得上医院去打针，怕不怕疼？——脸上留个疤，以后会找不着嬢（媳妇）；把不是玩具的东西当玩具玩的孩子不招人喜欢；淘气的孩子烦人；不守规矩的孩子不是好孩子……最后，A家女主人牵着小男孩的手，对大家说：“×××晓得（明白你们说的道理）了，二回（以后）不玩热水机了!”随后，和颜悦色地一边递给孩子一把用大米制成的米泡，一边告诉他“到门口找小静姐、小京哥玩去。”

在村子里调查期间，笔者得知：其时，A家与该男孩的爷爷奶奶，正因为孩子家新建的猪牛圈里排出的污水导致A家水田歉收（污水直接排入女主人家农田里）等问题未能妥善解决，已经闹别扭很长一段时间了。

个案8
（儿童交往习俗个案二）

时间：2007年夏天×日　　　　　　地点：八连

幼儿×××，男孩，3岁半，到邻居C家串门。笔者、女主人的妹妹和外甥、另一位女邻居，以及女主人夫妇、女主人的父亲等人正在吃中午饭。孩子刚刚走进晒坝，C家夫妇及其父亲就招呼道：“来吃饭！快点，来吃饭”。孩子嘴上答道：“吃了！”、“不吃了！”，但却没有离去的样子。女主人随即盛了一点饭和菜，朝孩子示意，孩子高兴地跑进家里，接过饭碗，坐下便吃了起来。

事后，笔者问女主人：“你让孩子吃东西，万一孩子病了，他家人不会说什么吗？”

女主人回答说：“小娃来了，闯倒（遇到）大家都在吃饭，不给他吃，不好得！可怜小娃！给了，吃了没事就好，万一不好，也怕挨讲——这刚（现在）的人和以前不一样了。特别是和他家为那点路吵架以来（因为孩子家迁居新址后修建厕所，使该女主人家，以及村里的数户人家一直使用的通道变窄，行驶不便而发生纷争），总是很小心。吃饭的时候，有你们那么多人在，才敢让他吃，如果没有外人在场，我们就只好哄他到别的地方找人玩去了……小娃是小娃，大人是大人，哪个大人都是不会对小娃做难呢（大人是绝对不会对小孩子使坏的），但是，这刚（现在）真的和以前不同了，有些事情讲不清楚，不能不注意点（小心点）……”

父母仍住在农村时，笔者回家也总是看见他们经常给寨子里的小孩子们东西吃，水果、糖果、芝麻糊、豆奶等等，家里有什么，孩子来了就给什么（有一次家里没有可以即食的东西，母亲居然把一个生鸡蛋送给一个三岁左右的小女孩，让她拿回家去煮熟了吃）。曾不无担心地多次问过他们：万一孩子吃坏肚子了咋办？父母总是回答说：不会的！怎么会呢?！我们一直是这么做的！老辈人认为孩子上自己家里来，应该拿东西“哄”他们（村民们认为这是用行动向孩子表达爱的一种方式。有的孩子在得到食物后，会回家告诉父母、祖父母，孩子的长辈们也认为那是对自己孩子友好的一种表现，事后还会对送东西的人说感谢的话）。

有一次笔者曾追根刨底地问：“如果、万一孩子真的吃坏肚子了咋办?”（因为孩子们通常是手也不洗，拿起东西就吃；有的孩子则是刚刚在家里或别处吃完东西，肚子撑得溜圆，接着又开始吃邻居们送的东西。）

父母答道：“万一吃坏了，就吃点药、打几针就好了!”

问：“你们不怕他们家人说什么吗?”

父母答：“谁会说什么呀！没得哪个会害人的!”

这或许就是生活在乡村社会中的人们的思维方式：村里的孩子，就是大家的孩子；不可能有谁会伤害孩子的，因为大人之间相互伤害的事件都极为罕见——根本就没有发生过；大人之间可以争、可以吵，但即使两家大人打架了（很少很少发生这样的事情，据调查，在人们的记忆里，发生在村子里的农户之间的打架事件至今没超过 2 起），成人之间仍需对对方的孩子真诚相待；

对对方孩子冷眼相待的行为，会被认为是“小心眼、心胸狭窄”，会遭到众人毫不留情的谴责。

个案9
（儿童交往习俗个案三）

2007年夏天×日的一个下午，几个学龄前孩子发现一只青蛙后，紧追不舍，其中一个孩子找来一根竹条儿抽打、吓唬青蛙，另一个孩子用小木棍将欲逃走的青蛙往相反的方向拨弄回来，其他孩子有的跺脚吓唬青蛙，有的朝青蛙吐唾沫，有的手捧泥沙撒向青蛙。这情景被路过的几个上小学的大孩子看见后，七嘴八舌劝说道：青蛙是益虫，在水田里吃蚊子等害虫，不能伤害青蛙；应该让它尽快离开，让它跳到水田里去……

劝阻没有生效，小孩子们仍然继续兴趣盎然地戏弄青蛙，一个大孩子说：你们不放过它，它生气了会撒尿淋你们的，尿淋到哪里，那里就会生疮；生出的疮没有药可治，会流脓流水、发臭。被吓唬后，几个孩子开始离开，转做其他游戏，但有两个孩子仍然毫不在乎地继续戏弄青蛙。其他大孩子们于是进一步配合着吓唬道：你们不放过它，晚上等你们睡着了，它妈妈会来咬你们的！正在追赶青蛙的其中一个孩子说：我睡在床上，它又不会上床——我的床很高，它上不了我的床。大孩子们说：它会跳，一跳就跳上去了——如果跳不上去，它会让你做梦，在梦里追你、咬你；你在梦里跑也跑不动，会摔跤、会被吓得喘不过气来、会被吓掉魂……

这是乡村社区里常见的一种“教育”方式。这种情景笔者多次遇见过，也多次实践过。

笔者和儿时的伙伴不再把青蛙当玩物也是被相同的方式制

止的。当时的大孩子和大人们说，青蛙和蜻蜓对人来说是好的（似朋友，是益虫），不像老蛇，会咬人；青蛙在水稻生长的季节从不知道名字的地方来到田坝，是为了守护水稻才来的；青蛙会在干旱少雨时让雷公下雨；没有青蛙替人们守护水稻，就没有收成、没有饭吃，人就会饿死……不能故意伤害青蛙，即使在路上碰见青蛙，也应该让着走，不能踩着它们。

个案 10
（20 世纪 70 年代发生在八连的两次火灾）

杨家火灾（1973 年）

（此次火灾的救助过程主要依据出生于八连的 A、B 两人的回忆写成。访谈现场有四五位妇女，笔者用 C、D、E、F 指代；有一群年龄不等的儿童在场，他们中有几个从头至尾一直都在兴趣盎然地静听、不时提问；有几位一边玩一边听，有时会不着边际地提问或自言自语；有几位专注于和同伴做别的游戏）

火灾发生时，杨家的家庭成员有：夫妇二人接近 50 岁，大儿子 1956 年生、二儿子 1961 年生、长女 1965 年生、三儿子 1967 年生、四儿子 1970 年生。一共 5 个孩子，其中有 4 个儿子、1 个女儿；3 个劳力，4 个“吃闲饭的”（不能参加生产队组织的劳动因而不能挣工分、挣口粮者）。

A：听见“救火”、“救火”的呼喊声，母亲跑进家挑起水桶就冲出家门，出门时，命令不知所措的我说：小娃去（现场）挡手挡脚的（添乱）；不准跟来（不准随大人们跑到火灾现场）。

听话、懂事是当时村里人送给我最多的评价，堂姐和上八连的许多小伙伴们在大人们跑远后，控制不住好奇心，纷纷跟了去。我则一直拽着、哄着被吓得不时哭泣的堂妹站在离自家不远处的田埂上远观。

好不容易等到母亲回来，跟母亲说想去看一看。母亲说："现在可以去了——小孩子家，去那里不可以乱说乱讲乱问，看一眼就快点回来。"当我和几位小伙伴蹦跳着跑出去老远时，被母亲喊了回来，母亲让我们带去3升（1升5斤）白米和5元钱（当时乡镇干部的最高月工资只有23.00元）转交给杨家女主人。母亲交代说："把米和钱直接交给杨伯妈——不要给别人，跟她讲'我妈让我拿来送你家的'。"

火灾发生后，杨家的事情成为人们见面时谈论的话题、议论的中心。我从村里的大人和同伴那里得到如下信息：

火灾是由杨家兄弟玩火引起的；火灾发生时其父母不在家；杨家兄弟控制不住火势后没有及时呼救，等到邻居发现时，火势已经大到进屋子搬出一些有用物品的机会都没有了。

以下为A、B、C、D、E、F关于杨家火灾的议论：

有人认为失火的原因是杨家夫妇对孩子疏于管教；有人认为"管了，就是那几点鬼崽（那几个调皮蛋）不听。"

"杨奶杨爹哭，杨奶差点没哭昏过去。"

"家里的东西全烧完呢，一样像样的东西都没剩！"

"阿刚儿（那时）杨家原本就困难（村里最困难的几户人家之一），被火烧后更加不晓得咋办了！"

"一大家小娃正是吃长饭（食量大）的时候——那几年他家一年到头都吃杂饭（用大米、红薯，或玉米、南瓜、野菜等等掺合在一起做成主食），米都不够吃。火烧去大半年的粮食，咋熬到第二年（秋收）?！幸好有寨头人相帮！"

"他家崽特别很吃（能吃）——比别个家小娃很吃，大的那个（大儿子）一顿（一餐）吃三个人的饭——很吃身体才好，只是没得吃的嘛！（尽管我们知道能吃饭身体才好，但是缺粮食没得办法。）”

“玩火就错了，火燃起来们（时），也不会喊一声，要是提早喊人来救们，也不会呛阿样（也不会烧光全部家当），几点鬼崽（那几个调皮蛋）实在是错上加错！”

“都呛（像）阿样了，你能咋做？能煮了吃（能将他们煮来吃了）?!”

“我讲，小娃哪样都玩得，就是火和水玩不得呐！”

“要讲！不讲不行！不听就要打，要不得像阿样咋得了?!”（对孩子玩火和到河里深水区域玩水这种事情，要制止、要教育，不教育不行；孩子如果违反禁规玩火和水的话，要打——用竹条子抽，当地人教育孩子最严厉的方式，也是村民们打孩子的唯一被允许使用的方式，否则发生意外了就麻烦了！）

“几点鬼崽白目了事的（杨家那几个小子，引发火灾后，一点内疚也没有，一点教训也没学到），可怜那点姑娘灰灰的！（可怜杨家那个女儿！她悲伤、哀愁、不知所措、无所适从、害怕、自卑、茫然）”

“还是姑娘懂事点，心疼父母点。哪家都一样！”

“幸好开始有计划生育了，杨奶结扎了，要不得生他八九个咋得了?!”

“儿多母苦！”

“有两三个崽（儿子）、个把姑娘就够想了！（一个女儿就足够了）”

“×××懂事！我记倒（记得）那天她一直帮着做完这样做那样。盖赖盖啊（非常有韧性、有坚持力），一直帮到敢后呕！（一直帮忙到最后！）”

以下为笔者依据B、A两人的回忆写成：

B：灭火结束后，每户留下一人商议对杨家的初步援助事宜：全体村民同意让杨家立即暂时住到下八连的仓库里，并即刻派人协助搬挪、清扫、整理仓库，还从邻居家里借来当天做晚饭要用的锅碗瓢盆、大米，以及晚上睡觉要用的床、被子等东西；每户（当时八连生产队有 29 户人家）最低帮杨家一升（5 斤）大米，有能力的多送不限，穿的、用的，愿意送多少就送多少；生产队送两挑（200 斤）谷子（稻谷）；杨家到秋收前不足的粮食，可以从生产队的仓库里借。

当天晚饭后，八连的农户，每户至少出一位大人（有的家庭是婆媳、丈夫一起出动，村里的很多孩子又都跟着大人一起“去看热闹”），相互邀约着一同前去探望已经暂住到仓库里的杨家一家人。多数成年人一人手里提着两三升大米，有的人还另外带上一把面条，或一把水瓢、两条凳子、一对箩筐什么的。

A：杨家火灾后不久，母亲动员我给杨家唯一的女儿、自己的同班同学送一些自己的衣物。记得当时很爽快就答应了，但在对衣物做选择时，又开始犹豫了。原因是该女同学比我高出半个头，这就决定了送给她的东西必定是新近才做出来的——旧的、老的，她已经不能穿。当时农民家庭的孩子，一年最多只能得到一件衣物。而新的、自己能穿的东西也大多是自己当时的最爱，真的舍不得送人。母亲花了很长时间，做了耐心细致的说服工作——回忆她小时候家里贫困时，她和她家人受人接济的经历和感受，讲应该怎样对待遇到困难需要帮助的人，讲应该怎么做人做事……

白家火灾（1974 年）

（此次火灾的救助过程完全依据出
生于八连的 A 的回忆写成）

火灾发生在我上小学时某个冬天的上午 9 点多接近 10 点的时候，我当时在学校，课间在操场玩，突然听见学校所在地周围民众的呼喊、奔跑声，看见浓烟从自家住地处升起，便忘乎所以地加入到慌乱的人群一起奔向八连。记得在路上，有好几个邻居同伴都被吓得哭了起来。离家越近，看上去就越像是自己家着火了（因为能看见人们正在从我家房屋内奔出奔进地搬东西，以及高出正屋几丈的火苗），腿一下就软了，不由得也跟着哭了起来。待跑到离家几十米远的地方，站着傻乎乎地流泪时，被参与救火的下八连的一位村民看见，她过来小声命令我赶快过去和母亲一起看守从家里搬出来的东西。我被她拽着跌跌撞撞地走到一块油菜田中间，看见母亲正坐在一堆杂物前，泪流满面、紧张地注视着我家住屋方向。其时，我家木制房屋的所有隔板都已经被拆除，透过房屋框架可以看见熊熊燃烧着的大火。母亲语无伦次地、一声接一声地：拐了拐了（完了完了）。待发现我正在旁边发抖，一把将我拽到怀里，紧紧抱住。

从母亲那里得知：当时火还没有殃及我家房屋，但随时可能蔓延过来；火是从一墙之隔的白家的火笼边烧起来的；邻居家接近60岁的伯妈烧火取暖，火焰太高，点着了火笼上方的茅草（白家的住屋为草房）。当时二哥二嫂（白家的儿子儿媳）不在家，是母亲听见呼喊后第一个跑进去救火的。母亲进去时，火焰已经蔓延到屋顶内很宽的范围，因为她家房屋已经住了将近20年了，盖房用的茅草干脆至极，燃烧速度惊人（“火在她家房顶燃得比跑还快，一窜窜出去几丈远”——母亲用“跑”字形容火在邻居家屋顶内燃烧的迅速程度），听见呼救瞬间赶来的其他邻居们，虽然竭尽全力施救，但最终还是没能控制住火势的蔓延，不得不放弃灭火，改为抢救屋里的家什。待火势变大，已经不可以再进入屋内时，有人提醒应该让一部分人将水运到我家及其周围邻居家的房顶，尽力阻隔火势蔓延；为防万一，另一部分人迅速将最靠近白家的、周围所有邻居家里的能移动的东西都搬到远处安全的农田里，竭力将万一可能发生的损失降到最低程度。

我当时恐惧至极、惊惶至极、战栗、哽咽……不敢抬头看那可怕的火苗，而是背对着屋子坐着。

也不知过了多久，突然听见母亲带着惊喜的异样的声音："火倒仰了！（火势由强变弱了）火倒仰了！"看见母亲脸上露出欣喜，即刻回头朝自家屋子方向看去——邻居家燃烧着的房屋正在慢慢塌陷，火苗随即也慢慢变矮，并逐渐低过周围的房屋……没事了！突然，周围一直紧张地、屏着呼吸的人们的脸上都有了笑容，有人开始跑动起来，开始说说笑笑——母亲站起来麻利地归置东西。我觉得当时的感觉像是在做梦，对母亲说想过去看一看，于是半信半疑地跑近自家屋子，随即确切地看见紧邻着邻居家的自己熟悉的厢房还在那里立着——虽然房屋内外已经面目全非，一地碎瓦，只剩下空空的木头架子，但毕竟火被控制住了，没有蔓延过来！进出我家屋子的人们都兴奋地说笑着。

当时的心情就像有几只小鹿在胸腔奔跃，步态更似小鹿——我跳着蹦着跑回母亲身边，将看见的景象告诉给母亲。

我说：正屋的隔板楼板、厢房顶上的瓦全没了……母亲听了居然说：好！好！好！看见我一脸不解，母亲一边兴奋地忙着，一边说：这已经是万幸了。

对前来搭话、帮忙归置家什的人们，母亲一遍又一遍道：多谢了！多承了！

对有事急着往回赶，或者已经搭不上手陆陆续续离开的外村人，以及对母亲说：要回家喂猪、喂牛、吃完饭就回来的同一生产队（即八连）的一些寨邻们，母亲一边忙乎，一边大声道：多谢奶们爹们（爷爷奶奶们）、耶们（叔叔们）、哥们、妹们、嬢们、娘们！多谢你们了！多承您们了！是您们出力帮我们保全了房子、保全了家当——多承您们喽！

我那天被叫去离家 5 分钟左右路程的姑妈家吃完饭回来后，立即被母亲提醒返回学校上课。

待放学回到家的时候，上午被搬出去的东西已经全部搬回来了；上午被倒腾得空空的厨房顶上，除半米左右宽的一长条屋顶还空着外，其余全盖上了瓦——母亲说坏了几百块瓦，那空着的地方得等买来新瓦后才能补上；被拆除的楼板、隔板、窗户、门等等差不多又重新装上了，家里到处是忙活着的寨邻和远处赶来帮忙的亲戚。

几个寨邻冲着喜形于色的我说，不是他们用水把火浇灭的，是我的眼泪把火浇灭的，并调侃道：还哭不哭了？再哭一次让我们看一看吧！想起上午的样子，突然变得很不好意思，于是回驳到：如果是你们遇着那情形，没准被吓得比我更厉害、哭得比我更厉害呢！

起火的白家、紧邻白家的王家，以及紧挨着王家的一户韩姓母女二人居住的房屋（3 户当时的住房均为草房）被全部烧毁，屋基上，只剩有几根被烧得黑乎乎的木头和几堆灰土；白家、王家下方一坎之隔的韩家、宋家房屋的后排木板被烤焦。

当天，白家 5 口人被安排住到上八连的仓库里，王家夫妇两人被安排住到下八连的仓库，韩姓母女二人暂时借住到前妻所生儿子的家里。

记得当晚我家屋里屋外都挂着大灯泡，寨邻们帮忙到很晚。我都睡觉了他们还在忙着……

参考文献

1. 北晨编译：《当代文化人类学概要》，杭州：浙江人民出版社，1987。

2. 弗朗兹·博厄斯著，刘莎等译：《人类学与现代生活》，北京：华夏出版社，1999 年。

3. 列维·布留尔著，丁由译：《原始思维》，北京：商务印书馆，1981 年。

4. 露丝·本尼迪克特著，吕万和译：《菊与刀》，北京：商务印书馆，1990 年。

5. 米歇尔·福柯著，谢强译：《知识考古学》，北京：生活·读书·新知三联书店，1999 年。

6. 康德著，邓晓芒译：《实用人类学》，重庆：重庆出版社，1987 年。

7. 李莉：《实用社会学调查方法》，济南：山东济南大学出版社，2000 年。

8. 乔治·E. 马尔库斯著，王铭铭、蓝居达译：《作为文化批评的人类学——一个人文学科的实验时代》，北京：生活·读书·新知三联书店，1998 年。

9. 马凌诺夫斯基著，费孝通译：《文化论》，北京：华夏出版社，2002 年。

10. 辛格尔顿著，蒋琦译：《应用人类学》，武汉：湖北人民出版社，1984 年。

11. 肖平等著：《中西文化比较概论》，成都：西南交通大学出版社，1993 年。

12. 列维・斯特劳斯著，李幼蒸译：《野性的思维》，北京：商务印书馆，1987 年。

13. 周大鸣等：《现代人类学》，重庆：重庆出版社，1990 年。

14. 诺贝特・埃利亚斯著，袁志英译：《文明的进程——文明的社会起源和心理的研究》，北京：生活・读书・新知三联书店，1999 年。

15. 何景熙、王建敏：《西方社会学说史纲》，成都：四川大学出版社，1995 年。

16. 马林诺夫斯基著，费孝通译：《文化论》，北京：商务印书馆，1944 年。

17. 拉德克利夫・布朗著，梁粤译：《安德曼岛上的居民》，九州出版社，2007 年。

18. 海默然著，张祖建译：《语言人——论语言学对人文学科的贡献》，北京：生活・读书・新知三联书店，1999 年。

19. 恩斯特・卡西尔著，甘阳译：《人论》，上海：上海译文出版社，1985 年。

20. 梁漱溟：《中国文化要义》，学林出版社，1987 年。

21. 柳治徵：《中国文化史》，南京：钟山书局，1932 年。

22. 覃光广：《文化学辞典》，北京：中央民族学院出版社，1988 年。

23. 孟慧英：《寻找神秘的萨满世界》，北京：学苑出版社，2003 年。

24. 斯蒂・汤普森著，郑海等译：《世界民间故事分类学》，上海：上海文艺出版社，1991 年。

25. 张寿祺：《民俗心理学概论》(1984 年，铅印本)。

26. 孟慧英：《西方民俗学史》，北京：中国社会科学出版社，2006 年。

27. 兰德曼著，彭富春译：《哲学人类学》，北京：工人出版社，1998 年。

28. 拉德克利夫·布朗著，夏建中译：《社会人类学方法》，北京：华夏出版社，2002 年。

29. 费孝通：《江村经济——中国农民的生活》，北京：商务印书馆，2001 年。

30. 露丝·本尼迪克著，何锡章、黄欢译：《文化模式》，北京：华夏出版社，1987 年。

31. F. 普落格、D.C. 贝茨著，吴爱明、邓勇译：《文化演进与人类行为》，沈阳：辽宁人民出版社，1988 年。

32. 波普诺著，李强等译，《社会学》，中国人民大学出版社，2002 年。

33. C. 恩伯、M. 恩伯著，杜杉杉译：《文化的变异——现代文化人类学通论》，沈阳：辽宁人民出版社，1983 年。

34. 波普诺著，李强等译：《社会学》，北京：中国人民大学出版社，2002 年。

35. 詹·乔·弗雷泽著，徐育新等译，《金枝》，北京：中国民间文艺出版社，1987 年。

36. 柳治徵：《中国文化史》上海：上海古籍出版社，2001 年。

37. 陈顾远：《中国婚姻史》，台北：台湾商务印书馆，1961 年。

38. 辞海编辑委员会：《辞海》，上海：上海辞书出版社，1999 年。

39. 汉语大词典编委会，汉语大词典编纂处编：《汉语大词典》，上海：汉语大词典出版社，2001 年。

40. 汪受宽：《孝经译注》，上海：上海古籍出版社，2004 年。

41. 李殿元、王定璋、杜国志注译：《论语外编》，成都：四川人民出版社，2001 年。

42. 王祥龄：《中国古代崇祖敬天思想》，台湾：学生书局，

1992 年。
43. 周予同：《周予同经学史论著选集》，上海：上海人民出版社，1983 年。
44. 李申：《论语精粹解读》，北京：中华书局，2001 年。
45. 蔡永宁：《解读命运 ——关于人生命运的哲学思考》，北京：人民出版社，2001 年。
46. [汉]班固：《汉书》，北京：中华书局，1962 年。
47. [梁]萧统：《文选》，北京：中华书局，1977 年。
48. 王利器：《新语校注》，北京：中华书局，1986 年。
49. [唐]道宣：《广弘明集》（卷五、卷二十），四部丛刊本，上海：上海书店，1989 年。
50. 贵州省都匀市史志编撰委员会：《都匀市志》，贵阳：贵州人民出版社，1999 年。
51. 叶汝澜：《教育概论》，北京：人民教育出版社，1995 年。
52. 曹孚编：《外国教育史》，北京：人民教育出版社，1979 年。
53. 博伊、德金著，任宝祥、吴元训等译：《西方教育史》，北京：人民教育书版社，1985。
54. 陈桂生：《教育原理》，上海：华东师范大学出版社，2000 年。
55. 茨达其内著，李其龙译：《教育人类学原理》，上海：上海教育出版社，2001 年。
56. 大河内一男、海后宗臣等著，曲程、迟凤年译：《教育学的理论问题》，教育科学出版社，1984 年。
57. 冯增俊：《教育人类学》，南京：江苏教育出版社，1991 年。
58. 高申春：《人性辉煌之路——班杜拉的社会学习理论》，

武汉：湖北教育出版社，2000年。

59. 胡德海：《教育学原理》，兰州：甘肃教育出版社，1998年。

60. 教育大辞典编撰委员会：《教育大辞典》，上海：上海教育出版社，1990年。

61. 夸美纽斯著，傅任敢译：《大教学论》，北京：北京教育科学出版社，1999年。

62. O.F. 博尔诺夫著，李其龙等译：《教育人类学》，上海：华东师范大学出版社，1999年。

63. 瞿保奎：《教育学文集——教育与教育学》，北京：人民教育出版社，1993年。

64. 瞿保奎：《教育学文集——教育与社会发展》，北京：人民教育出版社，1989年。

65. 米歇尔·德·塞尔托著，李树芬译：《多元文化素养》，天津：天津人民出版社，2002年。

66. 施良方：《学习论——学习心理学的理论与原理》，北京：人民教育出版社，1994年。

67. 石中英：《教育学的文化性格》，太原：山西教育出版社，1999年。

68. 石中英：《知识转型与教育改革》，北京：教育科学出版社，2002年。

69. 谭光鼎：《原住民教育研究》，台湾五南图书出版公司，1998年。

70. 吴鼎福、诸文蔚：《教育生态学》，南京：江苏教育出版社，1990年。

71. 杨支柱：《先有鸡，先有蛋？——透视中国教育》，北京：中国民航出版社，2001年。

72. 郑金洲：《案例教学指南》，上海：华东师范大学出版社，2000年。

73. 郑新蓉：《社会性别与妇女发展》，西安：陕西人民教育出版社，2000年。

74. 沃尔夫冈、布列钦卡著，胡劲松译：《教育科学的基本概念——分析、批判和建议》，上海：华东师范大学出版社，2001。

75. 乌申斯基：《人是教育的对象》，北京：人民教育出版社，1989年。

76. 文萍：《心理学理论与教育》，南宁：广西师范大学出版社，1999年。

77. 关颖：《社会学视野中的家庭教育》，天津：天津社会科学出版社，2001年。

78. 张诗亚：《祭坛与讲坛——西南民族宗教教育比较研究》，昆明：云南人民出版社，1992年。

79. 张诗亚：《西南民族教育文化溯源》，上海：上海教育出版社，1994年。

80. 周晓虹：《现代社会心理学——多维视野中的社会行为研究》，上海：上海人民出版社，1997年。

81. 邓佐君：《家庭教育学》，福州：福建教育出版社，1995年。

82. 侯春在：《儿童心理成长论——成长论视野中的儿童社会化》，南京：南京师范大学出版社，2004年。

83. 劳伦斯·沙皮罗著，施美华译：《EQ之门》，北京：经济日报出版社，1997年。

84. 皮亚杰著，吴福元译：《儿童心理学》，北京：商务印书馆，1980年。

85. 杨汉麟、周采：《外国幼儿教育史》，南宁：广西教育出版社，1998年。

86. 张文新：《儿童社会性的发展》，北京：北京师范大学出版社，1999 年。

87. 皮亚杰著，傅统先、陆有铨译：《儿童的道德判断》，济南：山东教育出版社，1984 年。

88. 潘绥铭、曾静：《中国当代大学生的性观念与性行为》，北京：商务印书馆，2000 年。

89. 刘金花：《儿童发展心理学》，上海：华东师范大学出版社，2001 年。

90. 陈会昌：《儿童责任心发展研究》，载《发展和教育心理论文选》，北京：北京师范大学出版社，1985 年。

91. 鲁洁、王逢贤：《德育新论》，南京：江苏教育出版社，200 年。

92. 蔡克勇：《21 世纪中国教育向何处去》，长春：吉林人民出版社，1997 年。

93. 李复新：《西方教育人类学研究的历史透视》，载《华东师范大学学报》(教育科学版)，1990 年第 4 期。

94. 李复新：《"隐蔽课程"的教育人类学基础》，教育研究. 1990 年第 7 期。

95. 庞怀清等：《陕西省岐山董家村西周铜器窖穴发掘简报》，载《文物》，1976 年第 5 期。

96. 王亚南：《女性角色与生育健康——一个呼唤女权的话题》，载《云南学术探索》，1995 年第 3 期。

97. 詹姆斯·格兰特：《致医生的一封信》，载《健康报》，1997 年 7 月 31 日。

98. 刘云艳、张大均：《脑科学、心理学与幼儿素质教育》，载《中国教育学刊》，2003 年第 7 期。

99. 刘炎：《英国学前教育的现行国家政策与改革》，载《比较教育研究》，2003 年第 9 期。

100. 赵明:《评先秦哲学中的命运观》，载《江西教育学院学报》，2005 年第 1 期。

101. 余高峰：苏富忠:《论“命运 ”与具体命运观》，载《周末文汇学术导刊》，2006 年第 2 期。

102. 马志政:《反思：命运和命运观》，载《浙江大学学报》，2001 年第 5 期。

103. 唐柏林:《当代大学生情商教育基本策略》，载《湖北社会科学》，2008 年第 5 期。

104. 卢春生等:《大学生情商健康水平测试及教育对策》，载《中国医学导报》，2007 年第 12 期。

105. 白静:《关于当代大学生情商问题的思考》，载《中州大学学报》，2002 年第 4 期。

106. 宋金兰:《孝的文化内涵及其嬗变》，载《青海社会科学》. 1994 年第 3 期。

107. 郭克敏、张义泉:《影响生育观形成与转变的社会心理因素》，载《信阳师范学院学报》，1996 年第 4 期。

108. 刘国华、张积家:《论责任心及其培养》，载《烟台师范学院学报》.（哲社版），1997 年第 3 期。

109. 伊漪:《论基础教育改革与教师情商的培养》，载《当代教育论坛》，2006 年第 4 期。

110. 张良才、孙继红:《山东省高中生责任心现状的调查研究》，载《教育学报》，2006 年第 4 期。

111. 王敏、张革华:《浅谈对大学生性别交往的教育及引导》，载《前沿》，2006 年第 8 期。

112. 郑名、李春丽:《4～5 岁幼儿告状行为的研究》，载《学前教育研究》，2005 年第 1 期。

113. 秦或:《人际交往与儿童的社会化发展》，载《黄淮学刊》，1995 年第 4 期。

114. 林琼：《社会互动理论对外语口语课堂教学的启示》，载《攀枝花大学学报》，2002 年第 2 期。

115. 山东大学主编：《民俗研究》(第 7 期～2009 年第 4 期)

116. Frank Romanelli，PharmD，eff Cain，MS，Kelly M. Smith，Pham D. Emotional Intelligence as Predictor of Academic an/or Professional Success Ameflican Journal of Phamaceutical Education，2006(3).

117. Arla L. day，Delinda L，Therrien and Sarah A. Carroll. Predicting psychological health：Assessing the incremental validity of emotional intelligence beyond personality. type A behavior，and Daily hassles Eurogean journal of personality. 2005.

118. Victor Dulewicz and Malcolm Higgs. Can emotional intelligence be developed. The intenational journal of human resource management. 2004(1).

119. Karen Van Der Zee，Melanie Thijs，Lolle Schakel. The relationship of emotional intelligence with academic intelligence and the big five European jonrnal of personality. 2002.

120. Young K. Freedom，responsibility，and self-control，Mental Hygiene，1937(4).

121. Dale B Harris，Kenneth E Clark. The measurement of responsibility in children，Child Development，1954(1).

122. Lickona，T. Educating for character：How our schools can teach respect and responsibility. New York：Bantam Books，1991.

123. Jennifer M Bowes，Constance Flanagan. Adolescentsπ ideasabout individual——agency cultures，International Journal of Behavioral Development，2001(1).

124. Betty L M itton，Dale B Harris. The development of

responsibility in children, The Elementary School Journal, 1954 (2).

125. Hewett, E. L. Anthropology and Education. American anthropologist, 1904(6).